Dieter Lotz   Heilpädagogische Übungsbehandlung
als Suche nach Sinn

Dieter Lotz

Heilpädagogische Übungsbehandlung als Suche nach Sinn

Kleine Verlag · Bielefeld

Die Deutsche Bibliothek – CIP-Einheitsaufnahme

Lotz, Dieter:
Heilpädagogische Übungsbehandlung
als Suche nach Sinn / Dieter Lotz. –
Bielefeld : Kleine, 1993
   ISBN 3-89370-177-X

2. Auflage, 1994

Titelbild: Collage von G. Lotz

Copyright, Herstellung und Vertrieb:
Kleine Verlag GmbH,
Postfach 10 16 68
33516 Bielefeld,
Telefon 05 21 / 1 58 11
Telefax 05 21 / 14 00 43

Satzerstellung und Layout:
TDV Claudia Korte & Partner GbR, Bielefeld

Meinen Eltern in Dankbarkeit gewidmet.

Inhalt

Geleitwort

Wolfgang Klenner

Geleitwort

Unbeeindruckt davon, mit der "Pädagogik bei pathologischen Fällen" sei über die Heilpädagogik alles gesagt und darüber hinaus gäbe es nichts mehr zu sagen, dokumentiert Dieter LOTZ in dem vorliegenden Buch das Fortschreiten des heilpädagogischen Gedankens. Und, wie den Stier bei den Hörnern, packt er die Sache beim Kern, dem Menschenbilde nämlich.

So wie sich keine Erscheinung dem jeweiligen Geiste ihrer Zeit ganz entziehen kann, so reflektiert auch die Heilpädagogik die für viele als unversöhnlich geltenden Erscheinungen des funktionalistischen und des ganzheitlichen Bildes vom Menschen. Von dem in beide Menschenbilder hineinzulegenden Gegensatz unbekümmert und ebenso unbeeindruckt von der ihnen zugewiesenen Historie vor und nach einer "Wendezeit" (F.CAPRA), läßt Dieter LOTZ beide gelten. Und, dies nicht nur aus Respekt vor der geistigen Leistung ihrer Urheber, sondern auch aus der Erkenntnis, ein jeder betrachte "das Ding an sich" (KANT) ohnehin nur unter einem bestimmten Aspekt, so daß letztlich beide wohl doch zusammengehören.

Als Repräsentanten des funktionalistischen Aspekts vom Menschen nimmt Dieter LOTZ die Heilpädagogische Übungsbehandlung und unterm ganzheitlichen Aspekt die Logotherapie und Existenzanalyse hinzu. Auf der gemeinsamen Bezugsebene, der Heilpädagogischen Anthropologie nämlich, finden die Funktionen des Erkennens und Handelns ihren existentiellen Sinn und Wert. Und, weil mit dieser Zusammenführung die schon seit längerem erörterte und darum längst fällige Befreiung der Heilpädagogischen Übungsbehandlung vom Odium des Nur-Psychologischen durch die Einführung der Sinnfrage und damit der Erweis ihrer Zugehörigkeit zur Heilpädagogischen Anthropologie so gut und überzeugend gelang, soll dem vorliegenden Buch das Wesentliche vom Ursprung und Ziel der Heilpädagogischen Übungsbehandlung aus authentischer Quelle als Geleit mitgegeben werden.

Rückblickend finden wir uns in den sechziger Jahren, als sich die Heilpädagogik zur Soforthilfe für die hauptsächlich von den Folgen des Krieges in Not geratene Jugend aufgemacht hatte. Damals konnten nicht erst langwierig neue Konzepte entwickelt und erprobt werden. Eine noch so gut gemeinte Hilfe wäre sonst zu spät gekommen. So wurde das bereits anderswo Vorhandene, aber in der Jugendhilfe längst noch nicht Selbstverständliche, in Anspruch genommen, darunter Ansätze von Therapien im weiteren Sinne.

Alsbald erhob sich die Frage nach dem unstreitig Eigenen und sich von anderen Unterscheidenden der Heilpädagogik. Antwort sollte die Heilpädagogische Übungsbehandlung geben. Sie gehört zu den ersten Vorhaben, das unverwechselbare und unstreitig Eigene der Heilpädagogik vorzuweisen. In den siebziger Jahren wurde sie an einem Institut für Heilpädagogik entwikkelt. Am Anfang standen experimentelle Demonstrationen zum Wahrnehmen von Farben und Formen. Fasziniert von der methodischen Exaktheit der Vorführungen, wagten sich Lehrende und Lernende gemeinsam an die Erstellung ganzer Übungsreihen. Deren Bewährung bei geistig und bei körperlich behinderten Kindern ermutigte, weitere Übungen zu entwickeln. So ergab sich ein Sechsfelderschema der dem Lebendigen abgeschauten psychischen Grundfunktionen. Dieses Schema erstreckt sich vom Wahrnehmen zum Denken, von dort zum Handeln und Sprechen und schließlich zu Kooperation und Kommunikation. Letztes Ziel jeglicher Übungsbehandlung ist die Fähigkeit zur Kommunikation als eine der unabdingbaren Vorausetzungen zur Teilhabe am sozialen und kulturellen Leben des Gemeinwesens. Zur MONTESSORI-Pädagogik und zur Basalen Stimulation nach A. FRÖHLICH besteht zwar eine Verwandtschaft; von diesen unterscheidet sich jedoch die Heilpädagogische Übungsbehandlung allein schon durch ihre Herkunft.

Die Heilpädagogische Übungsbehandlung ist vom naturwissenschaftlich-psychologischen Experiment abgeleitet. Als erstes wurde die experimentelle Versuchsanordnung zur Übungsanordnung in der Heilpädagogik. Zur Versuchsanordnung wie zur Übungsanordnung gehört die exakte Beschreibung der Bedingungen, so daß sie zwecks Kontrolle nachgestellt werden können. Jedoch in der Darbietung der Übungsmaterialien unterscheidet sich die Übungsanordnung nur scheinbar nicht von der Versuchsanordnung. Aber dadurch, daß von der Versuchsanordnung das Prinzip der Variation als ihr eigentliches Kernstück in die Übungsbehandlung übernommen wurde, entstand an Hand des Sechsfelderschemas der verschiedenen Funktionsbereiche ein flexibel und adaptationsfähig zu handhabendes Orientierungs- und Handlungssystem. Zur Variation der Übungsanordnung nun ein Beispiel aus der heilpädagogischen Praxis: Geübt werden soll der Umgang mit den Urfarben Rot, Gelb, Grün und Blau. Die zu Beginn gewählte Übungsanordnung sieht vor, daß die Namen der verschiedenen dargebotenen Farben benannt werden. Gelingt das nicht, wird die Übung so variiert, daß durch das Bedeuten, also Hinzeigen, nur noch bestätigt wird, welcher Gegenstand von roter, gelber, grüner oder blauer Farbe ist. Ist auch das nicht möglich, wird die Übung wiederum so variiert, daß die Farben ohne wörtliche Nennung ihrer Namen erst einmal angeschaut werden. Von der mit der Variation der Übungsanordnung einhergehenden wiederholten Darbietung der Übungsmaterialien wird eine Übungsübertragung erwartet, mit dem Effekt einer von Mal zu Mal zunehmenden Verfeinerung der zu übenden Grundfunktion. Und, dies ist der eigentliche Zweck der Heilpädagogischen Übungsbehandlung, deren Gipfel, wie schon gesagt, die Fähigkeit ist, mit der jeweiligen Umgebung zu kommunizieren.

Eine erste Ergänzung erfuhr die funktionsorientierte Heilpädagogische Übungsbehandlung durch die Beifügung   emotional-erlebensorientierter Gehalte. Damit erfolgte der erste Schritt zur Überwindung des funktionalen Reduktionismus hin zu einem ganzheitlichen System, sind doch Funktionales und Ganzheitliches so ineinander verschachtelt, daß den einzelnen Funktionen die Rolle der zum Ganzen gehörenden Teile zukommt. Mit der nun in dem vorliegenden Buch vorgenommenen Einmischung der "Suche nach Sinn" aus der FRANKLschen Logotherapie und Existenzanalyse wird der reduktionistische Charakter der Heilpädagogischen Übungsbehandlung vollends überwunden. Es zeigt zugleich, daß die Heilpädagogik nach wie vor dafür offen ist, mit der Zeit zu gehen, um den Menschen, der ihrer bedarf, dort zu suchen, wo er auch ist. Stellte sich in den sechziger Jahren das Problem, den heilpädagogisch bedürftigen Menschen zwecks Rehabilitation zur erfolgreichen Daseinstechnik zu verhelfen, stellt er uns heute die Frage nach dem Sinn all dessen, was ihm widerfährt. Dabei ergibt sich im Blick auf das Gestern und Heute ein über unser Fach hinausweisender, für einen jeden gültiger Zusammenhang. Fragten wir gestern noch nach Gesundheit und Können als den Mitteln der Lebensbewältigung, so drängt sich heute die Frage nach dem Sinn und der Aufgabe des Menschen in dieser Welt auf. Und, daß nur dieser den Sinn und die Aufgabe erfüllen kann, der auch die Mittel, also Gesundheit und Können, dazu hat, beschäftigt nicht nur die Heilpädagogik.

Damit sind wir aber beim Thema des vorliegenden Buches angelangt und darum lassen wir von jetzt an allein den Autor sprechen.

Einleitung

Einleitung

Die Frage nach dem Sinn menschlicher Existenz wird spätestens dann gestellt, wenn ein Mensch selbst oder ein Angehöriger eine Normabweichung, ein unerwartetes Ausscheren aus dem sog. Mainstream, erfährt. Krankheit, Behinderung, besondere Verhaltensauffälligkeiten, Formen irreversiblen Schicksals (z.B. Trennungen; Unfall; plötzliche Armut; Tod) usw. bewirken in der Regel eine existentielle Krise, in der nach dem Sinn des Lebens angesichts der erschwerten Bedingungen gefragt wird. Die Sinnfrage kann für viele Menschen ungelöst erscheinen: für Kinder, Jugendliche und Erwachsene, die z.B. mit einer Behinderung leben müssen; oder für die Angehörigen und die professionellen Helfer, die eine psychosoziale Aufgabe haben. Jene generalisierende Vorstellung aber ist falsch, daß **alle** Menschen mit einer Behinderung, **alle** Angehörigen und **alle** Helfer leiden. Viele Menschen werden auch ohne fremde und fachliche Hilfe mit ihrer Lebenssituation fertig.

Wenn also in der vorliegenden Arbeit mal von schwerstbehinderten Menschen, mal von Kindern und mal von Helfern die Rede ist, so dienen sie jeweils als Beispiel für bestimmte heilpädagogische oder logotherapeutische Fragestellungen. Auf eine systematische Klassifizierung aller möglichen Behinderungsarten habe ich ebenso verzichtet wie auf eine klar umrissene Darstellung des "Helfers". Nicht die Behinderungsart und auch nicht die Profession steht im Vordergrund meiner Überlegungen, sondern der Mensch und das spezifisch Menschliche. Folgender exemplarische Überblick soll verdeutlichen, daß die einzelnen Beispiele austauschbar sind:

Menschen, die die Sinnfrage stellen	Grund/Anlaß	Mögliche Sinn-Motive/-Ziele
Kinder, Jugendliche	Verlust eines Elternteils	Kompensation: Leben trotz des Verlustes
Erwachsene	Depressionen	freieres und unbeschwerteres Leben
behinderte Menschen	Unfall	mit der neuen Situation leben lernen
schwerstbehinderte Menschen	Organschädigung seit der Geburt	"Daseinsgestaltung" (KOBI)
Angehörige	unmittelbare Betroffenheit durch nahestehenden Menschen	Helfender Umgang
professionelle Helfer	tägliche Konfrontation mit "schwerem Schicksal"	Ermutigung; Professionalisierung fremder Menschen

Von der Antwort auf die Sinnfrage hängt ab, ob das jeweils veränderte Leben gelingt oder mit Sinnlosigkeitsgefühlen begleitet ist.
Zahlreiche Erfahrungen in der Praxis haben gezeigt, daß immer wieder Menschen durch den "Maschendraht" der therapeutischen Hilfsangebote fallen. Gegenüber manchen Methoden scheinen sie resistent zu sein, weil sie nur ungenügend verbalisieren können, weil sie Vereinbarungen oft wiederholt nicht einhalten, weil sie sich zu schwach fühlen, Lebensperspektiven zu entwickeln, Anforderungen zu erfüllen oder aktiv mitzuhelfen, Veränderungen einzuleiten. Diesen Menschen fehlen häufig auch soziokulturelle Erfahrungen wie z.b. angemessene Umgangsformen, Verläßlichkeit, Kontinuität und eine gewisse Stabilität (z.B. Frustrationstoleranz; Kritikfä-

15

higkeit, Lernbereitschaft) oder auch die Einsicht in veränderungswürdige Zustände (z.B. bei Verwahrlosung). Ungeachtet all jener Voraussetzungen, die ein Hilfsangebot begünstigen würden, stellen sich Sinn- und Lebensfragen auch jenen Menschen, die am Rande unserer Gesellschaft existieren. Dazu zählen z.b. Menschen in Anstalten und Heimen, Menschen, die in sog. sozialen Brennpunkten leben und jene, die verschiedene psychosoziale Dienste aufsuchen.

Im ersten Teil der vorliegenden Arbeit werden die Grundlagen einer Heilpädagogischen Anthropologie entwickelt. Das Bild vom leidenden Menschen, dem homo patiens, weist auf, daß jedes Leben unter allen Bedingungen und Umständen Sinn haben kann. Angesichts der erneuten Diskussion über "lebensunwertes Leben" (Vgl. "Geistige Behinderung" 4/90) scheint mir die Begründung einer Heilpädagogischen Anthropologie dringend geboten zu sein. Wir können auch sagen, daß die Sinnfrage heute bereits vor der Inkarnation virulent ist. Genforschung und die damit ermöglichte pränatale Diagnostik stellen heute schon viele Eltern radikal vor die Entscheidung, ob sie ihr mißgebildetes oder geistigbehindertes Embryo abtreiben lassen wollen. Ihnen drohen nicht unerhebliche gesellschaftliche Vorwürfe, wenn sie sich für die Geburt eines behinderten Kindes entscheiden. Die Daseinsberechtigung, die Sinn- und Werthaftigkeit von behindertem Leben bedarf einer eigenen Begründung in Form einer heilpädagogischen Anthropologie.

Im zweiten Teil der Arbeit wird erstmalig (nach Durchsicht der vorliegenden Literatur) eine Brücke geschlagen von der Existenzanalyse und Logotherapie zur Heilpädagogik. Begründer der Logotherapie ist Viktor E. FRANKL (er wurde 1905 in Wien geboren) Professor für Neurologie und Psychiatrie an der Universität Wien, "Visiting Clinical Professor of Psychiatry" an der Standford University und "Professor of Logotherapy" an der United States International University in Kalifornien. FRANKLS Schriften sind in 14 Sprachen übersetzt worden und haben insbesondere in Amerika teilweise hohe Auflagen erreicht. In Europa dagegen, Schweden ausgenommen, sind seine Schriften vergleichsweise (noch) unbekannt (zit. n. BÖSCHEMEYER 1977, S. 3). Seit den zwanziger Jahren beschäftigt sich FRANKL aufgrund seiner Erfahrungen in der ärztlichen Praxis mit der "vitalen Bedeutung der Sinnfrage für die menschliche Existenz" (a.a.O., S. 2). Das Sinnlosigkeitsgefühl, von ihm auch "existentielles Vakuum" (FRANKL 1982) genannt, bedrängt den Menschen in seiner (bzw. unserer Zeit) mehr als das der sexuellen Fru-

stration (zu Zeiten FREUDS) oder das der "Minderwertigkeit" (zu Zeiten ADLERS). Die "klassischen" Neurosen wie z.b. die Zwangs-, Angst- oder Sexualneurosen werden, so FRANKL, nicht primär durch psychische sondern durch eine geistige Desorientierung verursacht. Diesen neuen Neurose-Typus nennt FRANKL "noogene Neurose" (FRANKL 1975). Das Gefühl der Sinnleere, ein "abgründiges Sinnlosigkeitsgefühl" beschreibt FRANKL als ein Phänomen, das von Zeitzeugen verschiedenster Prägungen weltweit beobachtet und dokumentiert wird (BÖSCHEMEYER 1977, S. 3). Dieses Gefühl äußert sich als existentielle Leere, Langeweile, Ekel und Initiativlosigkeit. Dadurch sei das Menschliche im Menschen, das Geistige, versperrt. Gerade aber die geistige Dimension sei, so FRANKLS Kritik, in der Medizin bzw. Psychotherapie ausgeklammert worden.
In der Logotherapie werden spezifisch humane, also existentielle Fragen thematisiert, so z.b. Sinn- und Wertfragen, Fragen nach dem Ausgerichtetsein des Menschen, seiner "aufgegebenen Wertmöglichkeit" (FRANKL 1982) usf.

Die FRANKL'sche Existenzanalyse und Logotherapie dient im dritten Teil dieser Arbeit als Grundlage einer alltagsweltlich eingebundenen, sinnzentrierten Heilpädagogischen Übungsbehandlung:
Im Zuge einer ersten geregelten Ausbildung zum Heilpädagogen in Deutschland nach dem 2. Weltkrieg wurde ab Mai 1964 am Institut für Heilpädagogik der Evangelischen Fachhochschule Rheinland - Westfalen - Lippe (damals in Bielefeld) an einem Konzept der "Heilpädagogischen Übungsbehandlung" (KLENNER 1979) gearbeitet.
Der Gedanke war faszinierend: man wollte ein Übungssystem entwickeln, das an keinerlei Voraussetzungen (außer der Lebendigkeit - als Gegensatz zur Bewußtlosigkeit) seitens des behinderten oder sozial auffälligen Menschen geknüpft war. Ferner war das System so gedacht, daß der Heilpädagoge durch die Variationsmöglichkeit der jeweiligen Übungsanordnung immer genau das dem Kind entsprechende Leistungsniveau treffen konnte. Nach dem Prinzip der kleinsten Schritte wurde es möglich, ein behindertes oder retardiertes Kind optimal zu fördern.
Die Förderung mittels der Heilpädagogischen Übungsbehandlung sollte die einzelnen Sinnesfunktionen aktivieren bzw. verbessern. Beginnend mit elementaren Wahrnehmungsübungen wurde ein differenziertes System entwickelt, das dem einzelnen Kind kognitive Fähigkeiten im Erkenntnis- und Handlungsbereich vermitteln sollte. Der Erwerb "emotionaler Kompetenzen" blieb bei diesem funktionalen Ansatz unberücksichtigt. Ferner wurde nach dem theoretischen Konzept der Heilpädagogischen Übungsbehandlung in der Praxis gefolgert, die Übungen müßten nur mit bestimmten, eigens

entworfenen Materialien und zu bestimmten, befristeten Zeiten und in bestimmten, z.B. reizarmen Räumen durchgeführt werden. Obwohl die "Heilpädagogische Übungsbehandlung" seit Bestehen des Berufsverbandes der Heilpädagogen (im Jahr 1966) zum originären Bestandteil ihrer "speziellen Methoden" (BHP: Berufsbild Heilpädagoge/Heilpädagogin 1988) gehört, ist sie als theoretisches Konzept in den Anfängen geblieben. Ich vermute sogar, daß die heilpädagogischen Praktiker darunter jeweils etwas anderes verstehen.

In der vorliegenden Arbeit soll daher ein theoretisches Handlungskonzept entwickelt werden, das über den bisher rein funktionsorientierten Ansatz hinausgeht.

Die Heilpädagogische Übungsbehandlung soll hier als ein System vorgestellt werden, das in der Praxis in einem lebensweltlichen Zusammenhang steht. Durch die Integration der jeweiligen Übungen in die Alltagswelt des jeweiligen Kindes wird eine Konzeptionserweiterung der Heilpädagogischen Übungsbehandlung vorgenommen. Das einzelne Kind soll, nach diesem Ansatz, nicht mehr zu bestimmten Übungen, zu einer bestimmten Zeit und in einem speziellen Übungsraum aus seinem gewohnten Umfeld herausgenommen, sondern umgekehrt, die Übungen sollen in den Alltag des Kindes eingebunden werden.

Dieses Konzept hat zwei Vorteile. Zum einen wird für das Kind ein unmittelbarer Sinnzusammenhang hergestellt; es erfährt sofort, warum und wozu diese und jene Übung eine lebenspraktische Bedeutung hat. Zum anderen entfällt das sog. Transferproblem. Ein Beispiel: Ein Kind übt mit den Montessori-Farbtäfelchen. Es macht Farbunterscheidungsübungen. Die hierbei gewonnenen Fähigkeiten muß das Kind nun übertragen auf Gegenstände in seinem Lebensfeld (Transfer). Dieser Transfer, der bekanntlich vielen Kindern schwerfällt, fällt durch die Unmittelbarkeit einer alltagsweltlichen Übung weg, das Kind lernt "im Leben". Es hat die Chance, den Sinn seines Daseins unmittelbar zu erfahren. Eine so verstandene Heilpädagogische Übungsbehandlung ermöglicht Sinnerfahrungen im gegenständlichen (konkreten, anschaulichen), im begrifflichen (abstrakten, metaphysischen) und im emotionalen Bereich.

Folgende drei Fragestellungen werden in der vorliegenden Arbeit behandelt:

Die anthropologische Frage (Kap. I)

Welches Menschenbild braucht die Heilpädagogik, das ein lebenswertes Dasein behinderter Menschen begründet und sichert?

Die methodologische Frage (Kap. II)

Wie ist unter Einbeziehung von Existenzanalyse und Logotherapie eine sinnzentrierte Heilpädagogik konzipiert?

Die handlungstheoretische Frage (Kap. III)

Welche Konsequenzen ergeben sich für die Heilpädagogik aus den anthropologischen Grundlagen und dem Konzept der sinnzentrierten Heilpädagogik?

I.
Zur Grundlegung einer Heilpädagogischen Anthropologie

I. Zur Grundlegung einer Heilpädagogischen Anthropologie

Einführung

Die Frage des Menschen nach sich selbst ist wohl eine uralte Frage: zu allen Zeiten wurde sie gestellt und nie waren die Antworten endgültig klar. Die Frage: Wer ist der Mensch? oder: Wer bin ich? läßt nur vorläufige Antworten zu. Das, was wissenschaftlich gesichert scheint, hat nur Aspektcharakter. Die Seinswirklichkeit oder Seinsfülle ist in ihren Dimensionen nicht gänzlich und interpersonal übereinstimmend zu erklären. Insbesondere die finale oder teleologische Frage nach dem Wozu und Wohin menschlichen Daseins führt uns in den spekulativen, esoterischen oder religiösen Bereich. Je nach wissenschaftlichem Standort werden diese letztgültigen Seinsfragen entweder als irrelevant erklärt oder es werden Forschungsergebnisse zu einem unbestimmbaren Zeitpunkt in Aussicht gestellt.

Implizite oder unreflektierte Vorstellungen vom Menschen scheinen offensichtlich alle Menschen zu haben. Diese prälogischen Bilder haben Einfluß auf unser Denken und Handeln, auf unseren mitmenschlichen Umgang und auf unser Verstehen eines anderen Menschen. In alltäglichen Attributionen, Ansichten, Akzentuierungen und Urteilen kommt das jeweilige Menschenbild zum Ausdruck. Mittels unserer Sprache suchen wir nach Begriffen, nach dem Logos, um uns selbst und andere existentiell zu begreifen. Jeder sprachliche Versuch, in dem Ausssagen von Menschen gemacht werden, ist gleichzeitig auch ein Versuch, Orientierung im Leben zu finden. Wir provozieren Zustimmung oder Ablehnung, wir entdecken Gemeinsames und Fremdes und kommen auf diesem Wege zur Selbst-Bestimmung. Die Sprache als Medium sui generis verweist immer auch auf das Gemeinte, auf das jeweils Angesprochene. So ist die Sprache nie die Sache selbst, sondern nur Hinweis bzw. Symbol. Das Wort "Baum" ist nicht ein Baum; das Wort "Freude" ist nicht identisch mit dem Gefühl; und das Wort "Denken" verweist auf einen kognitiven Vorgang. Allein diese Distanz zwischen Sprache und Phänomen deutet schon hin auf eine Existenzvoraussetzung des Menschen: Die Fähigkeit zur Selbstdistanzierung macht es erst möglich, Erkenntnisse und in der Folge Aussagen von bzw. über sich zu gewinnen.

Eine Heilpädagogische Anthropologie ist zunächst dadurch gekennzeichnet, daß sie sich mit den Voraussetzungen menschlichen Lebens befaßt. Wir therapieren, heilen, erziehen eigentlich nicht - das "macht" ein Mensch selbst. Wir arbeiten nur daran, optimale Voraussetzungen zu schaffen, unter denen sich Menschen entwickeln können. Leidenden oder behinderten Menschen mangelt es häufig an verschiedenen Voraussetzungen (wie z.B. Sprach-, Reflexions- und Handlungskompetenz), um ihr Leben zu Wege zu bringen. Fälschlicherweise werden die fehlenden Voraussetzungen häufig in Verbindung gebracht mit mangelndem Lebenswillen oder sogar mit der Auffassung, solches Leben sei "lebensunwert".

In einer Heilpädagogischen Anthropologie suchen wir unbe-grenzt nach Voraussetzungen zum Leben, um dann - später - heilpädagogisch oder therapeutisch jene elementaren Voraussetzungen oder Lebenshilfen zu schaffen. Zu den Voraussetzungen zur Erschließung von Welt gehört zunächst die Ahnung, dann die Neugier und schließlich die formulierte Frage.

Der "homo patiens" steht im Mittelpunkt einer Heilpädagogischen Anthropologie. Unsere Fragen nach Leben und Sinn beziehen sich auf seine Existenz. Aber wie sollen wir ihn, den leidenden Menschen, bezeichnen? Um wen geht es eigentlich? Die Schwierigkeit, einen generellen Begriff zu finden, muß schon an der Einmaligkeit eines Schicksals scheitern. Wir können hier nicht induktiv vorgehen. Viele Selbstverständnisse behinderter Menschen sprechen dagegen: Sie empfinden sich nicht unbedingt als homo patiens, als leidend. Wieder andere empfinden sich nicht als hilfs-bedürftig, als ausschließlich passiv. Zu schnell kommen wir hier in eine Etikettierungs- oder Klassifizierungsversuchung, in der sich der gemeinte Mensch nicht wiederfindet. Auch mutet es komisch an, wenn wir an ältere Menschen denken, und sie in Verbindung mit dem Begriff des "homo educandus" (ROTH) bringen würden. Noch unzutreffender scheinen mir grobe, aber gängige Bezeichnungen wie "die Behinderten", "die Körperbehinderten", "Mehrfachbehinderten" etc. zu sein. Als ob das Defizit, der Defekt oder der Makel ihr gesamtes Menschsein ausmachen würde!

Trotz aller sprachlichen Unzulänglichkeiten müssen wir operationalisieren: Wir brauchen einen Begriff, in dem das Humane zum Ausdruck kommt, und nicht einen Objektbegriff i.S.e. Dingwortes. Als ein solcher "Arbeitsbegriff" liegt mir der des "homo patiens" am nächsten. Gerade im heilpädagogischen Bereich unterstellen wir ja ein "Leiden", zwar kein totales bzw. globales, aber doch ein existentielles Leiden. Davon wird noch die Rede sein.

Die "Person und Persönlichkeit" eines jeden Menschen braucht nach meiner Überzeugung eine dialogische Beziehung. Damit der Mensch zur Person wird, braucht er eine Ahnung, ein Gespür oder ein Wissen um den intentionalen Wert menschlichen Lebens. Apathie, Autismus, alle Formen zuständlicher Gefühle sind im weitesten Sinne ein Ausdruck für Unlebendigkeit, Krankheit und das Unvermögen, in die Welt zu schauen. Welche Kräfte oder Hilfen setzen jene Intentionalitäten frei, die den Menschen zum "Durch-Tönen", zur Person, bringen? Auch hier sind Voraussetzungen gefordert, damit der Mensch sich als Mensch entwickeln, also frei und verantwortlich leben kann. Es drängt sich die Frage auf, ob der homo patiens oder ein schwerstbehinderter Mensch überhaupt befähigt ist, das zu leben, was "den Menschen zum Menschen macht". In vielen Anthropologien wird auf diese urmenschlichen Fähigkeiten (nicht ohne Stolz) verwiesen: Auf seinen Logos, seinen Geist, seine Weltoffenheit - kurz alles, was ihn über das Animalische hinaus kennzeichnet. Welchen Wert hat denn leidendes oder behindertes Leben? Sollte man nicht alles daran setzen, um jenes Leben zu verhindern? Gentechnologisch scheint dies in Zukunft möglich zu sein. Gibt es denn Gründe für ein leidvolles Leben? Die Frage scheint grotesk zu sein; sie ist mir aber wichtig, weil zu einer Heilpädagogischen Anthropologie auch Orientierungskriterien und Entscheidungshilfen gehören. Bloßes Konstatieren, behindertes Leben müsse geschützt werden, reicht nicht aus. Wir werden uns mit verschiedenen Wertverständnissen auseinandersetzen, um schließlich zu Aussagen zu kommen, die Sinn und Wert grob abweichender Daseinsformen aufzeigen.

Die Sinnfrage wird insbesondere dort aufgeworfen, wo menschliches Leid persönlich erfahren oder bei einem anderen Menschen erlebt wird. In einer Heilpädagogischen Anthropologie ist davon auszugehen, daß das Phänomen Leid unabhängig von seiner jeweiligen Ausprägung nicht durch Menschen allein überwunden bzw. ausgemerzt werden kann. Das Leiden ist ein zwar unerwünschter, aber prinzipiell anzuerkennender "Wert" im menschlichen Dasein. Leiden wird nicht ausdrücklich intendiert, aber es wird interpretiert als Faktum und kann als solches als unabdingbare Herausforderung gelten. Leiden wird in keiner Weise glorifiziert oder gerechtfertigt für scheinbar höhere Seinserfahrungen, sondern Leid wird als Pol einer Dualität aufgefaßt, ohne den menschliches Leben undenkbar wäre. Wir streben das Schöne, Gute, Gesunde usw. an und sind hierzu erst imstande durch die Konfrontation mit dem Häßlichen, Bösen und Kranken. Beide Pole nun trennen die Menschen nicht in zwei große Gruppen, sondern sind jedem Menschen "innewohnend". Trotz aller Wahrscheinlichkeit ist die Gewichtung des einen oder anderen Pols einem Menschen auf Dauer nicht gewiß:

Weder Gesundheit noch Krankheit, weder Glück noch Unglück sind gewiß. Ihre jeweiligen Gesetzmäßigkeiten und Verläufe sind undurchschaubar und unerklärbar. Wir staunen über ein unvorhergesehenes Leid, eine unerwartete Linderung oder Heilung - wir sind letztlich unfähig zur Prognose, aber fähig zur Hoffnung. Diese Hoffnung ist kein leerer Appell, sondern konkret eingebunden in die Frage nach der Erziehung behinderter Kinder und die Einflußnahme auf die nicht selten an Hoffnungslosigkeit und Schuldgefühlen leidenden Bezugspersonen. Wer Hoffnung bewirken will, setzt die Befähigung zur Diakrisis (vgl. LOUF 1979), also die Fähigkeit zur Unterscheidung, voraus. Wer z.B. Farben, Töne, Empfindungen, Werte unterscheiden kann, kann auch erkennen und sich entscheiden. Er kann zu sich, zu anderen, zur Welt Stellung beziehen und eine Wahl treffen, also elementar Freiheit spüren und verwirklichen. Erziehung heißt hier, Befähigung zur Unterscheidung, damit der Mensch Entscheidungen zu treffen vermag. So wird er zur Person und gewinnt seine Existenz.

1. Die Frage des Menschen nach sich selbst (Menschenbild)

Menschen, die sich mit sich und ihren Artverwandten anthropologisch auseinandersetzen, sind bemüht, Aussagen zu treffen, die für sie und andere eine Verbindlichkeit darstellen oder doch zumindest eine Orientierung.

Wir wollen die Frage nach dem Menschen und insbesondere nach dem homo patiens phänomenologisch zu beantworten versuchen.
Das Menschen-"Bild" meint keine geschlossene Figur, kein scharf-konturiertes oder gar manifestes Bild, sondern einen Entwurf, etwas zu Gestaltendes, Kreatives, etwas Lebendiges und Belebtes; man könnte auch von einem offenen, hinterfragbaren oder provisorischen Bild sprechen. Das Bild vom Menschen ist geprägt durch das ihm Vorfindliche (z.B. Eltern; Wohnort), das ihm durch die Geburt Gegebene (z.B. Leiblichkeit, Vererbungen), seine Tradition bzw. Biographie und Kultur. Der Mensch hat eine Ahnung von einer universellen Verbundenheit zwischen seinen Artverwandten, er hat das Bewußtsein: Ich gehöre zur Gattung Mensch. Vieles, was anderen widerfährt, kann auch mir widerfahren (z.B. Zahnschmerzen), aber jeder fühlt nur sich selbst, niemand weiß, wie der andere fühlt, denkt, wahrnimmt usw. Wir sind auf Analogien, Projektionen, auf informelle Übereinkünfte angewiesen. Diese wiederum werden korrigiert durch die Reaktionen

(Bestätigungen, Ablehnungen oder Nuancierungen) anderer Menschen. Indem der Mensch dem Menschen ein ständiges Korrektiv ist, entdeckt der Mensch sich und andere. Der andere ist mir zunächst fremd in seinem So-Geworden-Sein, in seinen Gedanken und Gefühlen, in seinen Hoffnungen und Sinn-Bemühungen. Das Erschließen und Sich-öffnen-Wollen bedingen ein gegenseitiges Wahrnehmen und Erkennen. An-Schauung und An-Hörung sind also Voraussetzungen für die An-Nahme von Menschen. Ohne andere hätte ich kein Wissen von mir. Niemand könnte völlig allein existieren. So wie ich heute bin, bin ich nicht allein geworden. Geborgenheit (Sicherheit), Orientierung durch Hinweise und (Wert-)Urteile, die Ausrichtung auf Sinn- und Wertvolles gehören zu den soziokulturellen bzw. ontogenetischen Vor-Gaben, ohne die menschliche Existenz scheitern würde. In diesem Sinne ist jeder Mensch ein erziehungsbedürftiges und erziehungsfähiges Wesen, das auf Zuspruch, Beeinflussung, Kritik - kurz auf andere Menschen angewiesen ist.

Während die emotionalen Einflüsse von Eltern ihren Kindern gegenüber bereits während der Schwangerschaft wirksam werden, ist eine Gestaltungsmöglichkeit hinsichtlich Geschlecht, Körperlichkeit, "genetischer Codierung", Intelligenzniveau usw. ausgeschlossen. Das, was ein Kind "mitbringt", nennen wir das Gegebene. Menschen sind Erzeuger, aber keine Schöpfer von menschlichem Leben. Diese Tatsache führte zu zahlreichen Vermutungen, wer welchen Plan, welche Absicht verfolgte - gerade mit diesem einen Menschen und seinem Lebensschicksal. Erinnert sei hier nur an Schuldfragen bei Mißbildungen, an Reinkarnationsvermutungen oder an volkstümliche Vererbungsvorstellungen ("der Junge sieht aus wie der Vater..."), sowie an religiös-begründete Daseinserklärungen.

Bei meinen heilpädagogisch-anthropologischen Überlegungen gehe ich von einem ganzheitlichen Menschenbild aus. Andere Menschenbilder reduzieren den Menschen in irgendeiner Weise, sei es in zeitlicher (Geburt-Tod) oder in funktionaler Hinsicht (vgl. z.B. der Mensch als "Homme machine" von LAMETTRIE).

Unter einem ganzheitlichen Menschenbild ist die menschliche Einheit von Körper, Seele, Geist zu verstehen. Fehlte nur einer dieser Bereiche, könnte der Mensch nicht existieren. Das heilpädagogisch-anthropologische Interesse gilt also dieser Triade. Damit ist zunächst nur ein Erkenntnisgegenstand skizziert, aus dem jedoch noch kein globales oder ganzheitliches Handeln abzuleiten wäre. Unser Denken und Handeln (psychische Ebene) ist notwendigerweise auf Sukzessivität eingestellt, unser Bewußtsein (geistige

Ebene) weiß darüber hinaus um den Aspektcharakter, der den einzelnen Gedanken oder Aussagen anhaftet. Ganzheitlichkeit meint hier auch eine theoretische Absage an Reduktionismus bzw. "Irrelevantismus". Alles, was zum Menschsein subjektiv gehört, verdient eine Beachtung und Erörterung.

Neben der Einheit von Körper, Seele und Geist verstehe ich den Menschen als jeweils einmaliges Geschöpf. Diese Einmaligkeit begründet sich durch den ausschließlich subjektiven Erlebnisbereich sowie die Einzigartigkeit der Interpretation von Leben bzw. Existenz. Subjektives Erleben und Interpretieren haben grundsätzlich nicht die Qualität "desselben", sondern allenfalls "desgleichen" oder die der Ähnlichkeit. Objektivität wird nicht durch Masse, also Quantität, erreicht, sondern durch Qualität, d.h. durch Übereinkunft zwischen Subjekten. Objektivität hat Vorläufigkeitscharakter, solange bis eine neue, bessere Übereinstimmung zwischen Menschen getroffen wird (vgl. POPPERS "Falsifikation"). Um die Individualität oder Subjektivität eines anderen Menschen zu verstehen, bedarf es einer Hinwendung zu ihm. Ein fremder Mensch ist nur dann - wenn auch nie total - zu verstehen, wenn ich mich ihm zu- bzw. hinwende. Der Grund für solche Zuwendung besteht darin, daß nur über sie menschliche Begegnung überhaupt möglich ist. Das mir jeweils Fremde hat dabei einen hohen Aufforderungscharakter, weil ich auch in der Erwartung kommuniziere, mir das Fremde zu eigen zu machen. Das mir vorher Unbekannte wird internalisiert und einer eigenen Bewertung unterzogen. Gefühle und Informationen, die einem Menschen zugetragen werden, werden immer bewertet. So wie der Mensch nicht nicht kommunizieren kann (WATZLAWIK), kann er auch nicht bewertungsfrei kommunizieren. Diese Bewertung läßt sich grob in drei Möglichkeiten einteilen: Zustimmung, Ablehnung oder Neutralität. Aufgrund dieser Tatsache ergibt sich, daß jede Kommunikation, jede Begegnung zwischen Menschen intentional ist. Ein jeder verfolgt eine Absicht oder erwartet etwas, z.B. Informationen, Ermutigung, Annahme oder Anerkennung, Macht oder Einfluß, Zustimmung oder Ablehnung usf.. Das, was ein Mensch subjektiv erwartet, können wir zunächst ontogenetisch, d.h. in einem frühesten Entwicklungsstadium, nicht erfragen, wir unterstellen vielmehr, daß er Bedürfnisse und Erwartungen besitzt. Ein Säugling teilt uns verbal nicht mit, was er braucht. Menschliche Zuwendung oder Liebe beginnt mit einer umfassenden Hin-Gabe an einen Menschen, ohne seine verbalisierte Aufforderung. Ein neugeborenes Kind bekommt Liebe, Pflege, Geborgenheit usw. ohne daß seine Eltern wissen, ob sich der Aufwand lohnt, wie er sich mal auswirken könnte oder was genau "mal aus dem Kind wird". Ein Kind erfährt einen sogenannten Vertrauensvorschuß; die Eltern "arbeiten" an den Voraussetzungen für ein selbständiges Leben ihrer Kinder, aber die sozialen oder gar beruflichen Ziele ihres Kindes sind zunächst völlig offen. Das Bild eines Menschen, so können wir auch sagen, ist (von den Eltern) nicht vorgezeichnet und festgelegt. Ihre "Investitionen" sind grund-legend, und das weiterentwickelte Kind bekommt mehr und mehr Gelegenheit zur Stellungnahme. Es entwickelt sein Selbst, es wird zur Person, es kann an seinem Lebensbild mitgestalten.

Die Fähigkeit des Menschen, nach sich selbst zu fragen, bezeichnen wir als Fähigkeit zur Selbstdistanz. Der menschliche Geist vermag es, sein "Psychophysikum" zu betrachten und zu bewerten. Durch seine Fähigkeit zur Imagination ist der Mensch in der Lage sich vorzustellen, wie er selbst, seine Lebensituation anders sein könnte. Der Mensch lebt in der Spannung zwischen Indikativ und Konjunktiv, zwischen Ist und Soll. Das reale Leben könnte jeweils auch anders sein. Imagination und Stellungnahme vollziehen sich als Grammatik der Reflexion und Prospektivität in den Formen des conjunktivus irrealis und potentialis. Aus diesen Denkbewegungen heraus leitet der Mensch seine Lebensbedingungen und Inaussichtnahmen ab. Gerade hier, an der Weichenstellung seiner Einstellungswerte, nimmt der Mensch unmittelbaren Einfluß auf konstruktive oder destruktive Perspektiven. Die Sichtweise im conjunktivus irrealis (z.B. "wenn ich nicht behindert wäre" oder "wenn ich damals die Schule nicht abgebrochen hätte" usw.) führt notwendigerweise zu einer Anklage gegen das Schicksal und zu einer Verleugnung der eigenen Verantwortung gegenüber den realen Potentialitäten.

Der Mensch ist folglich ein homo patiens et potentialis, ein Mensch mit spezifischen Vorgaben und daraus erwachsenden Möglichkeiten und Aufgaben. Das Vorfindliche, das Gegebene, das Schicksalhafte konfrontiert den Menschen nicht mit einem daraus abzuleitenden Determinismus (der Mensch als Opfer seiner Umstände), sondern der Mensch vermag das Gegebene usw. als Herausforderung anzunehmen als reale Voraussetzung für seine Einstellungs- und Gestaltungskräfte. Während das Gegebene hinzunehmen und unabänderlich ist, ist das Aufgegebene in freier Wahl ausfindig zu machen und umzusetzen in das jeweils einzigartige Leben. Die Annahme des Gegebenen und die Akzeptanz eines Aufgegebenen setzen hinsichtlich eines Menschenbildes eine transzendente Vorstellung vom Menschen voraus: Das mir Gegebene und Aufgegebene ist mir zugedacht, es ist mir eine Erschließung möglich, die sich nicht allein über Introspektion ereignet. Introspektion allein könnte bei keinem Menschen zur Selbst- oder Welterkenntnis führen; selbst ein Eremit hat ein sozial-geistiges "Vorleben", also erfahrene Erlebnisse mit anderen Menschen und sogenannten geistigen Werten.

Die Frage des Menschen nach sich selbst führt zwangsläufig über ihn hinaus, sie führt zum Seinsgrund und zum Seinsziel. Letztgültige Antworten darauf vermag der Mensch nicht aus sich selbst heraus zu geben. An der Grenze seiner Immanenz kann der Mensch einhalten und im Immanenten bleiben, oder er kann weiterfragen. Transzendente Fragen (z.b. der Sinn des Todes; der Sinn des Leidens oder die Frage nach "Gott") aber stehen immer wieder vor uns: hier ist die Suche und die Sehnsucht nach Antwort am größten. Erstaunlicherweise geben Dokumente von Menschen in Extremsitationen (z.b. Menschen in Gefangenschaft) immer wieder Hinweise darauf, daß sie sich mit Transzendentem auseinandersetzen (z.b. FRANKL 1987[6], CHENG 1987, MIHIJLOV 1975).

Das Spektrum der Menschenbildsfrage bezieht sich auf existentielle Fragen des Menschseins. Es geht dabei nicht um äußere Merkmale des Humanen, sondern um die Frage, was ermöglicht menschliches Leben: was macht menschliches Leben aus, was macht es sinnvoll?

Das Fragen des Menschen ist eine wesentliche Voraussetzung zur Erschließung von Welt. Davon soll im nächsten Abschnitt die Rede sein.

1.1 Das 'Fragen' als Voraussetzung zur Erschließung von Welt

Bei unserer Suche nach dem Ursprünglichen, nach dem Urmenschlichen bzw. spezifisch Menschlichen gelangen wir zu dem Phänomen des Fragens. In seinem Buch 'Warum? Von der Obszönität des Fragens' plädiert BODENHEIMER für eine "neue - fragefreie - Art von Umgang" (BODENHEIMER 1985, S. 287). 'Fragen' können nach seiner Ansicht den Befragten bloßstellen, die eigentliche Frageabsicht wird durch die Frage selbst oft verklausuliert und bedarf, wenigstens aus psychiatrischer Sicht, einer Dechiffrierung.

Bei den hier erörterten anthropologischen Überlegungen kommen wir am Phänomen des Fragens nicht vorbei. In seiner ursprünglichsten Form äußert es sich als Ahnung, nicht als Fragesatz. Kleinkinder staunen über die Dinge, die sie umgeben, und sie zeigen auf die Gegenstände. Sie hören, sehen und fühlen - kurz: sie nehmen wahr; sie anthropomorphisieren, wie das ZULLIGER nennt (ZULLIGER, 1990, S. 9): sie sind noch identisch mit den Dingen. Die Bezugspersonen des Kindes verleihen den Dingen einen

Namen, einen Begriff. Und das sind im Grunde Antworten auf nicht formulierte Fragen eines Kindes. Fragen werden unterstellt, darauf wird geantwortet. In der weiteren Sprachentwicklung des Kindes ist ein natürliches Neugierverhalten zu beobachten, das das Kind in die Lage versetzt, selber zu fragen. Es erschließt sich seine Welt, indem es Begriffe und Sprache findet. Schließlich fragt der Mensch mit Hilfe seiner bisher erworbenen Informationen nach dem ihm noch Unbekannten. In der Frage vereinigen sich Wissen und Unwissen, Erinnerung und Ahnung. Keine Maschine könnte je diese "Denk"-Leistung vollbringen. Wie könnte ein Mensch eine Frage stellen, wenn er sich nicht von der Antwort etwas Neues erhoffen würde, das ihn zu weiteren Einsichten bzw. Kenntnissen führt? Der fragende Mensch weiß also um eine imaginäre Grenze seines Wissens, und er will diese Grenze erweitern oder überschreiten. Diese Bewegung an Grenzen ("moving the limits") hat jeweils verschiedene Richtungen innerhalb von Raum und Zeit. Nicht umsonst sind hier räumliche Begriffe wie z.B. das ist eine "tiefgreifende Frage" oder "dieser Mensch will hoch hinaus" adaptiert worden. Oder: "Diese Frage kann man nicht in 5 Minuten beantworten". Existentielle Fragen brauchen eine gründliche Erörterung, und sie brauchen Zeit. Das Wesen existentieller Fragen ist sogar ihre Zeitlosigkeit, d.h. die Fragen behalten ihre lebenslange Aktualität, es sind offenbleibende Fragen, keine geschlossenen (wie z.B. die Frage nach der Uhrzeit). Hier scheint es sich um ein paradoxes Phänomen zu handeln: Gerade die nicht vollständig und endgültig zu beantwortenden Fragen haben ihren besonderen, die Lebensqualität bereichernden Reiz. Die existentiellen Fragen provozieren den Menschen in seiner Einzigartigkeit, in seiner spezifisch humanen Seinsweise. Das Formulieren nicht gänzlich beantwortbarer Fragen könnte - nach BODENHEIMER - äußerst obszön sein. Es entblößt den Menschen als ein auf immanente Grenzen verwiesenes Geschöpf, als letztlich nicht-wissend. Welch eine Schande für den leistungs- und erfolggewohnten Menschen, unmittelbar mit seiner Unvollkommenheit konfrontiert zu werden!. Welch eine zutiefst narzißtische Kränkung, im Zeitalter der Machbarkeit, nicht totaler oder absoluter Herrscher über die Welt und ihre Geheimnisse zu sein! Die einseitige Fixierung auf das menschlich Machbare führt in unserer Zeit zu einer Hybris, die Gefahr läuft, blind zu werden für die Frage nach dem Irreversiblen, Irreparablen - und nach dem homo patiens.

Die Beantwortung existentieller Fragen scheint bei jenen Menschen auf Widerwillen zu stoßen und kognitiv gemieden zu werden, die eher an sichtbaren Ergebnissen interessiert sind als an der Frage nach Lebens-Wegen. Die Vorläufigkeit existentieller Antworten, die Frage in der Antwort oder das Bewußtsein von Vorletztem begleitet den suchenden Menschen auf seinem Lebensweg und besonders in Krisensituationen.

Existentielle Fragen haben eine intentionale Bedeutung, sie weisen in die Welt. Schließlich wirft das Leben selber Fragen auf. Diese metaphorische Aussage bezieht sich auf das Vorfindliche, das der Mensch mit Fragen versieht. Neben den natürlichen (naturwissenschaftlichen) Fragen gibt es auch geistige, ontische oder noetische Fragen. Der Mensch findet nicht nur Naturphänomene vor, die er zu erschließen sich zur Aufgabe gemacht hat, er beschäftigt sich auch immer schon mit der Sinnfrage. Er fragt nach dem Wozu seiner Existenz. Wir gehen davon aus, daß dies keine akademische Frage ist, sondern eine bildungs- und kulturunabhängige, also spezifisch humane Frage. Das Phänomen "Fragen" gilt ferner als Voraussetzung zur Erschließung von Welt. Unter "Welt" ist hier alles subsumiert, was außerhalb des einzelnen Menschen wahrzunehmen ist. Dazu zähle ich die konkret-dingliche als auch die abstrakt-begriffliche Welt.

Im heilpädagogischen Bereich sind wir, ähnlich wie im Bereich der Kleinkinderziehung, auf Vorannahmen angewiesen und auf Setzungen - ohne daß für sie, etwa von einem behinderten Menschen, eine Zustimmung oder ein erklärter Auftrag eingeholt werden könnte. Wir gehen davon aus, daß ein Kleinkind, ein geistig behinderter oder kranker Mensch eine Zuwendung erfahren möchte. Wir können unser Handeln nicht in jedem Fall "beauftragen" lassen. Wir unterstellen etwa eine Frageabsicht und versuchen selbst eine Fragesprache zu finden, die An-Klang bzw. Ver-Ständnis bewirkt. Über die methodische Seite dieses Ansinnens ist später zu sprechen. Im Sinne einer Selbstrechtfertigung erkennen wir (Helfer, Pädagogen, Therapeuten etc.) uns beauftragt, andere Menschen zu dem spezifisch Humanen hinzuführen. Ziel dieser Absicht ist ein mündiger Mensch, befähigt, frei und verantwortlich zu leben. Ziel der vorläufigen "Bevormundung" ist somit nicht Abhängigkeit oder Unterwürfigkeit, Ziel der Bindung ist die Ablösung. Freiheit, Verantwortlichkeit und Mündigkeit gehen immer und ausnahmslos Setzungs- und Bindungsverhalten voraus. Eine freie Stellungnahme ist erst dann möglich, wenn das Gegebene in seinem Frage-Charakter oder in seiner Frag-Würdigkeit erkannt ist. Ein in seinem Zustand belassener Mensch bliebe nicht nur hilflos und unfrei, er würde auch seiner Existenz beraubt, er bliebe "depriviert". Menschliches Sein ist folglich nur möglich in einer komplementären Gemeinschaft, in der die Defizite des einen durch die Fähigkeiten eines anderen kompensiert werden. Dieser Gedanke impliziert innerhalb einer menschlichen Gemeinschaft sowohl das individuale als auch soziale Angewiesensein des Menschen und zwar nicht

nur einseitig (der Gesunde dem Kranken gegenüber usw.), sondern wechselseitig.

Wenn wir nun (als Helfer) zu unserer Absicht zählen, Fragen zu evozieren,
so teilen wir gleichsam unsere eigenen existentiellen Fragen mit anderen.
Fragen evozieren bedeutet, die Fragen, die uns das Leben stellt, so zu
formulieren, daß der andere an ihnen teilhaben kann. Es ist geradezu der
Sinn existentieller Fragen, nicht über den Menschen "hinwegzureden",
sondern ihn im Herzen, in der "Radix", in seinem existentiellen Sein zu
treffen. Wenn wir davon ausgehen, daß es zu den vordringlichsten Aufgaben
einer sinnzentrierten Heilpädagogik gehört, Fragen zu evozieren, dann
denken wir zunächst nicht an bereits in Sprache gefaßte Fragen. Wieder
interessieren uns erst die Voraussetzungen, die ein Mensch braucht, um
fragen zu können.

Wie schaut die "innere Befindlichkeit" eines Menschen aus, sein Wohlbefinden, mit welchen Augen schaut er in die Welt, wo liegt sein Augen-
Merk? Wie empfänglich ist er für Musik, für die Klänge und Laute seiner
unmittelbaren Umgebung? Während wir uns in den anderen Menschen
einzufühlen versuchen, stellen wir uns erste Fragen über den anderen und
wir nehmen erste Antworten wahr. Während wir den anderen annehmen, so
wie er sich uns darbietet, wissen wir, daß er nicht so bleiben muß. Wir fahn-
den nach seiner Potentialität, und vielleicht ahnt der andere unser Suchen.
An dieser Stelle keimen erste Fragen auf. Eine dieser - wenn auch unformu-
lierten - Urfragen lautet "Darf ich so sein, wie ich bin? und: Muß ich so
bleiben, wie ich bin?" Der homo patiens will spüren: Es ist gut, daß ich bin.

Ein Mensch, der sich angenommen fühlt, möchte wachsen. Er fühlt sich
ermutigt, seinen Status quo zu be-fragen. Ist das, was ich sehe und höre,
alles - oder gibt es noch etwas Weiteres? Der Mensch beginnt zu ahnen, zu
staunen, er wird um-sichtig und ver-nehmend. Unabhängig von Zeit und
Aufwand dieser elementaren Erfahrungsstufe wird hier ein In-die-Welt-
hineinfragen, sowie das menschliche Sich-einlassen auf Leben, vorbereitet.

Viele Menschen in Leidenssituationen sind entmutigt zu fragen, weil sie
sich vielleicht vor einer Antwort fürchten. Gerade die Hoffnungslosigkeit
macht stumm und fraglos. Dennoch sind diese Menschen häufig gequält von
Fragen; Fragen, die sich ihnen immer wieder aufdrängen und unerträglich
scheinen. Kinder provozieren wiederholt Ablehnung, weil sie wissen wollen,
ob sie trotz ihrer Unzulänglichkeiten geliebt werden. Dabei formulieren sie
nicht die Frage, ob sie geliebt werden. Aber Fragen dieser Art sind ver-

nehmbar, und sie bedürfen oft auch nonverbaler Antworten. Oder Kinder im Krankenhaus möchten wissen, wie lange sie da bleiben müssen. Manche von ihnen haben noch gar keinen Zeitbegriff. Aber sie fragen nach der Zeitdauer, damit sie ihre "Leidenszeit" absehen können, damit sie sich darauf einstellen können, um die unerwünschte Zeit überbrücken zu können usw.

Ein Patient beim Zahnarzt möchte wissen, ob es wehtun wird. Ein alter Mensch fragt, ob er bald sterben muß. Menschen, die von Unheil betroffen sind, haben Fragen, ob sie sie formulieren oder nicht. Sie möchten sich auf das offensichtlich Unabänderliche einstellen. Damit versetzen sie sich in die Lage, an einer Perspektive zu arbeiten, "für die Zeit danach", in der sie wieder frei und mit den vorhandenen Möglichkeiten und Kräften leben können.

Eine Hilfe besteht also zunächst im Erkennen und Formulieren jener unausgesprochenen Fragen, weil sie sonst im Verborgenen bleiben und der Mensch sich in irrealer und inadäquater Weise mit seiner Situation auseinanderzusetzen droht.

1.2   Person und Persönlichkeit

Wenn wir uns im Rahmen einer Heilpädagogischen Anthropologie mit der Person und der Persönlichkeit eines homo patiens beschäftigen, so geht es in erster Linie um die uneingeschränkte Erhaltung der menschlichen Würde kranker oder leidender Menschen. Könnte man ihre Existenz als Mensch, vielleicht auch nur in biologischer Hinsicht als zur menschlichen Gattung zugehörig noch tolerieren, so scheint die Frage nach ihrer Person oder sogar Persönlichkeit auf den ersten Blick zweifelhaft. Können wir einem Schwerstgeistigbehinderten zuschreiben, auch er sei oder habe eine Persönlichkeit?

Hindurchtönen heißt, lateinisch, personare. Das, was einen Menschen zur unverwechselbaren, einmaligen Persönlichkeit macht, ist sein Klang, also das, was durchtönt. Aber nicht nur der Klang der Stimme oder Laute, sondern alles, was diesen einen Menschen so ausmacht, wie er ist, die Haarfarbe, die Physiognomie, die Körperlichkeit, die Augen und die Eigenart des Sehens, sein Schmecken der Speisen und Getränke usw. - macht den Menschen zur Person. Ebenfalls ist es das absolut einmalige Schicksal und Ziel, das einen Menschen zur Person macht. Was vermag ein menschlicher Beobachter über eine schwerstgeistigbehinderte Person auszusagen? Er kann ihr Äußeres und ihr Verhalten beschreiben. Über Gefühle und Sinnvorstellungen kann häufig nur spekuliert werden, falls die verbale Kommunikation fehlt oder eingeschränkt ist.

Wenn uns aber aus dem Bereich des Selbstbewußtseins und der daraus abzuleitenden freien Selbstverfügung eines Menschen keine Hinweise gegeben sind, dürfen wir dann diesem Menschen das Personale absprechen? Oder sollten wir auch auf den Begriff 'Person' verzichten, wenn ein Mensch sich zu keinem Sachverhalt frei verhalten kann, wenn ihm also offensichtlich die Fähigkeit zur Selbstdistanzierung fehlt? Umgangssprachlich werden Menschen mit derart existentiellen Defiziten kaum als "Person" bezeichnet. Auch würde man wahrscheinlich einem schwerstgeistigbehinderten Menschen eher keine "Persönlichkeit" zuschreiben.

Aus anthropologischer Sicht ist jene Etikettierung weniger wichtig als das Phänomenale und vor allem die Beziehungs-Weise, die mit dem hier skizzierten Menschenbild zusammenhängt.

"Die Person erhält ihre personale Würde eben nicht durch einen anderen Menschen, die Person steht in ihrem Eigenwert da, der ohne jegliches Zutun von außen allein in <u>ihrem</u> Menschsein gründet." Der Mensch "ist das Wesen, das zumindest potentiell sich entscheiden kann" (LÄNGLE, 1986, S. 57f.).

Schwerstgeistigbehinderten Menschen begegnen wir in einem Akt des Staunens und der Erschütterung. Wir wissen letztlich nicht, ob oder welche Grade der Selbstdistanzierungsfähigkeit vorhanden sind oder erweckt werden können. Hier ist ein Höchstmaß an Zuversicht gefordert und ein Wahrnehmen kleinster Details im Verhalten. Auch oder gerade ein schwerstgeistigbehinderter Mensch kann in seiner Einzigartigkeit entdeckt werden. Aufgrund unseres Menschenbildes muß die Person und Persönlichkeit eines schwerstgeistigbehinderten Menschen entdeckt werden, denn sie wird von uns - anthropologisch - als gegeben angenommen und ist nur nicht offensichtlich. Das Personale wird nicht konstruiert, sondern konstatiert! Es bedarf einer spezifischen Suche und Freisetzung des Personalen auf elementarster Ebene.

Die Sinnhaftigkeit einer scheinbar bloß biologischen Existenz wird im Schwerstbehindertenbereich am gravierendsten und deutlichsten in Frage gestellt. Da, wo nur eine "noetische Wurzel" zu vermuten ist, da wo Menschen nur noch "dahinvegetieren" - ist da in solchem uns so fremden Leben noch irgendeine Sinnperspektive?

Das volle Ausmaß der Sinnfrage berührt uns in diesem Bereich ganz besonders. Rein kognitive Erklärungen über den Lebenswert schwerstgeistigbehinderter Menschen scheinen nicht viel weiter zu führen. Rational scheint der Sinn jener Existenzen nicht mehr faßbar zu sein.

Es ist jedoch zu überlegen, ob die Frage nach dem Sinn-Ganzen überhaupt erlaubt sei (vgl. FRANKL 1979, S. 268), oder ob gerade hier nicht der Therapeut selbst und sein Menschenbild zu be-anspruchen wäre.

Nicht die Fremdheit eines anderen Daseins steht vorrangig zur Disposition, sondern die Motivation und Absicht der helfenden Person. Von ihr wird wesentlich abhängen, ob sie den schwerstgeistigbehinderten Menschen als bloßes Pflegeobjekt betrachtet oder selbst auf die Suche geht nach den noetischen Wurzeln und Sinnspuren. Die helfende Person ist es, auf deren Sichtweise es ankommt. Sieht sie den Menschen als einzigartiges, einmaliges und unverwechselbares Geschöpf, deren Seins-Sinn nicht in Frage zu stellen ist, dann ist dieses Geschöpf an seinen eigenen Möglichkeiten zu messen und nicht an irgendeiner Seins-Norm. Während Entwicklungs- oder Förderungsmöglichkeiten sich an allgemeinen Standards, wie z.B. aus der Entwicklungspsychologie, orientieren, ist die Daseins-"Berechtigung" sowie der Entwicklungsgradient unabhängig von normativen Vorgaben. Mit anderen Worten: Die Seinsfrage bedarf keiner gesellschaftlichen Normierung (darf ein Mensch sein?); aber wie sich ein Mensch entwickeln kann oder könnte, dafür gibt es bzw. allgemeingültige Anhaltswerte.

In einer personalen Sichtweise werden gegenüber dem Da-Sein keinerlei Bedingungen oder Voraussetzungen verknüpft. Das menschliche Sein hat sui generis einen Wert. Die humanitäre Aufgabe bzw. Herausforderung besteht nun nicht in einer bloß biologisch begründeten Arterhaltung, sondern in der Begegnung mit menschlichem Sein. In allem menschlichen Sein ist die noetische Wurzel oder ein personaler Kern zu entdecken. Aus dieser Sichtweise wäre kein Gesetz abzuleiten, weil niemand zu einer bestimmten ethischen Gesinnung gezwungen werden könnte. Allenfalls kann per Dekret menschliches Sein geschützt werden. Dadurch könnte die Beliebigkeit der Ansichten in ihren Konsequenzen begrenzt werden.

Professionelles heilpädagogisches Handeln setzt vor aller Methodik und Didaktik ein Bekenntnis zum menschlichen Sein voraus, also eine geistige Auseinandersetzung mit ontischen bzw. anthropologischen Fragen. Innerhalb der Persönlichkeits-Bildung läßt sich eine Person (der Hel-

34

fer/Therapeut) absichtlich auf existentielle Lebensthemen ein. Sie bezieht bewußt und in einem freien Akt Stellung zu den letzten Seinsfragen.

"Persönlichkeit ist das, was die Person aus sich gemacht hat" (LÄNGLE 1989, S. 3) und zwar im Kontext ihrer Möglichkeiten und frei gewählten Lebensaufgaben. Personales Sein ist verantwortliches Sein, Verantwortung beinhaltet die Akzeptanz offener Fragen und Probleme.

1.3 Die Frage nach dem Wert und Unwert menschlichen Lebens

Die menschliche Fähigkeit der Diakrisis, der Unterscheidung, und der daraus notwendig folgenden Entscheidung macht eine wertende Attribuierung unumgänglich. Beurteilungen, Stellungnahmen, Gegenpositionen, Ablehnungen, Fürsprachen usw. gehören seit Menschengedenken zu den subjektiven Beziehungs- und Verhaltensweisen des Menschen. Die Auswahlmöglichkeit zwischen mindestens zwei Alternativen verpflichten den Menschen zur Entscheidung und damit zum Urteil. Unabhängig davon, wie oder wodurch ein Mensch zu Positionen gelangt, bezieht er bewußt oder unreflektiert Stellung in alltäglichen Situationen und in seinen "lebensphilosophischen" Grundsätzen. Der Mensch orientiert sich dabei an tradierten, internalisierten, aber auch an gutüberdachten Werten. Ein Wert ist für einen Menschen das, was kurz- oder langfristig unbedingte Gültigkeit besitzt. Gemäß seiner freien Attribuierung fühlt sich der Mensch an "seine" Wertsetzungen gebunden und zwar solange, bis sie ihre Bedeutung als Wert verlieren, indem sie durch eine andere Wertposition ersetzt werden. Werte haben also für das Subjekt eine zunächst relative, zeitgebundene Bedeutung. Wir können daher nicht behaupten, daß Da-Sein sei für jeden Menschen ein Wert, den es zu erhalten gelte. Schwerkranke Menschen wünschen sich manchmal ein Nicht-So-Sein und mitunter ein Nicht-Sein. Der allgemein anerkannte unbedingte Vorrang des Seins vor dem Nichtsein (LOTZ 1976, S. 459) muß also verknüpft werden mit erwünschten Attributionen des Seins sowie einer Erkenntnis von Sein.

In einer Heilpädagogischen Anthropologie stellen wir uns die Frage, ob das Sein, und insbesondere das subjektiv erlebte So-Sein, als Wert in jedem Fall erkannt werden kann. Wir stellen dem bewußten Erkennen eine Seins- oder Wert-Ahnung voran, die allen Menschen unabhängig von Bildung, Kultur oder subjektivem Leid zugänglich ist. Jeder Mensch, so lautet unsere Prämisse, hat zumindest eine Ahnung davon, daß Leben gut ist. Dieser Ahnung steht die subjektive Erfahrung des Leidenden oft diametral gegenüber. Obwohl er fühlt oder erkennt, daß sein Leben sinn- bzw. wertlos sei, ahnt jedoch auch der homo patiens substantiell oder diffus, wie oder daß gutes Leben sein könnte. In dieser elementaren Weise erfaßt der menschliche Geist die eigentliche Potentialität seiner Existenz. Er "weiß" um die Möglichkeit des Andersseins und er "fühlt", wie es wäre, wenn der Wunsch der Wirklichkeit näher käme. Der Mensch transzendiert seinen (unerwünschten) Zustand auf etwas hin, das für ihn einen (erwünschten) Wert hat. Diese intentionale Fähigkeit geht bei einigen Menschen (z.B. bei Gefangenen; alten oder schwerkranken Menschen) über die eigene zeitliche Todesgrenze hinaus. Wie immer diese Vorstellungen im einzelnen auch sein mögen, sie können sich tröstlich, hoffnungsspendend und sinnstiftend auswirken. Therapeutisch wird es, wie später erläutert wird, um die Evokation der "Trotzmacht des Geistes" (FRANKL 1991, S. 116) gehen.

Angesichts der gentechnologischen Forschung und der seit Beginn der 70er Jahre (vgl. MÜRNER 1991) praktizierten humangenetischen Beratung stellt sich die Frage nach dem Wert kranken oder behinderten Lebens heute erneut. Anthropologen, Ethiker, Sonder- und Heilpädagogen und nicht zuletzt betroffene Menschen diskutieren zum einen die Legitimation humangenetischer Prognosen und zum anderen deren psychosoziale Konsequenzen.

Die Wertfrage zielt auf die Überlegung, warum Erbkrankheiten nach Möglichkeit nicht verhindert werden sollten. Die humangenetische Forschung stellt für die Zukunft diagnostische Erkenntnisse vor und kurz nach der Zeugung in Aussicht. Die Entscheidung, ob Eltern auch ein behindertes Kind bekommen sollen, ist demnächst so frühzeitig zu treffen, daß es sich in einigen Fällen gar nicht mehr um eine Abtreibungs-Problematik handeln wird, sondern um die Frage der Zeugungsabsicht bzw. der sogenannten Risikoabwägung. Eltern, die trotz immer differenzierter Diagnosemöglichkeiten ein behindertes Kind zur Welt bringen, laufen Gefahr, gesellschaftlich sanktioniert zu werden, indem sie sich etwa Vorwürfen auszusetzen haben, sie hätten die Chancen der Gentechnologie verpaßt. So sind wir unmittelbar konfrontiert mit der Unwertfrage. Welch eine Verlockung, krankes Leben vermeiden zu können! Wie schwach scheinen die Gegenargumente zu sein, die für einen uneingeschränkten Lebenserhalt eintreten! Und wie müssen sich jene behinderten Menschen fühlen, die die Diskussionen mitbekommen und sich dadurch noch mehr als Außenseiter der Gesellschaft erleben?

Mit Hilfe gentechnologischer Diagnostik werden Menschen befähigt, aktiver als dies in früheren Zeiten möglich war, das Schicksal ihrer Nachkommen zu beeinflussen. Sie haben tendenziell, d.h. ihrem Wissensstand entsprechend, Einfluß auf "das Phänomen Leben". Sie werden in den Stand verstetzt, unerwünschte Daseinsformen zu eliminieren. Ich gehe davon aus, daß die Nutzung humangenetischer Diagnostik in Zukunft eher zur medizinischen Selbstverständlichkeit zählen wird, als daß auf jene Diagnostik aus ethischen Gründen verzichtet wird. Ebenso scheint es unwahrscheinlich zu sein, daß Eltern freiwillig auf das vorhandene Angebot humangenetischer Diagnostik verzichten.

Johannes BUSCH schreibt in einem kleinen Heft "Bethel und die Tötung kranker und behinderter Menschen im dritten Reich" (o.J.) über den in jedem Menschen innewohnenden Euthanasie-Gedanken: "Der Gedanke ist erschreckend und erhellend zugleich. Hier offenbart sich ein Wunschbild, das tief in uns allen steckt: Das Wunschbild, menschliches Leben zeichne sich aus durch Gesundheit, Wohlergehen, Schönheit, Tüchtigkeit, Leistungsfähigkeit. Und wenn es daran mangelt, muß man sich eben selbst oder anderen dazu verhelfen; alles Kranke, Schwache, Häßliche muß weggemacht werden, und wenn es nicht zu heilen und gesundzumachen ist, dann läßt man es eben 'gnädig' sterben" (a.a.O., S 14).

Der zeitgeschichtliche Unterschied heute gegenüber dem Dritten Reich besteht in zweierlei Hinsicht. Erstens besteht heute nicht die legislative bzw politische Absicht, sichtbar existierende kranke und behinderte Menschen, also bereits Geborene, zu töten. Zweitens obliegt die Entscheidung, behindertes oder krankes Leben vorgeburtlich zu vermeiden, d.h. vor der Zeugung oder durch Abtreibung, nicht dem Staat, sondern jedem einzelnen Elternpaar.

Die Abortus-Entscheidung ist demzufolge einerseits anonymisiert (man sieht kein Lebewesen) und andererseits privatisiert (eine allgemeinverbindliche, gesellschaftliche Orientierung fehlt). Der einzelne steht allein vor einer riesigen Wertproblematik und einem offensichtlich verlockenden Angebot: Ihm wird Leidlosigkeit verheißen.

Die Sinn- und Wertproblematik trifft den Menschen in unterschiedlichen Entscheidungsphasen und unter je unterschiedlichem Zeitdruck:
a) Die Phase zwischen humangenetischer Diagnose und potentieller Zeugung
b) die relativ kurze Phase zwischen Zeugung und potentieller Abtreibung

c) die postnatale Phase, wenn wider Erwarten ein behindertes Kind geboren wird und die Eltern mit gesellschaftlichen Vorhaltungen zu rechnen haben.

zu a)

Die Entscheidungs-Phase zwischen humangenetischer Beratung und einer potentiellen Zeugung kann dem Alter der Eltern entsprechend länger oder kürzer sein. So haben jüngere Menschen mehr Zeit zur Orientierung, Planung oder Risikoabwägung als ältere Menschen. Die Entscheidung während dieser Phase, auf die Zeugung eines Kindes zu verzichten, wirft zumindest keine eugenischen Probleme auf. Aus anthropologischer Sicht bleibt die Frage, ob es denn sein soll, daß Menschen dem Schicksal und seiner Schöpfungsbestimmung vorgreifen bzw. dem Schicksal keine Chance gewähren. Scheint aus rein pragmatisch-funktionaler Sicht diese Überlegung auch völlig irrelevant zu sein, bleibt doch ein "ontisches Unbehagen", wann und wo denn die Grenze zu ziehen sei, bevor ein homo perfectus kreiert wäre. Denn lehnte man tendenziell immer mehr Unerwünschtes ab - und sei es auch nur hypothetisch - so bliebe am Ende eine Art makelloses Produkt: ein Homunkulus.

zu b)

Die relativ kurze Entscheidungsphase zwischen Zeugung und einem potentiellen Schwangerschaftsabbruch aufgrund einer durch Pränataldiagnostik festgestellten Fehlstellung des Embryos kann Eltern in einen schwerwiegenden Entscheidungskonflikt bringen. Es ist damit zu rechnen, daß viele Eltern völlig unvorbereitet, also plötzlich, mit der Gesamtproblematik konfrontiert werden. Anthropologische und ethische Fragen stellen sich den Eltern hinsichtlich des Phänomens "Behinderung" und der Abtreibung. Hinzu kommen psychosoziale Einflüsse, wie z.B. Ratschläge von Verwandten und Freunden. Der Entscheidungsdruck kann zu Fehlschlüssen führen, die später eventuell bereut werden können.

Es liegt nahe, den Eltern eine "gute Beratung" zu geben, eine "gute Entscheidungshilfe". Aber was heißt das konkret? Gilt doch in jeder Beratungspraxis als oberstes Gebot, den Entscheidungswillen der Betroffenen zu respektieren. Aber genau hier findet sich ein großes Entscheidungsdefizit, eine subjektiv erlebte Entscheidungsinkompetenz. Schließlich erwarten die ratlosen Eltern konkrete Entscheidungshilfen. Eine neutrale Beratung halte ich grundsätzlich besonders bei dieser Problematik für ausgeschlossen. Eine wertende Beratung ist hier angezeigt, zumal eine Entscheidung für oder gegen behindertes Leben nicht wert-frei sein kann. Eine solche Beratung wäre wert-los. Eine wertende Beratung hat nichts mit einer indoktrinären bzw. manipulativen Beratung zu tun. Die Wertungen in der Beratung beziehen sich auf die Unterscheidungskriterien und nicht auf die Entscheidungskompetenz der Verantwortlichen. So werden z.b. alternative Einstellungs- oder Handlungsmöglichkeiten konstruiert und diskutiert, ohne jedoch dem Betroffenen die Wahlentscheidung abzunehmen.

Eine anthropolgische Darlegung über behindertes Leben, über die Würde und Einzigartigkeit einer behinderten Person, über individuelle Sinnmöglichkeiten usw. könnte die zu beratenden Eltern ermutigen, ihr vorausgesagtes (!) Schicksal anzunehmen. Ebenso müßten flankierende Hilfen nach der Geburt aufgezeigt werden.

Die Annahme des Schicksals ist eine Grundhaltung für das Vitale. Die Verweigerung des Schicksals bedeutet Apathie. Die Apathie exemplifiziert den eigentlichen Unwert.

zu c)

Der im Volksmund so bekannte Satz "Hauptsache, das Kind ist gesund" konfrontiert die Eltern eines behinderten Kindes mit der ganzen Last ihres Schicksals. Ihr Kind ist nicht gesund - aber ist das Leben dieses Kindes deshalb gleich unwert? Für viele Menschen, die in ihrem Leben nie vorher mit gravierendem Leid zu tun hatten, mag diese Be-Wertung vordergründig sein. Die Enttäuschung braucht Zeit und ist verstehbar. Manche Eltern (und deren Angehörige!) sind zu einer unmittelbaren und bedingungslosen Annahme zunächst unfähig. Sie sagen: "Das ist nicht mein Kind!" Das spontane Gefühl der Identität zwischen Eltern und Kind bleibt aus, und sie empfinden Fremdheit.

In allen der drei genannten Entscheidungsphasen geht es um die Einstellungswerte der Eltern gegenüber behindertem Leben. Die Eltern sind es, die sich anstelle eines Menschen (ihres Kindes) verantworten. Sie treffen eine Entscheidung, die nicht mehr umwendbar, nicht mehr rückgängig zu machen ist. Die Grundeinstellung, die grundsätzliche Bejahung eines behinderten Menschen ist die wesentliche Voraussetzung, um die "Konsequenz des Alltags" leben zu können. Hier geht es um eine Wert-Ahnung, um ein Vertrauen, daß dieser Mensch sein soll. Die individuale Freiheit, für oder gegen Leben zu sein, versetzt die Eltern in eine bestimmte Kompetenzlage, die eine bewußte Stellungnahme erforderlich macht. Durch die Möglichkeit, nein sagen zu können, werden sie autorisiert, das Gegebene (das Schicksal) mitzubestimmen. Sie sind, subjektiv, nicht mehr allein einer übersinnlichen Macht ausgeliefert. Die Gefahr dabei ist, daß der Mensch in eine Art Schöpfungsrausch gerät und zwar in die Illusion, er habe Schöpfungs- und

Tötungsmacht. Dabei hat der Mensch genau genommen "nur" die Freiheit zur Stellungnahme, auf das Sein hat er keinen Einfluß (das Sein ist vor und nach ihm und ohne ihn).

Sinn- und Wert kann von Menschen nur reflexiv erfaßt werden. Immer geht einer Be-Wertung oder einer Sinn-Zuschreibung das Sein voraus. Vor allem Erkennen und Erfassen sind die Phänomene "da". Der Mensch kann kein Phänomen konstruieren, er kann es nur reflexiv erkennen, in dem er den Phänomenen eine Bedeutung, einen Wert, einen Sinn zuschreibt. Selbst in der Antizipation (conj. fut.) vollzieht der Mensch eine reflexive Be-stimmung: "Wenn ich ein behindertes Kind hätte, dann...". Aufgrund von analogen Erfahrungen bewertet der Mensch eine fiktive bzw. potentielle Situation, in dem er dazu, nämlich zu dem in der Vorstellung Gegebenen, Stellung bezieht.

Wertungen (Werte) sind also freie Setzungen, Bestimmungen oder Zuschreibungen, die ein Mensch reflexiv vornimmt. Er kommt zu seinem Urteil aufgrund vergleichbarer Erfahrungen Diese urteilsbeeinflussenden Faktoren sind aber keine Determinanten (im Sinne des Determinismus), sondern sie sind, dem menschlichen Geist gemäß, Variablen. Mit anderen Worten: Der Mensch hat die Freiheit, seine Einstellung zu ändern. Er ist nicht festgelegt auf bestimmte Einstellungswerte. Diese Tatsache begründet das dialogische Prinzip. Es macht Sinn, um Einstellungswerte zu ringen. Es macht Sinn, sich mit anderen Menschen (und das heißt mit deren Wertvorstellungen) dialogisch auseinanderzusetzen. Die Wertfrage macht den intentionalen Charakter des Menschseins aus. Der Mensch strebt nach Wertverwirklichung, er will sich in Werten verwirklichen.

2. Die Frage nach dem Sinn menschlichen Leidens

Diejenigen Menschen, die "Selbsterfahrung" haben mit Leiden, fragen nicht selten nach dem Sinn ihrer Lebenssituation. Unter Leiden verstehen wir hier eine subjektiv erlebte existentielle Unzufriedenheit, ein Unglücklichsein mit dem persönlichen Schicksal oder einer sozialen Situation. Der homo patiens fragt nach dem Grund und dem Zweck seines Leidens: warum und wozu muß mein Schicksal so sein wie es ist? Wieder ist es die Fähigkeit zur Diakrisis, die vorhanden sein muß, um Leid zu erleben. Der Vergleich kann begründet sein in einer besseren Vorerfahrung oder in einer Ahnung, wie

das Leben denn besser sein könnte. In der menschlichen Unterscheidungsfähigkeit liegt die eine, dieselbe Wurzel unserer Gesinnungen
und Einstellungen: Weil wir zu unterscheiden vermögen, können wir Leid
erkennen bzw. wahrnehmen, und weil wir zu unterscheiden vermögen, sind
wir in der Lage, Leiden zu überwinden. Die menschliche Vergleichsmög-
lichkeit führt zu Bewertungen über erwünschte und unerwünschte Situationen.

Ein Mensch wünscht sich kein Leid (Leid wird nicht intendiert), und er
arbeitet an der Leidvermeidung (z.b. Gesundheit, materielle Sicherheit,
mitmenschliches Einvernehmen etc.). Der Wunsch nach (relativer) Leidfreiheit ist für viele Menschen gekoppelt an eine den eigenen Kräften gemäßen
Anstrengung (Willen; Prophylaxe etc.). Um so mehr werden unverhoffte
Schicksalschläge, die dieser Anstrengung diametral entgegentreten, als
äußerst tragisch empfunden. Dann nämlich, wenn jemandem gerade das
Nicht-Intendierte widerfährt, erlebt er einen "Knick in der Lebenslinie" (vgl.
ERIKSON 1964 und 1970; LIEVEGOED 1979).

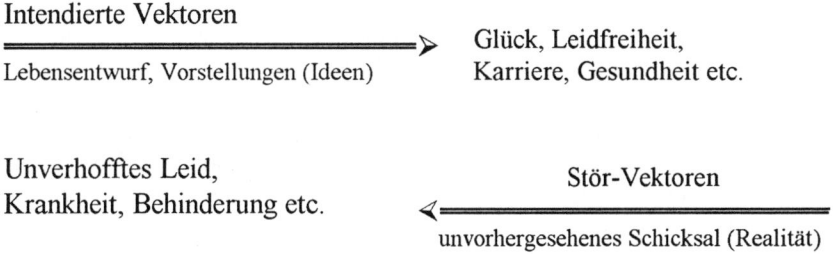

Intendierte Vektoren
====================> Glück, Leidfreiheit,
Lebensentwurf, Vorstellungen (Ideen)   Karriere, Gesundheit etc.

Unverhofftes Leid,   Stör-Vektoren
Krankheit, Behinderung etc.   ◄====================
                               unvorhergesehenes Schicksal (Realität)

Hier werden implizite und bisher gültige Normvorstellungen empfindlich in
Frage gestellt. Zu den impliziten Normvorstellungen zählen mehr oder weniger reflektierte Wertkategorien (vernünftiges Denken; soziokulturelle Umgangsformen; Lern- und Arbeitsfähigkeit usf.). Je mehr diese Werte unbedingte Gültigkeit besitzen oder besaßen, desto bewußter wird Leid in Form
einer existentiellen Beeinträchtigung erlebt.

Leiden ist also eine situationsbezogene Bewertungskategorie, die eine gewisse Unterscheidungskompetenz voraussetzt. Diese Tatsache mag erklären,
warum nicht alle behinderten Menschen leiden und demzufolge gar keine
"Symptombeseitigung" anstreben. Im Gegensatz zu ihnen leiden in vielen

Fällen die Angehörigen unter dem behinderten Mitmenschen und an dem von ihnen selbst abweichenden Schicksal.

Uns interessiert zunächst die Frage nach dem "Symptomträger" und die Frage nach seiner Leidensgenese. Zum einen, so sagten wir bereits, kann ein unvorhergesehenes Schicksal (z.B. ein Unfall; der Verlust eines Menschen) den Lebensplan eines Menschen zunichte machen. Die tragenden Sinnsäulen brechen zusammen und das Schicksal - wie anders könnte man dieses einschneidende Ereignis nennen? - konfrontiert einen Menschen mit einer subjektiv erlebten Ausweglosigkeit. Die Lebensperspektive ist verschüttet, plötzlich erfüllt die neue Situation den ganzen Menschen. Diese "totale Erschütterung" nennt BOLLNOW "Begegnung" mit der eigenen existentiellen Sinnfrage (BOLLNOW 1984). Es wäre geradezu inhuman, einen Menschen in einer solchen akuten Phase vorschnell mit Sinnmöglichkeiten konfrontieren zu wollen. Hier ist zunächst gar keine Methodik gefragt, sondern ein Verweilen in der Situation und ein Mitfühlen der Sinnleere, die nun real erlebt wird. Der Mensch in einer akuten Leidensituation braucht einfach <u>Zeit</u> zum Klagen und zur Neuorientierung. Die Frage nach dem Sinn des Leidens ist keine Frage, die voreilige oder oberflächlich-plausible Antworten erwartet. Nichts ist untröstlicher als standardisierte Floskeln, wie z.B. "zu jedem Leben gehört nun mal auch Leid...". Die Antwort auf die Sinnfrage in einer akuten Leidenssituation kann zunächst eine nonverbale sein. Die einfache personale Anwesenheit eines Helfers kann schon Zeugnis geben von der Ahnung, das Leidenserlebnis als Herausforderung anzunehmen. Noch einmal: es geht hier nicht um methodische Überlegungen. Es geht um die grundsätzliche Intention, die "Trotzmacht des Geistes" (FRANKL) zu evozieren. Wir können jede Leidenssituation als Herausforderung des Schicksals erkennen und darüber nachsinnen. Anlaß für jenes Nachsinnen sind die Fragen des Leidenden an sein Schicksal. Es wäre fatal, diese existentiellen Fragen "umzufunktionieren" in rational eher zu beantwortende Themen. Der homo patiens fragt z.B. warum gerade ihm so ein Schicksal (z.B. ein körperbehindertes Kind) widerfahren mußte; oder welchen Sinn es macht, plötzlich querschnittsgelähmt zu sein oder Krebs zu haben usf.. Diese Fragen sind real existent und bedürfen einer Anhörung, sie dürfen zugelassen sein!

Das Schmerzempfinden in einer Leidenssituation entspricht den bereits erwähnten zuständlichen Gefühlen. Der akut leidende Mensch kreist in Permanenz um sich selbst. Er ist insofern von Unwert-Gedanken geplagt und (zeitweise) unfähig, von sich abzusehen und sich für Werte, die außerhalb seiner selbst liegen, zu öffnen. Die denkbar extremste Form menschlichen Leidens ist die Apathie, die absolute Teilnahmslosigkeit oder das In-sich-selbst-Hinabfallen.

Der Mensch, befähigt zur (geistigen) Selbst-Distanzierung, hat die Möglichkeit, sein eigenes Schicksal zu bewerten. Dies kann als Gefühl des Elends passieren, in einer zutiefst empfundenen Trauer oder Hoffungslosigkeit - aber auch in Form einer geistigen Stellungnahme. Die Diakrisis, dasselbe Phänomen, das Leid erkennbar und empfindbar macht, kann auch, eben geistig, zur Leid-Überwindung genutzt werden. Wir stehen demzufolge vor der Unausweichlichkeit, Leiden zu attribuieren. Nach D. SÖLLE unterscheiden wir zwischen unabwendbaren, unvermeidbaren oder irreversiblen Leiden und dem abwendbaren, vermeidbaren oder reversiblen Leiden (SÖLLE 1973, S. 126 ff.) Der homo patiens identifiziert also nicht nur seinen Leidens-Zustand, sondern er vermag auch, die ihm verbliebenen Kräfte zu (re)aktivieren, um seine unerwünschte Situation zu verändern bzw. zu verbessern. "Immer dann, wenn die aufgrund des Physischen und Psychischen gegebenen Möglichkeiten zur Werteverwirklichung nicht mehr oder nur noch in geringem Maße verfügbar sind, ist der Mensch herausgefordert, Einstellungswerte zu verwirklichen" (BÖSCHEMEYER 1977, S. 105). An diesem Wendepunkt kann der Mensch - kraft seines Geistes - seine Freiheit spüren: Er vermag, seine Einstellung zu sich und seiner Situation zu bestimmen. Er hat die Freiheit, den totalen Sinnkonkurs anzumelden oder sich provozieren zu lassen von der "Trotzmacht des Geistes", und das bedeutet unbedingte Sinnsuche. Hinsichtlich unserer Heilpädagogischen Anthropologie hat FRANKLS These, daß "Sinnfinden und Sinnerfüllen noch im ... aussichtslosen Leiden" (BÖSCHEMEYER 1977, S. 107) möglich ist, eine immense Auswirkung. Sinnsuche ist dennoch ganz und gar nicht abhängig von Kraft, Gesundheit, Erfolg - also jeder Form "positiver Potentialität", sondern gerade im Leiden! Im existenzanalytischen Menschenbild ist "die Liebe die personale Seinsweise des Menschen, und Liebe ist Hingabe an eine Person. Hingabe aber heißt: verzichten zu können auf die Verwirklichung der eigenen Wertmöglichkeiten - um des anderen, d.h. nun für FRANKL, um höherer Werte, letztlich um Gottes Willen..." (BÖSCHEMEYER 1977, S. 107). Die Freiheit eines Menschen - Helfer und homo patiens gleichermaßen - auf profanere zugunsten höherer Werte zu verzichten, ist die Voraussetzung für die Arbeit mit leidenden Menschen und für das Leben mit einem unabwendbaren Leid. Die Freiheit besteht nun nicht in der Produktion oder Nicht-Produktion von Leid, sondern in der individuellen Einstellung, entweder zum Opfer der eigenen Verzweiflung zu werden oder Zeugnis zu sein von der Würde menschlichen Lebens und zwar unter allen Umständen. Unter der Prämisse des unabwendbar Gegebenen hat der Mensch - kraft seines Geistes - immer noch Entscheidungsfreiheit. Er hat keine Schöpfungs-Freiheit, aber er hat die Freiheit zur Stellungnahme, d.h. die Verwirklichung von Einstellungswerten. An dieser Stelle mag (beim Leser) ein Gefühl der Anmaßung zu spüren sein. Unweigerlich ergibt sich die methodische Frage, ob denn dieses geistvolle und vielleicht abstrakt Scheinende einem homo patiens nahegebracht werden könne. Ich meine, daß dies ein sehr mühsamer Weg ist, der sehr viel Sensibilität verlangt und zuerst eine persönliche geistige Auseinandersetzung des Helfers mit dem Leidensthema verlangt. Nicht nur FRANKL, sondern auch andere Autoren (FRANKL 1987[6]; CHENG 1987; MIHIJLOV 1975) konnten aufgrund eigener Leiderfahrung Zeugnis ablegen von der Potentialität menschlicher Leidensüberwindung. Eine Hilfe von außen ist jedoch nur sinnvoll, wenn ein Bekenntnis zum Leid und die Hoffnung seiner Überwindung der helfenden Absicht zugrunde geleget wird.

Die Frage nach der "miseria humana" ist auch als ein Phänomen zu beachten, das unabhängig von Ursachen (kausale Erklärungen) und Therapie (Leidensbeseitigungsstrategien) unter Menschen existent ist. Die Konstituierung und Akzeptanz des Phänomens Leid ist ein zentraler Bestandteil einer Heilpädagogischen Anthropologie. Während wir methodisch alles daransetzen, mit Leid leben zu lernen, wenn es denn wirklich unabwendbar ist, bleibt das Leid als menschliches Phänomen eine "conditio humana" und zwar unabhängig von Einzelschicksalen. Anthropologisch entscheidend ist die Frage, von welchen Leitgedanken wir uns bestimmen lassen: Streben wir unter allen Umständen eine Art utopische Leidvernichtung an, also die totale Nichtexistenz von Leid - oder engagieren wir uns für eine Überwindung des Leids? Während die erste Version zwangsläufig zu Euthanasiegedanken führt, fordert die zweite Einstellung unsere "Solidarität mit den Leidenden" (SÖLLE). Hier begegnen wir einem Paradoxon: einerseits wollen wir Leid weder intendieren (niemand wünscht sich ein behindertes Kind) noch glorifizieren (nur der extrem Leidende ist zu höchster Sinnfindung fähig) - wir erkennen Leid also als zutiefst unerwünscht - andererseits, wenn Leid nun mal da ist, unverhofft und unbeabsichtigt, dann anerkennen wir es als Herausforderung des Lebens. Wir stellen uns dem Schicksal, indem wir unsere Freiheit nutzen, Stellung zu nehmen. Menschliche Freiheit ist folglich immer gekoppelt an die individuellen Rahmenbedingungen bzw. den jeweiligen Lebens-Kontext. Eine Auflehnung gegen das Schicksal wäre letztlich ebenso vernichtend, wie eine fatalistische Position, in der der Status quo als nicht-herausfordernd bzw. als zu belassen betrachtet würde.

Aus anthropolgischer Sicht zwingt uns die Potentialität menschlichen Leidens zur Stellungnahme. Eine Absicht, Leid prinzipiell auszumerzen, wäre unmöglich zu realisieren. Wir sind als Menschen vielmehr genötigt, mit Leid zu leben und Wege zu suchen, unser Leben erträglich zu machen, jedes Leben mit Sinn zu erfüllen.

Weil das Leiden zum Humanum gehört, muß es rechtlich geschützt werden. Insofern ist die Würde eines jeden Menschen unanzutasten (die Würde des Menschen ist nicht unantastbar, sondern unanzutasten): Das Gesetz wird hier zu einem gesellschaftlich-ethischen Gebot, dessen Nichtbeachtung humanitäre Folgen hätte (z.B. Euthanasie). Ein Gesetz stellt jedoch eine Rahmenbedingung, einen Grenzwert, dar. Innerhalb der rechtlichen "Schutzgrenzen" kommt es aber auf personale Beziehungen an. Die Arbeit mit leidenden Menschen muß qualitativ motiviert sein. Sie kann nicht nur funktionieren, weil das Gesetz leidende Menschen schützt. Die sogenannte intrinsische Motivation verweist auf unsere eigene Erfahrung mit Leid und die daraus gewonnene Einsicht, angewiesen zu sein auf eine helfende Gemeinschaft. Der qualitative Modus unserer Hilfe für andere könnte analog zu unserer Eigenliebe gemessen werden: Je nach dem, wie wir uns selbst lieben oder geliebt werden wollen, lieben wir auch als Helfer in einer helfenden Beziehung. "Liebe deinen Nächsten, er ist wie du!" (Zit. nach SÖLLE 1977, S. 216), so übersetzt Martin BUBER das alttestamentliche Liebesgebot. Und weil wir im Leiden Gleiche sind, bedürfen wir einander: ohne Begrenztheit, Ungewißheit, Versehrtheit, ohne Gefühls- oder Körperschmerzen, ohne die Möglichkeit der Verletzbarkeit brauchten wir "die Liebe" nicht - wir wären Isolierte.

Unter diesem elementaren Gesichtspunkt des Phänomens 'Leiden' scheint eine unterscheidende Klassifizierung der Leidensausprägungen überflüssig zu sein. Vom Grunde her ist es unerheblich, ob jemand unter einer Körperbehinderung, einem seelischen Schmerz oder als Angehöriger eines behinderten Kindes "leidet". Jede Leiderfahrung wurzelt in demselben Phänomen, obgleich die beeinträchtigenden Auswirkungen und die erlebten Ausgrenzungen unterscheidbar sind und in der späteren Folge auch die therapeutischen Hilfen.

2.1 Leiden als existentielle Erfahrung menschlicher Unvollkommenheit

Die "miseria humana", als die grundsätzliche Erfahrung menschlicher Unvollkommenheit, gilt als wesentlicher Bestandteil der Heilpädagogischen Anthropologie. Die Unvollkommenheit wird durch Machbarkeitserfahrungen und -visionen kompensiert. Indem der Mensch sich nur auf Erfolg, Macht, Gesundheit, Fitness, Wohlstand usf. fixiert, wendet er sich ab von der anderen Seite menschlicher Wirklichkeit. Wenn es mir hier auch nicht um den Aufweis einer Polarisierung geht, dann doch um die Entscheidung unserer Blick-Richtung. Indem wir uns mit der Unvollkommenheit menschlichen Seins auseinandersetzen, sind wir uns gleichzeitig darüber im Klaren, daß wir es mit einem Aspekt, mit einem Ausschnitt aus dem Wirklichkeitsganzen, zu tun haben: Der Mensch ist nicht identisch mit seinem Symptom. Ein "Symptom" ist jenes Merkmal, das eine Normabweichung im Sinne einer als unerwünscht definierten Auffälligkeit bezeichnet. Das Wort Symptom besagt auch "Zufall; vorübergehende Eigentümlichkeit" (Duden). Das jeweils subjektiv erlebte Leid fällt einem Menschen zu, es wird oft plötzlich erkannt, wie ein Einbruch in den bislang relativ unkomplizierten Lebensgang. Plötzlich erkennt man, eine Depression zu haben; plötzlich nimmt man den Verlust eines geliebten Menschen wahr; plötzlich entdeckt man seinen Alterungsprozeß usw. Das Symptom als beschreibbares Merkmal des Leidens macht zwar nicht den ganzen Menschen aus, aber es verweist ihn jeweils auf seine Begrenztheit. Eine Leidenssituation hat also auch einen hinweisenden Wert; sie konfrontiert uns mit der menschlichen Unvollkommenheit. Während wir in der Lage sind, das Unvollkommene, Unheile, Unzulängliche sprachlich zu konkretisieren, können wir demgegenüber kaum eine zuverlässige Aussage machen über das Vollkommene, das Heile oder das Absolute. Selbst Begriffe wie "Gott", "Nirwana" oder "Paradies" sind intersubjektiv unüberprüfbare Konstrukte. Und falls wir Wittgenstein folgen wollten, müßten wir über das "schweigen, wovon man nicht sprechen kann" (WITTGENSTEIN, L. 1922, S. 115).

Unser Denken und Sprechen ist gewöhnt an Negativformulierungen (wie z.B. Unvollkommenheit, Normabweichung, Be-Hinderung). Obwohl uns klar ist, daß wir außerstande sind, ein fiktives Ideal zu erreichen, beurteilen wir Zustände, Symptome und Leidenssituationen als Minusvariante eines ohnehin nie erreichbaren Zustandes. Wir könnten also den Menschen schlechthin als Abweichler, als "Paradiesflüchter" bezeichnen. Diese Denkweise führte uns jedoch unweigerlich ins Pathologische, Defektologische und damit letztlich zu einer entwicklungshemmenden Sichtweise des Menschen. Wir könnten beliebig lang auflisten, was der Mensch nicht kann, wozu er außerstande ist, bishin zu Unfähigkeitsbeschreibungen an Beispielen einzelner Menschen.

Aus anthropologischer Sicht ist die defektorientierte Sichtweise des Menschen ebenso möglich wie die propulsive und entwicklungsfördernde Sichtweise. Auch hier ist der Mensch frei in seiner Entscheidung, welcher Blickrichtung er den Vorzug gibt. Die Konsequenzen der Entscheidung haben wesentlichen Einfluß auf das Menschenbild und auf das heilpädagogische Handeln.

Noch einmal: Die menschliche Unvollkommenheit ist ein anthropologisches Axiom. Jeder Mensch ist in gewisser Hinsicht unvollkommen, obwohl niemand den Zustand der Vollkommenheit kennt. Jede Abweichung von einer Norm oder einem Ideal ist ebenso fiktiv und konstruiert wie die Norm oder das Ideal selbst. Aber hieße das, daß wir weder über Normen noch über Normabweichungen Aussagen machen können? Aus meiner Sicht haben Normen einen unbedingten aber nicht unumstößlichen Wert. Der unbedingte Wert ist durch die Orientierungsbedürftigkeit des Menschen begründet. Ohne normative Setzungen würde der Mensch einer völligen Diffusität zum Opfer fallen. Normen haben keinen Absolutheitsanspruch, sondern sie haben die Eigenart, einer ständigen Bewährungsprobe ausgesetzt zu sein. Der Mensch, oder besser: der menschliche Geist, nimmt Stellung zu den von ihm kritisch zu reflektierenden Normen. Ein Beispiel ist das fragwürdige Konzept der Normabweichung. Es scheint uns angebracht, eine entgegengesetzte Sichtweise zu präferieren:

1. Normative Maßgabe ist das Subjekt selbst
    Das Subjekt, der homo patiens wird primär nicht verglichen mit anderen Subjekten. Die individuellen Fähigkeiten des Subjekts werden erkannt (Diagnose) und beschrieben (Deskription).

2. Die Entwicklungsförderung ist auf die Optimierung der individuellen Möglichkeiten ausgerichtet.
    Aufgrund dieser Maßgabe orientiert sich die Entwicklungsförderung an den individuellen Potentialitäten eines Menschen. Nicht die Abweichung gegenüber anderen Subjekten derselben Gattung findet unsere erste Beachtung, sondern das zu evozierende individuelle Entwicklungspotential. Die Unterscheidungsmöglichkeit (Diakrisis), bezieht sich auf das Individuum selbst und nicht auf einen intersubjektiven Vergleich.

Mit dem Individualisierungsprinzip streben wir weder eine (absolute) Vollkommenheit an, noch konstruieren wir die Abweichung einer fiktiven Norm. Anthropologisch ausgedrückt heißt das: der Mensch ist weder absolut unvollkommen noch befähigt zur uneinschränkbaren Vollkommenheit.

Die Erfahrung menschlicher Unvollkommenheit ist aber trotzdem erlebbar und aufgrund eines weiteren Aspektes auch zu rechtfertigen. Wenn wir nämlich unter Unvollkommenheit die Nichtverwirklichung der Sinnmöglichkeiten eines Menschen verstehen, indem also das ihm vorgezeichnete Ziel oder Ideal nicht erreicht ist, dann kommt der Unvollkommenheit eine Bedeutung von der Art einer "Unterlassungsschuld" zu. Vollkommenheit wird in diesem Sinne nicht absolut oder gar metaphysisch verstanden, sondern als Vollendung oder Vervollkommnung der individuellen Potentialität. Mit dem Anspruch an das Individuum, das ihm Gegebene ver-antwortlich zu realisieren, ist eine conditio humana definiert, also eine unbedingte Forderung an den Menschen. Der Anspruch, das jeweils Menschenmögliche auch zu vollbringen, ist kein normativer Appell. Er hat nichts zu tun mit irgendwelchen Erfolgserwartungen, durch die der Mensch erst seinen Wert bekäme. Hier geht es allein um die existentielle Herausforderung, das Pfand seines Schicksals optimal zu verwirklichen.

Das Leiden an der Unvollkommenheit ist ein existentielles Leiden über ungelebtes Leben. Das Schicksal, wenn es uns denn widerfährt (also dem Lebensgang wider-strebt), provoziert geradezu eine Stellungnahme und in der unmittelbaren Folge eine Handlung bzw. einen Umgang mit der neuen Siutation. Jedes Erschwernis, jedes Hindernis, jede Blockade ist wie ungestaltetes Material: unfertig, vorläufig und verlockend. Viele Probleme reizen den Menschen geradezu, kreativ zu werden und das Letzte, das Wesentliche, die Schöpferkraft aus sich herauszuholen. Leidende Menschen sind oft außerstande, jene Kräfte in sich zu erkennen. In zuständlichen Gefühlen gefangen, sind sie auf das absolut erscheinende Dunkel fixiert. Sie brauchen eine geistige Führung, in der der homo patiens an seine Verantwortung zur "Vollkommenheit" erinnert wird. Vollkommen ist der Mensch bereits in seinem "ursprünglichen, unentfalteten Seinszustand... (schon als Neugeborener)", weil er die "Grundstruktur seines Wesens voll besitzt" und somit seinem Schicksal - geistig - begegnen kann (vgl. LOTZ 1976, S. 441). Der Mensch ist seinen Schicksalseinbrüchen insofern nicht ausgeliefert, als er die Wahlfreiheit behält zu hoffen oder zu verzweifeln. Beides produziert aus psychologischer Sicht eine Eigendynamik - aber, so FRANKL, keine Determiniertheit. Die Möglichkeit zur Einstellungsänderung bzw. zur

Veränderung der Werthaltungen bleibt (FRANKL 1982[10], S. 61 spricht von "Einstellungswerten"; in diesem Sinne ist hier und im folgenden von Einstellungsänderung die Rede).

Nun scheint es, daß wir zwei widersprüchliche Aussagen gemacht haben: zum einen sei der Mensch unvollkommen, hinsichtlich eines absoluten Ideals - zum anderen sei er schon von Geburt an (bzw. schon vor der Geburt) vollkommen, und zwar im Hinblick auf seine humane Ver-anlagung. Dieser scheinbare Widerspruch macht die Kontext-Abhängigkeit anthropologischer Aussagen deutlich. Wieder entscheidet die Blick-Richtung, von der aus wir zu wahren Aussagen zu kommen meinen.

Die existentielle Erfahrung menschlicher Unvollkommenheit muß jedoch nicht nur als unerwünschte Leiderfahrung begriffen werden, sondern kann auch als wesentliche Seins-Komponente verstanden werden. Wie anders wäre denn eine individuelle Vervollkommnung, verstanden als Entwicklung, als Pendant zu Stillstand, Stagnation oder Apathie, möglich ohne die geistige Fähigkeit der Ahnung, mehr oder weniger konkret, von zukünftig Besserem, Weiterem oder Geändertem? Das, was wir als anstrebenswert erachten, liegt ja vor uns, haben wir noch nicht und doch schon. Wieviel Mühe macht es, dieses Sowohl-als-Auch zu begreifen! Die Einheit des schon Seins und noch Werdens, des Faktischen und Fakultativen, des Indikativen und Konjunktiven, des schon Vollkommenen und doch noch Unvollkommenen - mag den scheinbar widersprüchlichen Doppelaspekt der menschlichen Existenz verdeutlichen. Jeder Lernprozess, jede Erziehung setzt am Bekannten oder Erfahrenen an. Und wenn wir diese Tatsache bei einem Menschen zurückverfolgen, dann muß immer schon was "da" sein, auf das wir zurückgreifen können, als Grundlage, als Voraussetzung für die Erweiterung des bereits Bekannten. Therapien und Hilfen können also ausschließlich nur am Gesunden, am bereits "Vollkommenen" ansetzen. Auf diesem Wege wird die "Unvollkommenheit" reduziert, auch wenn sie, absolut gesehen, nie total aufgehoben werden kann.

Nun liegt ja zwischen dem "Ist-Stand" und dem "Soll-Ziel" eine Spannbreite, von je unterschiedlicher Länge und Intensität. Genau diese "Spannung" macht das "Leiden" des Menschen im positiven wie negativen Sinne aus. So gibt es eine Erwartungsfreude und eine Erwartungsangst. Die Erwartungsangst ist mit der Sorge verbunden, ursprünglich gesteckte Ziele nicht erreichen zu können. Schließlich leidet der Mensch an der individuellen Unmöglichkeit, jedes erwünschte Ziel zu erreichen. Durch die Fixierung auf ohnehin nie oder kaum zu erreichende Zielvorstellungen wird der tatsächliche Handlungsspielraum übersprungen und negiert, und es kommt zur Stagnation oder zur Frustration. Die Selbstliebe, zu der die Anschauung seiner wirklichen Möglichkeiten gehört, kann durch Selbstüberschätzung (und -unterschätzung!) beeinträchtigt sein. Plötzliche Schicksalsschläge verlangen daher letztlich auch eine Korrektur der Selbsteinschätzung, Selbstbetrachtung, Selbstliebe, also eine Modifizierung der Einstellungswerte (Werthaltungen) bzw. eine flexible Anpassung an eine grundsätzlich veränderte Situation. Wer sich schnell auf unvorhergesehene Situationen einzustellen vermag, überwindet ebenso bald das nicht mehr Verfügbare. Damit mag auch eine kreative Lust verbunden sein an der jeweilig neuen Herausforderung. Die Trauer über das Verlorengegangene geht über in das Vertrauen, unter neuen Bedingungen weiterleben zu wollen. Es versteht sich von selbst, daß diese anthropologischen und nicht methodischen Aussagen keinen Automatismus implizieren. Ebensowenig geht es um eine kausalanalytische Abfolge. Vielmehr wollen wir hilfreiche Perspektiven aufzeigen und dadurch einen Beitrag zu einer Handlungstheorie liefern. Dabei wird respektive angenommen, daß die Handlung selbst (die Hilfe; die Therapie usf.) keiner konkreten Handlungsanleitung bedarf. Wir beschränken uns auf den Versuch, Leitgedanken zum Leben zu formulieren.

2.2   Über abwendbares und unabwendbares Leid

Wir haben bisher festgestellt, daß die Möglichkeit zu leiden unmittelbar zum Menschsein dazugehört. Leiden kann uns widerfahren als Un-fall, als Zu-fall oder im Ver-fall unseres Daseins. Die menschliche Fähigkeit, Leiden zu verhindern, ist nur begrenzt möglich, nie absolut. Aber wäre es denn überhaupt unser Lebenszweck, Leiden zu vermeiden? Müssen wir uns beinahe zwanghaft auf die Leidumgehung fixieren? Hier droht uns eine doppelte Reduktion: einmal ist es die Reduktion auf das nur-Gesunde, nur-Schöne, nur-Angenehme usw. und zum anderen wäre es die Fixierung auf das reale oder fiktive Leid. Leid könnte zu einem tabuisierten Phantom werden und alles Nicht-Leiden könnte im anderen Extrem als das einzig Maßgebende, Gültige, Wertvolle beurteilt werden.

Aus anthropologischer Sicht wäre eine vorläufige Antwort, der Mensch müsse eine grundsätzliche Haltung annehmen und sein Schicksal als so und nicht anders gegeben akzeptieren. Das wäre im wahrsten Sinne des Wortes eine lebensnotwendige Demutshaltung. Sämtliche Machbarkeitüberlegungen methodischer bzw. therapeutischer Art orientieren sich immer am prinzipiell, situativ und aktuell Gegebenen. Auf das jeweils Vorgefundene haben wir im Sinne einer Schöpfungsmacht keinen Einfluß. Selbst aus prophylaktischer Sicht ist eine Leidsituation nur so lange und nur so gut zu verhindern, wie sie zu verhindern ist. Denn jede prophylaktische Arbeit lanciert nur immer im Vorfeld des faktisch Unerwünschten. Tritt trotz Prophylaxe z.B. ein Unfall ein, so muß die Prophylaxe nicht schlecht gewesen sein, sie war aber im Einzelfall real effektlos. Auch noch so gute Vor-Kehrungen können die unerwünschte Faktizität nicht verhindern. Dieser Gedanke spricht in keiner Weise gegen prophylaktische Maßnahmen, sondern nur gegen maßlose Erwartungen gegenüber prophylaktischen Bemühungen.

In unserem Zusammenhang verstehen wir unter "abwendbarem Leid" nicht Prophylaxe bzw. Prävention; es geht uns nicht um die Frage, auf welche Weise Leid erst gar nicht eintritt, also zukünftig abzuwenden wäre. Uns geht es um den "Zeitraum" der Postvention. Immer dann, wenn Leiden "perfekt" ist, also bereits verursacht und eingetreten ist, sind wir genötigt, auf Leiden zu re-agieren. Dann stellt sich uns in diesem Kontext die Frage, ob es abwendbar ist oder nicht. Im Rahmen einer Heilpädagogischen Anthropologie scheint uns diese Akzentuierung deshalb von Bedeutung, weil sie eine Arbeits-Abgrenzung markiert und so die Beliebigkeit der fachlichen Zuständigkeit verhindert. Heilpädagogik befaßt sich also mit dem von Leid bereits betroffenen Menschen. Die reflektierende Sichtweise des Heilpädagogen ist mit der des homo patiens gleich: beide schauen auf die bereits eingetretene Situation, beide nehmen retrospektiv Stellung. Beide erörtern die veränderte Situation, das Vorher und das Jetzt. "Vorher" war alles relativ ungetrübt, problemlos - "jetzt" sind da Hindernisse, Blockaden, Unstimmigkeiten, Schmerzen...

Die veränderte Situation provoziert Fragen (Fragen helfen zu differenzieren; Differenzierungen tragen zur menschlichen Reifung bei). Eine dieser Fragen lautet: Kann der vorherige Status quo wiedererreicht werden - das ist die Frage nach der Rehabilitationsmöglichkeit. Oder: Welche Auswirkungen hat die neue Situation auf meine Zukunft? Das ist die prospektive Frage. Beide Fragen zielen auf die verbliebenen Möglichkeiten angesichts des Leidens. Das Abwendbare und Unabwendbare stehen sich nicht polar - als Entweder-Oder - gegenüber, sondern sie werden differenziert der jeweiligen Leidenssituation angepaßt: Was muß hingenommen, vertragen, aufgebürdet bleiben, und was ist reversibel, abänderbar, aussichts-voll? Ein kleines Beispiel sind Zahnschmerzen. In der akuten Phase scheinen sie unerträglich. Aber in Wirklichkeit sind sie erträglich, wenngleich auch äußerst unangenehm - und es lohnt sich, alles daranzusetzen, den Schmerz zu beseitigen.

Das Erdulden-Müssen und die gewaltige Hoffnung auf "Befreiung von dem Übel" liegen in vielen akuten Situationen dicht beieinander. Die Leid-Abwendbarkeit steht mit zwei Vektoren im Zusammenhang. Die Kraft von etwas los- oder wegkommen zu wollen und die Kraft zu etwas hinzukommen. Beide Kraftfelder können unterschiedlich oder gleich stark wirken. Aus intensiven Leidenssituationen (z.B. körperlichen Schmerzen) will man bloß heraus, nach dem Motto "schlimmer kann's gar nicht mehr werden". Aus anderen Leidenssituationen heraus entwirft man eher Zielprojektionen oder sogenannte Zukunftsperspektiven. Der Unterschied liegt in der Gestaltungskraft: Der intensiv Leidende hat kaum Kraft, seine Zukunft zu entwerfen und zu gestalten. Er vermag nur diffus zu kontrastieren: Es soll schön werden, endlich wieder gut usf.

Neben der Intensität und Zeitdauer von Leiden gibt es noch ein weiteres Kriterium, das Einfluß hat auf die Abwendbarkeit von Leid. Es geht um die persönliche Bewertung des Leidens selbst: Wozu ist für mich dieses Leiden bedeutend, was macht das Leiden mit meinem Leben, welchen Gewinn hat das Leiden für mich? Der sekundäre Leidensgewinn ist eine Betrachtungsweise, die der Abwendbarkeit eine sinnstiftende Bedeutung verleiht. Die Überwindung und Abwendung von Leid zielt nun nicht auf eine bessere Alternative im Sinne einer Abfolge: Nach dem Schlechten soll das Gute folgen, sondern es läßt sich eine gegenseitige Bedingtheit erkennen: das Gute wird gut, indem es das Schlechte (im Sinne von Leid) involviert. Die Leidüberwindung wird "zur Leistung" (FRANKL), die das Leben bereichert. So bewirkt das Leiden eine menschliche Möglichkeit, eine Chance, daran als Person zu wachsen, d.h. als Persönlichkeit zu reifen. Ohne Leiden wären wir dieser Chance beraubt, durch unser Schicksal wachsen zu können. "Unser" Schicksal kann auch fremdes Schicksal sein. Wenn wir uns real-existierendem Leid zuwenden und es mit aller Macht zu überwinden suchen oder nach seiner Abwendung streben, so haben wir die Möglichkeit, die Ganzheit unserer Wirklichkeit zu erkennen und in unserer Leistung ("Engagement") persönlich zu reifen. Im FRANKL'schen Sinne bedeutet das keinen Selbstzweck, sondern vielmehr einen positiven Effekt als Ergebnis der Selbst-Hingabe.

Abwendbares Leiden kann aufgesucht werden, nicht um es zu erfinden, sondern weil es Anspruch hat: es spricht uns an, fordert unsere Leistung heraus, weil es aus sich allein heraus nicht abwendbar ist. Leid kann sich nicht selbst überwinden. Es bedarf geradezu einer Stellungnahme aus dem Geiste oder aus dem Geist eines anderen. Dieser Geist ist erfüllt von der Hoffnung, also dem Glauben an den Sinn einer Leidüberwindung. Die Tatsache des Leidens - unabhängig von der individualen Betroffenheit - fordert uns Menschen existentiell heraus. Das abwendbare Leid ist ein sinnloses Leid, seine Überwindung höchst sinnvoll. Der Überwindung des abwendbaren Leids gehört unsere ganze Leidenschaft. Das mag sich anhören, wie ein paradoxer Appell. Warum muß es denn Leid geben, ferner seine Überwindung, um dann doch schließlich zur Leidfreiheit zu gelangen? Ist Leiden, weil wir doch seine Überwindung und nicht seine Belassung anstreben, nicht zutiefst sinnlos? Wir können hier die alte Frage an die Schöpfung sicher nicht beantworten; schließlich auch deshalb nicht, weil wir uns keine andere Welt als die unsrige vorstellen können. Wir können uns z.b. das sogenannte Paradies nicht vorstellen, weil für uns ein nicht-kontrastierender Zustand undenkbar ist. "Wenn auf Erden alle das Schöne als schön erkennen, so ist dadurch schon das Häßliche gesetzt" (Laotse). Wir sind auf die Interpretation der Wirklichkeit, wie sie sich uns darbietet, angewiesen. Leid läßt sich empirisch nachweisen, ob aber das Phänomen 'Leiden' sein soll oder nicht, darüber ließe sich nur spekulieren.

Die Forderung der Leidüberwindung evoziert unsere Fähigkeiten, unsere Leistung, unseren Willen und das Machbare in uns. Kann es überhaupt unabwendbares Leid geben? Bei dieser Frage geht es nicht um die generelle Unabwendbarkeit von Leid (in der Welt), sondern um bestimmte subjektive Leidenssituationen. Ihnen gemeinsam ist - in Relation zum Tod - ein unbestimmter Zeitraum. Für eine unbestimmte Zeit ist mit einer Leidabwendung nicht zu rechnen. Strafgefangene, unheilbar Kranke, schrecklich Verschuldete, Suchtabhängige und andere Menschen stehen als "Betroffene" oder als deren Angehörige vor einer zeitlich unabsehbar ausweglosen Situation. Die Nicht-Abwendbarkeit bezieht sich auf wesentlich erkannte aber unerreichbare Werte, z.B. äußere Freiheit, relative Gesundheit, Lebensspielraum usw.

Das Unabwendbare ist aber nicht unüberwindbar. Wir kommen zu den Möglichkeiten, die FRANKL "Einstellungs-werte" genannt hat (FRANKL 1982[10], S. 61).

2.3   Zur Verwirklichung von Einstellungswerten

Die Konfrontation eines Menschen mit irreparablen Leidens-Situationen kann zu einer Art "narzißtischer Wut" führen. Das Gewahr-werden, eine aussichtslose Situation hinnehmen zu müssen, kann dem Omnipotenten wie dem Stolzen eine seelische Verletzung ohnegleichen bedeuten.

"Der Stolze: das ist ein Mensch, der durch fortwährendes 'Herabblicken' sich suggeriert, er stehe auf einem Turme. Jedes faktische Sinken seiner Person überkompensiert er mit einem Blick in eine noch tiefere Tiefe - so daß er sich steigen sehen muß, wo er tatsächlich sinkt" (SCHELER 1955, S, 20).

Schicksalsschläge oder besser -einbrüche konfrontieren den Menschen mit seiner Ohnmacht: Der Mensch ist nicht mächtig, er ist nicht stärker als das Schicksal, und er kann nicht gegen das Schicksal aufbegehren. Hier geschieht eine Begegnung höchster Art: Geht es einmal um die optimale Verwirklichung menschlicher Potentialität, so geht es diametral um die Erfahrung menschlicher Begrenztheit. Der Verzicht auf eine omnipotente Haltung entspricht der Haltung des Demütigen (vgl. SCHELER 1955, S. 18). Diese Haltung wird provoziert durch Schicksalseinbrüche, die für uns unbegreiflich, unfaßbar und unerklärlich sind. Wir staunen nicht nur über das Wunderbare, z.B. die Geburt eines Kindes, wir staunen auch über die Zumutungen, die uns an-heim (!) fallen. Menschliche Begegnungen, also auch Schicksalsbegegnungen, sind gekennzeichnet durch "Überraschungen". Für einen Dialog, sagt BUBER "ist das Moment der Überraschung notwendig" (HAGEL 1990, S. 78). Die Offenheit für das Unvorhersehbare prägt eine demütige Lebenseinstellung. Selbstverständlich kann sie nicht verordnet werden; sie übersteigt die Anspruchshaltung, d.h. das "Recht" auf unbetrübtes Leben. Wo wir auf dieses Recht verzichten, verzichten wir auf den "Seinsstolz, der auf die Substanz des eigenen Wertes zielt" (SCHELER 1955, S. 20).

Nun ist der Mensch im Grunde nicht unwert, er ist aber angewiesen auf Höheres, auf das Schicksal, auf Gott. Am deutlichsten wird diese Abhängigkeit in den durch Menschen nicht-bestimmbaren Zeitpunkt des (natürlichen) Todes. Trotz dieser unumstößlichen Endlichkeit fühlen wir uns zur Lebendigkeit herausgerufen. Innerhalb der hier nur skizzierten Rahmenbedingungen hat der Mensch die Möglichkeit, "universelle Sinngehalte" (BÖSCHEMEYER 1977, S. 102), also Werte, zu verwirklichen. Universelle Werte haben einen abstrakten und generalisierenden Charakter. Ihre spezifische Bedeutung bestimmt das Individuum durch seine jeweils einzigartige Ausgestaltung. Z.B. ist "Liebe" ein universeller Wert, die individuelle Umsetzung oder Transformation dieses allgemeinen Wertes ist aber gebunden an die Gestaltungskraft jedes einzelnen Menschen. Intra- und intersubjektiv kann es nun zu vermeintlichen Wertkonflikten kommen. "Eine Wertwahl erscheint nur dann als Wertkonflikt, wenn die spezifisch humane Dimension negiert und damit die Werte in ihrer Rangordnung verkannt werden... Entsprechend der spezifischen Herausforderung durch die konkrete Situation, hat jeder Mensch für sich die Ranghöhe der Werte selbst herauszufinden." (BÖSCHEMEYER 1977, S. 102). FRANKL unterscheidet drei Wertkategorien, die je nach Situation für den Menschen eine wechselnde Bedeutung haben. Neben den "schöpferischen Werten" und den "Erlebniswerten" (vgl. 2.3.) spricht FRANKL von "Einstellungswerten" (FRANKL 1982, S. 61). Die Einstellung kommt einer Einstimmung gleich, die sich auf eine unabänderliche Situation bezieht. Das sich auf diese Situation einstellende Subjekt muß die Grundfähigkeit zur Unterscheidung (Diakrisis) haben. Ein im Koma liegender Patient hat womöglich dieses Bewußtsein nicht, er kann sich zumindest nicht äußern. Ihm gegenüber kann sich aber der Helfer einstellen. Wer immer sich einzustellen vermag, besitzt diese Potenz und kann sie verwirklichen. Es ist dies die allerletzte und vielleicht wesentlichste Aufgabe menschlicher Existenz.

"Immer dann, wenn die aufgrund des Physischen und Psychischen gegebenen Möglichkeiten zur Werteverwirklichung nicht mehr oder nur noch in geringem Maße verfügbar sind, ist der Mensch herausgefordert, Einstellungswerte zu verwirklichen" (BÖSCHEMEYER 1977 S. 105). Hier kommt das spezifisch Humane zum Vorschein, das, was den Menschen im Grunde seines Wesens ausmacht. Nicht die psychophysischen Kategorien von Erfolg oder Mißerfolg bestimmen die spezifisch humane Dimension, sondern die für den homo patiens entscheidende Lebensalternative: Erfüllung oder Verzweiflung.

"Sinn- und Selbsterfüllung im Leiden" (FRANKL) ist kein "Erfolg" - dieser wäre aus Sicht des homo faber geradezu absurd und töricht - die Erfüllung des Menschlichen ist überhaupt nicht mit den Kategorien von Erfolg und Mißerfolg zu messen. Der Geist, das Humane, ist keine Projektion des Psychophysikums, sondern hat seine eigene ontische Qualität. Diese läßt sich operationalisieren durch die Zeugenschaft, was der Mensch sein kann - im Leiden, im Äußersten, in der Grenzsituation. In seinem "Grundriß der Existenzanalyse und Logotherapie" beschreibt FRANKL die Bedeutung der Einstellungswerte so: "Einen Sinn hat das Durchhalten trotz aller Aussichtslosigkeit einzig und allein, wenn man ahnt, daß ein unsichtbarer Zeuge und Zuschauer da ist. Erst im Angesicht Gottes, erst im Hinblick darauf, daß er es ist, vor dem der Mensch verantwortlich ist für die ihm abverlangte Erfüllung eines konkreten und persönlichen Lebenssinns, der auch noch den Sinn des Leidens mit sich einbegreift, wird das menschliche Dasein in eine Dimension hineingerückt, in der es bedingungslos lebenswürdig ist: unter allen Bedingungen und unter allen Umständen" (zit. n. BÖSCHEMEYER 1977, S. 107f). Hier transzendiert FRANKL die offensichtliche Zuständlichkeit (als die Unfähigkeit, immanente Werte zu intendieren) hin auf etwas, das außerhalb unseres Selbst ist: den absoluten Sinnstifter - das Mysterium. "...menschliches Sein (ist) zutiefst und zuletzt Passion", sagt FRANKL (FRANKL 1950, S. 67). Durch Hingabe, Verzicht und durch Opferung kann der Mensch tiefste Sinnerfüllung erfahren. Der Chance, noch in äußersten Situationen Lebenserfüllung zu finden, steht die andere der beiden Wahlmöglichkeiten gegenüber: die Verzweiflung. Der Verzweifelte negiert die Tatsache wechselnder Wertmöglichkeiten. Kein einmal errungener Wert garantiert seine Konstanz. Manche "Sinnsäule" (BÖSCHEMEYER) kann zusammenbrechen. Die Verabsolutierung eines relativen Wertes kann in die Verzweiflung führen. Das geschieht immer dann, wenn ein Wert unbedingt bleiben soll, wenn ein Mensch an das Leben, an Gott, Bedingungen stellt (vgl. BÖSCHEMEYER 1977, S. 108) und sich nicht als Empfangender, als Beschenkter und als Antwortender erkennt. Jede Einstellung ist also eine Antwort auf das jeweils neu Aufgebene. Es ist seine grundsätzliche Bejahung und gerade kein Aufbegehren gegen das Schicksal. Aller Meßlichkeit zum Trotz bleibt der Mensch Mensch. Der Verzweifelte ist letztlich ein sinnlos Aufbegehrender, ein Starrsinniger und ein zutiefst unflexibler Mensch.

Methodisch gesehen kann zwischen Verzweiflung und Erfüllung ein langer Weg liegen. Gerade der verzweifelte Mensch ist auf Hilfe (auf Liebe) angewiesen. Hier geht es ja gerade nicht um einen psychodynamischen Mechanismus oder um einen kausalen Akt: Wenn Leiden eintritt, wird sofort Erfüllung registriert. - Die Hilfe, eine Brücke zu schlagen von der Hoffnungslosigkeit, der Apathie oder der geistigen Verarmung hin zur Annahme des Unabänderlichen, das ist eine Hilfe, die sich die Heilpädagogik und Logotherapie zur Aufgabe gesetzt haben. Insofern hat der Helfer einen Vorsprung hinsichtlich seiner anthropologischen Auseinandersetzung mit dem Thema der letzten Fragen. Vor der Bewährungsprobe, mit äußerstem Leid fertigzuwerden, ist auch ein Helfer nicht gefeit.

Der individuelle Umgang mit unabwendbaren Leiden hat immer auch eine Vorbildwirkung. Für diese Wirkung ist der Leidende mitverantwortlich, sie kann einen Teil seiner Sinnhaftigkeit ausmachen. Die gesellschaftliche Einstellung zum Leiden hat schließlich auch eine Wirkung sowohl auf Gesunde als auch auf Leidende. Isolierung und Tabuisierung von Leid verhindern einen natürlichen Umgang mit leidenden Menschen. Mit vielen Leidenssituationen werden nur Professionelle behelligt. Dadurch gerät der Professionelle und der Leidende in eine Subkultur, die den übrigen Großteil der Gesellschaft ihrer unmittelbaren Mitverantwortung entbindet. Die "Kranken" sind von den Professionellen vereinnamt. Die anthropologisch-existentiellen Fragen bleiben dem "übrigen Volk" scheinbar vorenthalten. Krankheit und Gesundheit sind aber nicht in zwei Gruppen aufteilbar, weil beides in jedem von uns veranlagt ist. Wer den Anspruch hat, Grenzfragen menschlichen Seins aufzuspüren, um seiner eigenen Existenz näher zu kommen, kommt an dem Phänomen des unabwendbaren Leids nicht vorbei. Letztlich bleibt es uns ein Rätsel, ein Mysterium und vor allem eine existentielle Herausforderung.

3. Die Frage nach der geistigen Behinderung

Ich möchte die Frage nach der geistigen Behinderung unter anthropologisch-phänomenologischen Gesichtspunkten behandeln. Zunächst zur Begriffsverwendung. Im sogenannten Fachjargon hat sich der Begriff der Geistigbehinderten-Pädagogik und der "des Geistigbehinderten" vielfach durchgesetzt (z.B. BLEIDICK 1984). Neben Sprach-, Seh-, Hör- oder Körperbehinderten (usw.) wird häufig von Geistigbehinderten gesprochen. Im allgemeinen spricht man von "den Behinderten". Mit dieser Terminologie ist eine Substantivklasse geschaffen, die suggeriert, der Mensch sei identisch mit seinem Symptom oder seiner Auffälligkeit. Von der "Störung" oder der "Behinderung" wird nicht mehr attributiv gesprochen, als zum Menschen dazu gehörend, gleichsam supplementär, sondern der Defekt dient als Bezeichnung, als "label". So stellt der behinderte Mensch eine jeweils eigene begriffliche Kategorie dar. Dieser Sprachgebrauch entspricht jedoch nicht den hier entwickelten Vorstellungen in einer Heilpädagogischen Anthropologie, weil der Mensch nie ganz "defekt" ist. Mehr noch: Die neuzeitliche Heilpädagogik sucht nach intakten Funktionen, sie sucht das Gesunde, das Potentielle oder Evozierbare, und sie sucht Bildungsmöglichkeiten und Erziehungsfähigkeiten. Die Merkmale einer Behinderung entsprechen einer organischen Irreparabilität. Dadurch aber ist der Mensch in seiner Seinsweise nicht gänzlich blockiert oder zur Stagnation verurteilt. Jeder Mensch bleibt fähig zur Stellungnahme. Auf der elementaren Stufe mag dies die

taktile Wahrnehmung sein (vgl. die basale Stimulation, FRÖHLICH 1991), d.h. der schwerstbehinderte Mensch empfindet über die körperliche Berührung einen anderen Menschen, der ihm wohltut. Hier können wir auch von einer nicht-kognitiven Fähigkeit zur Stellungnahme eines schwerstbehindeten Menschen sprechen. Auch der schwerstgeistigbehinderte Mensch kann nicht nur auf einen biologisch-funktionierenden Organismus reduziert werden. Diese Vorstellung, aber auch unsere dementsprechende Einfühlung, fällt Nicht-Professionellen wahrscheinlich äußerst schwer. Auch die emotionalen Analogiemöglichkeiten sind hier sehr begrenzt. Wir können uns kaum vorstellen, wie oder was jener Mensch empfindet. Und trotzdem besteht das therapeutische Erstziel in der Evozierung des Urmenschlichen. Das Urmenschliche ist unser Bewußtsein, die Ahnung, daß wir sind. Das präkognitive Seinsgefühl ist die wesentliche Voraussetzung, seinem Sein eine Bedeutung, eine Intention, zu geben. Das zu evozierende Seinsbewußtsein wird, elementar, durch den Satz geweckt: Es ist gut, daß du bist! Diesen Satz könnten wir auch als "Urintention" bezeichnen bzw. als die eigentlich humanitäre Gesinnungsabsicht. Der Mensch wird in dieser Sichtweise geschaut und erkannt, erfaßt und erspürt, er ist "passiv": er wird geschaut... Ohne eine Leistung, ohne sein aktives willentliches Dazutun, in einem völlig passiven Stadium wird der Mensch erkannt und angenommen (bejaht), also geliebt. Der Andere, das erkennende Subjekt, schaut in äußerster Aktivität. Er versucht mit allen Sinnen das Sein eines Menschen zu erfassen. Diese bewußte Intention, einen Menschen in seiner Ganzheit zu begreifen, zu erspüren, anzusehen, anzuhören - verstehe ich als das Wesen der Liebe. "Es ist was es ist, sagt die Liebe" (Erich FRIED).
Nun erst, in einer Art zweiten Sichtweise, interessieren uns die sogenannten Funktionen oder besser Potentialitäten "des Seins". Was ist diesem Sein möglich, was für eine Bedeutung hat dieser Mensch, hat dieses Leben? Wer stellt diese Fragen? Sicher nicht der geistigbehinderte Mensch: Er würde in seinem Leben ohne fremde Hilfe nicht existieren können. Aber welcher sogenannte normale oder gesunde Mensch könnte ohne fremde Hilfe existieren? Geistigbehinderte Menschen benötigen eine besondere Hilfe, aber das Phänomen der zwischenmenschlichen Hilfe ist an sich nichts Besonderes, denn jeder Mensch ist auf andere Menschen angewiesen, und zwar existentiell. In diesem sozialen Kontext bzw. in dieser mitmenschlichen Angewiesenheit kommt der helfenden Person eine Anschauungs- oder Gesinnungsaufgabe zu. Sie operationalisiert den Begriff der geistigen Behinderung und mißt ihm eine spezielle Bedeutung bei. Sie ist es, die das Phänomen der geistigen Behinderung zu erfassen sucht. Wer auch immer, professionelle Helfer oder Eltern, sind mit einem Eigenwesen konfrontiert, welches eine Stellungnahme provoziert. Im Sinne BOLLNOWS handelt es sich hier um

eine Begegnung, die den Menschen total erschüttert und ihn unerbittlich vor die Forderung seiner Existenz stellt (BOLLNOW 1984, S. 241 ff.). Der Helfer steht bewußt oder unbewußt vor der Frage seiner Intentionalität. Will er sich auf dieses fremde, andere und vielleicht unerschließbare Geschöpf einlassen? Die Grundsatzfrage zielt zum einen auf die Absicht des Helfers, auf seine Bejahung und seine Bereitschaft zur Annahme (der Verantwortung) und zum anderen auf das Menschenbild des Helfers: "Wer bist du, geistigbehinderter Mensch, wie nimmst du das Leben wahr und - wodurch lohnt sich dein Leben?"

Der mit einem behinderten Schicksal konfrontierte, potentielle Helfer steht vor der Aufgabe, Sinn im Leben eines beeinträchtigten Menschen zu intendieren. Der Helfer hat die Freiheit seiner Entscheidung: Zuschreibung von Sinnbedeutung oder Ablehnung von Sinnhaftigkeit. Eine bewußte Stellungnahme des Helfers ist die Voraussetzung für eine tragfähige Beziehung. Aber orientiert sich die Grundannahme eines Menschen "nur" an seinem Bios oder genauer an seinem organischen Defekt? Unter dem Gesichtspunkt der Selbsttranszendenz kommt dem Helfer alles das zugute, was in seinem Bemühen um Erkenntnis (Anschauung) des behinderten Menschen sowie in seinem Tun Widerhall findet. Es kommt ihm in einem immatriellen Sinne zugute, nämlich als Erfüllung seiner Intentionalität. Reaktionen der Freude und des Wohlbefindens, aber auch das allmähliche Erkennen von "Welt" zählen mit zu den intendierten Werten, etwa eines Heilpädagogen.

Mit der Ausgewogenheit zwischen Engagement und Erfolg, zwischen Geben und Nehmen - ist bei der Arbeit mit geistigbehinderten Menschen nicht immer zu rechnen. Die Frage nach dem Phänomen der geistigen Behinderung und dem Sinn der heilpädagogischen Arbeit bleibt in Permanenz und kann niemals endgültig, d.h. ein für alle Mal, geklärt werden. Um so wichtiger scheint es zu sein, sich selbst (als Helfer) immer wieder mit anthropologischen Grundfragen auseinanderzusetzen. Besteht nicht im Besonderen in der Offenheit für jene existentiellen Fragen die heilpädagogische Professionalität?

Die Frage nach der geistigen Behinderung stellt, wie wir sagten, den Helfer vor die Frage seiner eigenen Existenz. "Müßten wir vielleicht unsere eigenen Vorstellungen vom Sinn des Lebens und vom Ziel der Erziehung revidieren, sie tiefer zu ergründen suchen, so tief, daß sie auch für den Schwachen noch gelten könnten? Und hätten wir also gerade beim Schwachen noch etwas Besonderes zu lernen, auch für unsere Einsicht in Sinn und Wert des Lebens?" (MOOR 1974 S. 138). Die Beantwortung der eigenen existentiellen Fragen wurde zunächst durch die Existenz des Fremdartigen provoziert. Ohne das Phänomen der Normabweichung wäre generell Selbsterkenntnis unmöglich. Der Mensch braucht geradezu die Unterschiedlichkeit bzw. seine Fähigkeit zur Diakrisis, um sich selbst erkennen zu können. Die geistige Behinderung kann paradigmatisch als ein "Seinspol" aufgefaßt werden, an deren anderem Ende das Bild des makellosen Menschen stehen könnte. Während der eine Pol, der homo patiens, real ist, ist der fehlerfreie Mensch nur eine Fiktion, ein Phantom. Nun ist die Frage, in welche Richtung ein Mensch tendiert. Ist unser Anliegen die Problem- und Leidensvermeidung zugunsten eines immer idealer werdenden Menschen? Tolerieren wir das irreparable Leid solange, bis es über die Vision des technisch Machbaren auf immer eliminiert ist? Ist eine geistige Behinderung wirklich nur ein überflüssiges Übel? Wir sagten bereits, daß Leid weder intendiert noch glorifiziert werden soll. Aber ist nicht jedes Leid ein Paradigma für unsere menschliche Unvollkommenheit? Eine bewußte Hinwendung zu Lebensformen der Unvollkommenheit und Verletzbarkeit eröffnet die Chance, die Seinswirklichkeit in ihrer ganzen Dimensionalität zu erahnen. Das Hin- und Nichtwegschauen auf die anthropologischen Wirklichkeiten geht einher mit der Bereitschaft, sich von Unüberwindlichkeiten herausfordern zu lassen. Was nicht änderbar ist, was sich nicht absolut idealisieren läßt, muß nicht bloß einfach hingenommen werden (etwa als notwendiges Übel), sondern kann die eigene Kreativität auf höchstem Niveau beanspruchen. Jede Form irreparablen Leids kann uns anmuten, d.h. unseren kreativen Mut provozieren. All dies ist ein freier Akt - diesen Akt aber zu intendieren ist das Ziel einer heilpädagogisch-anthropologischen Auseinandersetzung. Hier handelt es sich nicht um einen Rechtsakt, auch nicht um einen Rechtsanspruch. "Als ob dem Kinde geholfen wäre, wenn es das Recht hat, erzogen zu werden!" (MOOR 1974, S. 207). Ein Rechtsanspruch kann nur den Rahmen liefern für den eigentlich intentionalen Akt, die freie, begründete und liebende Hinwendung zum homo patiens.

Die geistige Behinderung ist nicht nur geprägt durch ihre organische Irreparabilität, sondern auch durch das tendenzielle Unvermögen zur Selbstdistanzierung bzw. zur Reflexion über sich selbst und seine Situation. Die Sinnfrage wird demzufolge in aller Regel nicht von einem geistigbehinderten Menschen gestellt, sondern von seinen sogenannten normalen Mitmenschen. Nun gehen wir davon aus, daß sich geistigbehinderte Menschen die Sinnfrage nicht in einer kognitiven Weise stellen, sie um so mehr aber als eine unmittelbare Erfahrung wirksam ist. Wir können daher von einer erlebbaren Sinnhaftigkeit oder auch von einem Sinnfühlen sprechen. Genau in diesem Sinne wird eine Sinnstiftung zur heilpädagogischen Aufgabe. Wir müssen also den geistig behinderten Menschen das "Schöngeistige" nahebringen. Sonst bliebe er stumm und wäre der Apathie buchstäblich hoffnungslos ausgeliefert. Hier beginnt nicht nur ein unserer Kultur angemessener Bildungsanspruch, sondern auch die Evokation der humanen Potentialität. Stellungnahme erfolgt auf dieser elementaren Ebene nicht reflexiv, nicht primär kognitiv, sondern emotional-plastisch. Das "Schöngeistige" bezieht sich auf alle Möglichkeiten der den Sinnen zugänglichen Wahrnehmung. Der Einfluß einer "schönen" Umgebung auf das Gemüt und Verhalten eines (geistigbehinderten) Menschen ist nicht zu unterschätzen. Das Schönaugenfällige, Klangvolle, Geschmackvolle usw. wird auch von geistigbehinderten Menschen wahrgenommen. Dies ließe sich empirisch nachweisen, z.B. per Verhaltensbeobachtungen geistig behinderter Menschen in kargen, reizarmen Räumen (z.B. in früheren Wachsälen) und demgegenüber in besonders schönen Räumen (Speiserestaurant; Museum; Konzertsaal; in der Natur usw.).

Sinn- oder Werterlebnisse werden möglich, wenn den in gewisser Hinsicht hilflosen Menschen ein unmittelbarer Zugang zur Welt gebahnt wird. Die Zugänge werden nicht aus eigener Kraft (z.B. Urteilskraft), im Sinne einer Weltoffenheit, genutzt, die lebensweltlichen Zugänge müssen offeriert werden. Der Helfer übernimmt eine gewisse Vorentscheidung, in dem er einen geistig behinderten Menschen auf die vom Helfer gewählten "Dinge des Lebens" hinführt. Dies aber soll als ein freibleibendes Angebot verstanden werden und nicht als etwas Oktroyiertes. Insofern übernimmt der Helfer keine "Stellvertreterfunktion", d.h. er macht keine Sinnerfahrung anstelle des geistigbehinderten Menschen, sondern er schafft Voraussetzungen für Sinnerfahrungen. Darin erkennen wir die originäre Aufgabe des Heilpädagogen. In den beiden folgenden Abschnitten wollen wir den Begriff der geistigen Behinderung noch einmal getrennt diskutieren.

3.1 Was ist "Geist"?

Während man noch vor etwa 30 Jahren im Volksmund von "blödsinnigen Idioten" oder den "Schwachen" sprach, hat heute nicht nur in der modernen Heil- und Sonderpädagogik das Wort "Geist" Einzug gehalten. Genau dieser sei bei bestimmten Menschen gestört oder behindert. Auch könne der Geist schwach sein oder krank... Wer aber Aussagen zu "Geist" macht, müßte auch erklären, was er unter "Geist" verstehe. Für SCHELER bedeutet Geist

"existentielle Entbundenheit vom Organischen, seine Freiheit, Ablös-
barkeit... von dem Bann, von dem Druck, von der Abhängigkeit, vom Organischen, vom 'Leben' und allem, was zum Leben gehört..." (zit. n.
BÖSCHEMEYER 1977, S. 23 f.) Der Mensch ist fähig zur "Weltoffenheit"
(vgl. PORTMANN, GEHLEN etc.); er hat die Fähigkeit, sich selbst, andere
und anderes in Frage zu stellen. In diesem Kontext fragt der Mensch nach
seiner Bestimmung. Er hört auf seine "innere Stimme", auf das, was von
innen her durch-tönt (per-sonare) - poetisch könnten wir auch vom "Klang
des Sollens" sprechen. Das Sich-Selbst-Fühlen und das Bewußtsein, in der
Welt zu sein, ermöglicht dem menschlichen Geist nach dem "Soll-Wert"
seiner Existenz zu fragen. Alles mir Vorfindliche hat den Charakter des
mich An-rufens. Das Leben fordert das Individuum geradezu heraus, es tönt
uns an (nicht nur im Sinne von anturnen!).

Bei sogenannten gesunden oder normalen Menschen erfolgt der "Anruf des
Lebens" meist lautlos (nicht klanglos!), d.h. sie erfüllen die Anforderungen
des Lebens meist ohne "Metareflexionen". In der Heilpädagogik hat der
"An-Ruf" einen besonderen Stellenwert. Der Ruf verweist auf die Schönheit
des Lebens, er fordert zur Anteil-Nahme und insofern zur Verantwortung.
Heilpädagogik, so ist unschwer zu erkennen, ist eine normativ-wertende,
eine Akzente setzende Pädagogik. Der "An-Ruf" zielt auf das als unbeschadet angenommene Geistige im Menschen.

Im Gegensatz zu den anderen beiden Konstrukten derselben Einheit, im
Somatischen und im Psychischen, entzieht sich die dritte Instanz, das
Geistige, der Möglichkeit einer empirischen Erforschung. Das Geistige
verstehen wir als "Postulat" (vgl. BÖSCHEMEYER 1977, S. 58), das sich
nicht empirisch verifizieren läßt, sondern nur - i.S.d. Phänomenologie - als
Theorie, als "Schau" erkennen läßt.
Geist ist jenes Phänomen, das immer schon vorhanden ist und mit dessen
Hilfe wir Somatisches und Psychisches erst wahrnehmen und bewerten
können. Der Geist ist die Bewegkraft zwischen erlebter Nähe (Identität) und
Distanz, d.h. zwischen "Sein und Geist" (vgl. DE VRIES 1976, S. 178) und
zwar je nach Intention! Selbst die Identität (mit sich eins sein) verlangt eine
geistige Distanz, von der aus Identität erkannt und definiert werden kann
und ferner das Bewußtsein von Distanz bzw. Polarität. Wir könnten weder
ein Bewußtsein noch Sprache haben für 'Identität', wenn wir nichts von
jener Polarität wüßten. Die bereits erwähnte Fähigkeit der Diakrisis ist das
eigentlich geistige Phänomen. Kraft der Unterscheidungsfähigkeit intendieren wir als Menschen zwei geistige Richtungen: einmal die analytische,
zentrifugale Tendenz (Zerstreuung) und zum anderen die synthetische, zen-

tripetale Tendenz (Konzentation). Unabhängig von der Art und Weise der gegenseitigen Abhängigkeit oder Bedingung dieser Richtungen stellen sie ein Beispiel menschlichen Geistes dar. Die "Empirie" operiert mit jenen vorgefunden Fähigkeiten, sie kann sie in ihrer jeweiligen Existenz nicht mehr hinterfragen. Die Empirie kann untersuchen, warum und wie ein Mensch unterscheidet, aber daß er ein zur Unterscheidung Befähigter ist, das ist unergründlich!

Wenn wir hier im SCHELER'schen Sinne von der "Intentionalität der geistigen Akte" (zit. n. BÖSCHMEYER 1977, S. 61) sprechen, so implizieren wir immer eine Person, von der aus wir denken: einmal ist es die Person des Helfers, einmal die Person des homo patiens. Beiden gemeinsam ist ihre Faktizität, d.h. sie sind unbedingt Menschen: Unabhängig von ihren Bedingungen sind sie Menschen. Der Mensch bleibt Mensch, "auch noch unter den ungünstigsten und unwürdigsten Bedingungen" (FRANKL, zit. n. BÖSCHEMEYER a.a.O., S. 59)! An dieser Stelle geht es FRANKL nicht um den "seienden Menschen", sondern um das Herausstellen seiner Möglichkeiten, "wie sie ihm trotz des 'Falls in die Faktizität' verblieben sind" (BÖSCHEMEYER a.a.O., S. 59). Es handelt sich also um ein fakultatives Sein, um die prinzipielle Möglichkeit, anders zu sein. Neben dieser anthropologischen Gleichheit zwischen Helfer und homo patiens, sind die Auswirkungen des Geistes verschieden. In seiner Abhandlung 'Grundriß der Existenzanalyse und Logotherapie' beschreibt FRANKL das Geistige in seiner Intentionalität auch als ein Bei-einem-anderen-Sein: "Geistig Seiendes ist geistig Seiendes, ist Bewußt-Sein, ist, 'bei sich', in dem es 'bei' anderen Seienden ist - in dem es anderes Seiendes 'bewußt hat'." (FRANKL 1987, S. 75). Diese Intention eines Helfers ist seine "ureigenste Möglichkeit, denn sein eigentliches Urvermögen" (FRANKL 1987, S. 75). Die Bewußtheit, bei jemandem zu sein, ermöglicht dieselbe Intention meinem Gegenüber.

Was aber konstituiert die "geistigen Akte"? FRANKL unterscheidet hier zwischen unbewußter Triebhaftigkeit und unbewußter Geistigkeit. Im Gegensatz zu FREUD faßt FRANKL das Unbewußte nicht als einen das Menschsein bedrohenden Seinsbereich auf - das es ja in der Psychoanalyse zugunsten des Bewußten zu erhellen galt und gilt - sondern das "unbewußt Geistige ist die Quell- und Wurzelschicht aller bewußten Geistigkeiten". "Das Ich ist nicht beherrscht vom Es; aber der Geist ist getragen vom Unbewußten." (zit. n. BÖSCHEMEYER 1977, S. 63). FRANKL appelliert geradezu an das "Vertrauen zur unreflektierten Geistigkeit" (FRANKL 1975, S. 180). Im Kontext unseres Zeitgeistes, in dem das Rationale und Intellektuelle absolutes Primat zu besitzen scheint und daß trotz aller

"Vernunftsprodukte" soviel Sinnleere zu verzeichnen ist, wirkt dieser Appell an ein Vertrauen gegenüber etwas scheinbar Irrationalem beinahe revolutionär.

Wertkonflikte und andere Lebensprobleme sind im existenzanalytischen Sinne nicht nur Ausdruck psychodynamischer Konfliktsituationen, sondern verweisen auf existentielle Fragen des Menschen und nicht zuletzt auf das unbewußt Geistige. Das Geistige schließlich bewirkt, daß sich der Mensch gegenüber seinen Bedingtheiten frei verhalten kann. In einem streng naturwissenschaftlichen Verständnis stößt diese These an die Grenze der Unbeweisbarkeit. Freiheit, konstituiert als anthropologische Gegebenheit, muß die Frage nach dem die Freiheit Bedingenden offenlassen. FRANKL weiß, "daß es letztlich gilt, an das die Freiheit ermöglichende Noetische zu glauben" (BÖSCHEMEYER 1977, S. 69). Dieser Glauben "an die Fähigkeit des Geistes im Menschen" vermag, "sich in fruchtbare Distanz zu stellen zum Psychophysikum" (BÖSCHEMEYER 1977, S. 69). Selbst die vordergründige Symptomatik psychotischer Erkrankungen beeinträchtigt nicht das Fortbestehen der geistigen Person. Es gibt deshalb für FRANKL keine "Geistes-Krankheiten" (FRANKL 1991, S. 110). Leider geht FRANKL in seinem Werk nicht unmittelbar auf die sogenannten geistigbehinderten Menschen ein. Wir müssen uns also fragen, ob FRANKL's These von der Unbedingtheit der geistigen Existenz hinter jedweder Symptomatik auch zutreffen könnte bei (schwerst)-geistigbehinderten Menschen. Oder anders gefragt: Gibt es noch andere Erklärungsmuster für dasselbe Phänomen außer dem Spekulativen, dem Bekenntnishaften? Ich glaube nicht. Bei den sogenannten letzten Fragen kommen wir in einer Heilpädagogischen Anthropologie um ein unbedingtes Bekenntnis zum Menschen nicht herum. Kein Menschenbild würde zu objektivieren sein. Und dennoch hat jedes Menschenbild unmittelbaren Einfluß auf unser Denken und Handeln. FRANKL engagiert sich für die uneingeschränkte Würde des Menschen, also gegen die Reduktion des Menschen auf seinen Nutzwert.

Die Vorstellung vom Menschen, von jedem Menschen, sein "hinter" dem Psychophysikum liegender Geist sei in jedem Fall unbeschadet, gibt dem heilpädagogischen Impetus einen spezifischen Handlungssinn. "Letzenendes wird menschliches Verhalten jedenfalls nicht von Bedingungen diktiert, die der Mensch antrifft, sondern von einer Entscheidung, die er trifft" (FRANKL 1991, S. S. 157). Durch seine psychophysische Behinderung mag der Mensch stark beeinträchtigt sein und auch der Weg zu seiner "noetischen Dimension" mag erschwert sein, es scheint aber offensichtlich lohnend, das spezifisch Humane zu suchen und aus einem Menschen herauszulocken.

Auch nach der STEINER'schen Anthroposophie - dies sei hier nur angedeutet - kann der Geist nicht erkranken. STEINER gebraucht das Wort "seelenpflege-bedürftig" und er versteht darunter "unvollständig entwickelte" Schicksale oder Inkarnationen. In der anthroposophisch orientierten Heilpädagogik steht das Psychophysische des Menschen im Vordergrund der methodischen Bemühungen.

Die Auffassung, der Geist könne weder erkranken noch behindert sein, wird auch von nicht-anthroposophischer Seite geteilt. So schreibt z.b. FEUSER "... daß der Begriff der geistigen Behinderung eigentlich nur eine Sammelbezeichnung für in vielen Bereichen beeinträchtigte Menschen und nicht etwa als eine Behinderung des Geistes zu verstehen ist. Insofern ist der Begriff irreführend" (FEUSER 1982, S. 134).

Der Geist, wenn er denn unbeschadet hinter aller Symptomatik als derjenige steht, den wir zu evozieren haben, dann ist er auch als Phänomen anzuerkennen, der dem beeinträchtigten Leben Sinn vermitteln kann. Dieser Sinn ist ein zutiefst subjektiv oder besser einzigartig erlebter Sinn, den Außenstehende nur erahnen oder intendieren können. Das Daseinsempfinden eines schwerst-geistigbehinderten Menschen konstituiert sich kaum über einen Vergleich. D.h., er erkennt sich nicht unbedingt in seiner Verschiedenheit von anderen, sondern er fühlt sich als Seiender, und nicht selten fühlt er sich als solcher offensichtlich nicht unglücklich! Viele sprachliche Bemühungen sogenannter Nichtbehinderter (einschließlich der Begriffe homo patiens, Geistig Behinderter) entsprechen möglicherweise gar nicht dem Selbstbild der so Bezeichneten. Dazu bemerkt M. THALHAMMER, daß man immer "von außen" von einem "norm-bezogenen Standpunkt" aus Definitonsversuche vornahm, ohne darauf zu achten, wie der geistigbehinderte Mensch sich selbst definiert und darstellt (zit. n. SIEGENTHALER 1983, S. 75). Festzustellen bleibt, daß eine intersubjektive Verständigung auf rationaler Ebene zwischen Helfer und einem geistigbehinderten Menschen zumindest erschwert ist. Deutungen und Interpretationen mit Hilfe unserer operationalen Gewohnheiten sind die unumgängliche Voraussetzung für eine Verstehens- und Umgangsweise mit dem uns so fremd Erscheinenden. Wir konstituieren bzw. unterstellen nicht nur einen unbeschadeten Geist, sondern auch eine "psychophysische Bedürftigkeit" - beides vernehmen wir als "nonverbalen Anruf" oder als unausgesprochenen Auftrag. Wir sind außerstande, von den sogenannten Betroffenen eine

"Genehmigung" einzuholen oder eine Freiwilligkeitserklärung zu erbitten (ähnlich ist es bei kleinen Kindern, bei bestimmten alten Menschen oder auch bei schwerstkranken Menschen). Zu einem für die Heilpädagogik notwendigen Menschenbild gehört die Unbedingtheit des Humanitären, das keiner eigenen Rechtfertigung bedarf.

3.2   Was ist "Behinderung"?

Wenn wir uns nun mit dem Begriff der Behinderung auseinandersetzen, so müssen wir zunächst fragen, wer diese Bezeichnung gebraucht und welcher Zweck damit innerhalb einer sprachlichen Verständigung verfolgt werden soll.

Die Merkmalsbeschreibung "Behinderung" wird einerseits bestimmten Menschen zugeschrieben (z.B. "mein Sohn ist geistig behindert") oder sie dient als eine Selbstdarstellung (z.B. "Ich bin gehbehindert"). Zwischen der Zuschreibung "von außen" und dem entsprechenden Selbstbild kann Übereinstimmung oder Unstimmigkeit bestehen. Daher kann es heilpädagogisch notwendig sein, mit Angehörigen oder betroffenen Menschen über den Sinn und die Auswirkungen des Begriffes "Behinderung" zu sprechen. Obwohl der Begriff Behinderung nur unvollständig definierbar ist, ist er meist doch affektiv besetzt: Das Wort steht in bezug zu emotionalen Empfindungen. So können wir zwar anthropologisch behaupten, der Mensch sei nicht identisch mit seinen Symptomen oder seinem Defekt - die einzelne Person aber kann u.U. (z.B. nach einem Unfall) vollkommen "besetzt" sein von der Schrecklichkeit der Behinderung. Allen unterschiedlichen Schicksalsvariationen ist die relationale Bedeutung des Begriffes gemeinsam. Ein Mensch ist immer in bezug auf etwas oder im Vergleich zu etwas behindert. Die erlebte oder zugeschriebene Abweichung kann eine unterschiedlich große Dimension haben (z.B. 20 Jahre sehend - plötzlich blind) und eine dauernde oder vorübergehende Auswirkung haben (z.B. Bein gebrochen oder amputiert).

Auch die anthropologische Tatsache, daß alle Menschen jeweils andere Menschen brauchen, also niemand völlig allein leben kann, kann nicht über die Tatsache einer Hilfsbedürftigkeit hinwegtäuschen, die im Unterschied zu anderen Menschen mehrere Bereiche im täglichen Leben einnimmt. So kann eine relativ große Beeinträchtigung der Selbständigkeit und Selbstbestimmung eine Identität als "Behinderter" begründen. Das Gefühl und die Tatsache der Hilflosigkeit erfordert eine Abhängigkeit von anderen Mitmenschen, die ihrerseits imstande sind (körperlich, verbal usf.), helfen zu können. Bei Kindern können wir geradezu ein Verlangen spüren, selbständig und unabhängig werden zu wollen. Manche Behinderung steht diesem vitalen Bestreben diametral entgegen.

Heilpädagogen sind nun aufgrund ihrer Berufsrolle jene Menschen, von denen behinderte Menschen sich abhängig fühlen können. Hier kommt es wesentlich darauf an, jeden Machtmißbrauch zu vermeiden und den "Geist" einer menschlichen Gleichwertigkeit zu vermitteln. Die nicht-intendierte, aber natur-gegebene Ungleichheit zwischen Menschen ist nicht mit einer ontischen Ungleichwertigkeit zu verwechseln!

Kraft seiner Einstellungsfreiheit hat der Helfer die Möglichkeit, seine Arbeit als Dienst zu verstehen, und er kann sich sensibilisieren für die unschätzbaren "Gegenleistungen" von Seiten behinderter Menschen. Die Beachtung dieser Wechselwirkung soll die falsche Vorstellung verhindern, nur der Helfer sei ein Gebender.

Der Helfer und der behinderte Mensch stehen in jeweils eigener Weise dem Faktum der Behinderung gegenüber. Beide können sich im Hinblick auf die realen fakultativen Möglichkeiten herausgefordert sehen. Unter diesem Gesichtspunkt wird die Behinderung in einem gewissen Sinne objektiviert, so daß eine Distanz entsteht zwischen Subjekt und Behinderung.

Nun ist eine Behinderung kein Zustand. Wer in einem Zustand ist, hat keinen Abstand. Und wer keinen geistigen Abstand hat, kann keine Stellung beziehen gegenüber dem Faktischen. Eine Behinderung "provoziert" eine Stellungnahme, sei es die Abwendung anderer Menschen oder ein inneres Ausweichen eines behinderten Menschen vor seiner Situation - oder sei es die Anrührung, die Hinwendung oder Annahme. Helfer und behinderter Mensch sind herausgefordert, die Frage des Zu- oder Abwendens zu beantworten. Insofern ist eine Behinderung ein nicht-paradiesisches Phänomen unter vielen, dem man sich stellen kann oder nicht. Es ist außerordentlich notwendig, eine Behinderung nicht jeweils isoliert zu bewerten, sondern im Kontext aller realen, nicht-idealen oder nicht-paradiesischen Gegebenheiten. Gerade in diesem weiten Blickwinkel wird die menschliche Vermessenheit, die Hybris, spürbar, wollte man all diese "Antiideale" ausmerzen. Der homo sapiens ist konfrontiert mit gigantischen Leistungen und gleichzeitig mit einem gigantischen Elend seiner Gattung: Kriege, Seuchen, Umweltkatastrophen usf. wirken sich für den einzelnen Menschen behindernd aus. Und aus der Sicht des einzelnen Menschen ist das Leid oder die Behinderung nicht intendiert, d.h. so überhaupt nicht beabsichtigt. Aus diesem Grund liegt der Wunsch nahe, alle Behinderungen, Krankheiten usf., wann immer es geht, zu ver-meiden. So z.B. berichtet Doris ARP, daß sich 90% bei einem Negativ-Befund aufgrund einer Amniozentese (= Fruchtwasseruntersuchung) gegen das möglicherweise behinderte oder kranke Kind entscheiden (ARP 1992, S.12).

In aller Regel möchte der von einer freien Wahl "betroffene" Mensch, jedes abwendbare Leid auch tatsächlich abwenden. Neben dieser apriorischen Absicht erfährt der Mensch seine theoretische (bzw. utopische) Beeinflussungskompetenz als Gegensatz zur Wirklichkeit. Absicht und Wirklichkeit stehen in einem erfahrbaren Widerspruch. Aus existenzanalytischer Sicht handelt es sich hier um zwei kontradiktorische Einstellungen - mit anderen Worten: mit der Tatsache oder dem Beginn eines Leids wird die Revidierung einer bis dahin vertretenen Einstellung notwendig. Wie kann ein Mensch den Wechsel von Nicht-Intention oder Ablehnung (Leidvermeidungswunsch) zur Annahme (Leid als Herausforderung) vollbringen? Ist diese radikale Änderung der Überzeugung heilpädagogisch und logotherapeutisch zu beeinflussen? Ja! Allerdings ist es oft angebracht, daß Menschen, die sich auf eine existentiell veränderte Situation einlassen müssen, die Hilfe einer außenstehenden Person brauchen. Neben der notwendigen Einfühlung und Pietät besteht die Hilfe in der Erklärung, daß nun ein Wertewandel oder eine Einstellungsänderung erforderlich geworden ist. Die emotionale und rationale Auseinandersetzung mit dem - irgendwann - unerwartet eingetretenen Phänomen einer Behinderung betrifft die Angehörigen, die Betroffenen und die professionellen Helfer. Insofern ist die Behinderung einerseits eine objektivierbare Tatsache (Herausforderung/Selbstdistanz) und andererseits ein subjektiver Faktor innerhalb mehrerer Interaktionspartner. Die Art der Behinderung sowie die jeweilige Persönlichkeit der Interaktionspartner prägen das "System", in dem der Versuch zu leben unternommen wird (= individuelle Lebenswelt). Aufgrund dieses Zusammenwirkens verschiedener inkonstanter Variablen scheinen Klassifizierungen nach speziellen Behinderungsarten praktisch wenig hilfreich zu sein. Einerseits können Klassifizierungen zu möglichen Stigmatisierungen beitragen und andererseits "ist nicht die Behinderung als solche von Interesse, sondern ihre Auswirkungen auf den Erziehungsvorgang" (BLEIDICK 1984, S. 81). Damit geben wir einer individualen und systemischen Sichtweise des Behindertenbegriffs den Vorzug. Paul MOOR betonte diesen Ansatz sinngemäß bereits in den 60er Jahren: "Nicht nur das Kind, sondern auch seine Umgebung ist zu erziehen" (MOOR 1974, S. 400).

Eine Behinderung bedeutet eine persönliche Konfrontation mit dem Unerwarteten, dem Nicht-Intendierten und dem Fremden. Das Fremde, das Andere, das Mir-Unbekannte, Mir-Ungewohnte, dient mir selbst als Betrachter und Wertender zur Orientierung. Ohne normative Vergleiche, ohne unterscheidende Wertungen könnte der Mensch nicht existieren und sich nicht zurechtfinden.

Das Normierungs- und Orientierungsbedürfnis des Menschen wird gerade in einer Zeit der politischen Grenzüberwindungen deutlich: Während bestimmte Staatsgrenzen wegfallen, entstehen gleichzeitig (!) neue Formen der Gettoisierung und Isolierung z. B. (Migrantenproblem). Um sich als Individuum orientieren zu können, kommuniziert der Mensch in erster Linie mit Seinesgleichen. Er sucht in seinem Gegenüber Analoges, Ähnliches oder Gleiches, um über sich Klarheit und Bestätigung zu finden. So freut man sich z.b. im Ausland, Landsleute zu treffen oder man sucht sich Mitmenschen mit gleichen Interessen aus.

Die Interaktion mit relativ homogenen Partnern wird kaum in Frage gestellt. Ebenso wird die Sinnfrage kaum gestellt, solange das Leben mit Sinn erfüllt ist. Auch das Thema "Krankheit" ist ziemlich uninteresant für Leute, die völlig gesund sind. Analoges trifft für das Fremde zu: je fremder und auffallender ein Mensch ist, desto dringlicher wird das Attraktivitätsproblem. Das Fremde kann beinahe magisch anziehend und hochinteressant sein, und es kann abgrundtief verurteilt, gehaßt und gemieden werden. Die Freiheit der Einstellung bzw. Sichtweise wird hier wieder brisant, und sie muß heilpädagogisch bzw. logotherapeutisch ins Bewußtsein gehoben werden, wenn sie nicht einer diffusen Intuition ausgeliefert bleiben soll.

Anthropologisch ist dem Menschen also sowohl die Lust an dem Fremden möglich als auch die Unlust oder die Abwendung. Beide Gesinnungen sind weder statisch-unveränderbar noch unbeeinflußbar. Die Lust oder das Interesse an einem bestimmten Fremdartigen oder an einer Eigenart kann geweckt, gefördert und evoziert werden. Für die Arbeit mit behinderten Menschen scheint es außerordentlich wichtig zu sein, diese Lust an dem Fremden in Beziehung mit einem zielgerichteten Interesse zu bringen. Hier ist eine unbedingte Ehrlichkeit seitens des professionellen Helfers gefragt. Nicht jeder Heilpädagoge ist bereit, mit Menschen zu arbeiten, die z.B. sehbehindert sind - andere fühlen eine vielleicht unerklärbare Zuneigung zu gerade diesen Menschen. Heilpädagogik ist in dieser Hinsicht der Versuch, sich selbst (theoretisch und persönlich) in bestimmte fremde Schicksale hineinzuversetzen, diese verstehen zu wollen und dem Menschen zu einem ihm angemessenen Leben zu verhelfen. Je fremder und unergründlicher ein solches Schicksal erscheint, desto bewußter, größer und aufwendiger ist das Bemühen um Analogie, d.h. um Verständnis. Die Behinderung besteht insofern für beide Interaktionspartner als Kommunikationshindernis, als Hindernis, ähnliche Aktivitäten und Interessen mit möglichst gleichen Mitteln durchführen zu können. Um eine Beziehung unter erschwerten Bedingungen herzustellen, ist die Überwindung einer real-imaginären Distanz notwendig, die von beiden Interaktionspartnern eine eigene Motivation und eine je individuelle Anstrengung verlangt. Die Frage, was Behinderung sei, ist folglich von den jeweiligen Interaktionspartnern zu klären und zu beantworten.

4. Die Frage nach der Sinn-Orientierung als pädagogische Aufgabe

Pädagogik ist keine Psychotherapie, denn der ganze Mensch besteht nicht nur aus Psyche. Auch die besonders von der sogenannten Humanistischen Psychologie hervorgehobenen "Selbstheilungskräfte" des Menschen und die Absicht, nondirektiv mit Menschen (therapeutisch) umzugehen, mißachten den Werteinfluß und die Wertbedürftigkeit des Menschen. Akzeptanz, Empathie und Selbstkongruenz sind nach meinem Verständnis keine Werte, sondern Haltungen. Sie sind eine wichtige zwischenmenschliche Voraussetzung, aber sie bieten noch keine grundsätzliche Hilfe. Der Mensch - gleich welchen Alters - sucht aber in je eigener Art und Weise eine existentiell verbindliche Lebensorientierung. Nach KANT stellen sich dem Menschen folgende drei Grundfragen:

Was kann ich wissen?
Was soll ich tun?
Was darf ich hoffen?
(zit. n. BARGHEER 1988, S. 30)

Einem notleidenden Menschen würde die pauschale Antwort, das müsse jeder selber wissen, sicher nicht ausreichen. Selbst der nicht so offen fragende Mensch orientiert sich - aber woran? Die informelle Beliebigkeit, sich zu orientieren, d.h. Wertmaßstäbe für sein Leben zu finden, führt zu einer Wertverunsicherung und schließlich zur Desorientierung. Unzählige Interessenvertreter bieten in historisch noch nie so dagewesener Weise verschiedenste Orientierungen an, alle werben für sich und werten einen Zugewinn (etwa an Wählerstimmen, wirtschaftlichen Absatz usw.) als Bestätigung für ihre Angebotspalette. Wenn es schon keine allgemein-verbindlichen Orientierungswerte mehr gibt, so muß jeder "Anbieter" seine eigenen Maßstäbe setzen, an denen man sich orientieren kann. Der Wertrelativismus führt zu einem Wertpluralismus.

Sind aber viele vermeintliche Werte "erfüllt", wie Haus, Beruf, Familie, Auto, Fernseher, Sportverein usw., so klopft die Sinnfrage bei vielen Mitmenschen zwar leise aber unhörbar (wieder) an und der mit Wohlstandswerten gesättigte Mensch fragt sich: War es das schon?

Auch die mit den unausweichlichen Erziehungsaufgaben betrauten Eltern sind dem unüberschaubaren Markt der Erziehungsmöglichkeiten oft hoffnungslos ausgesetzt. Die "Autoritäten" geben ihre Tips und Ratschläge in gut verständlichen Fachbüchern, aber viele Ratschläge widersprechen sich und tragen so zur Verunsicherung bei. Die einen sprechen sich z.b. für das Fernsehen für Kinder aus - andere haben gute Gründe dagegen. Weitere Beispiele: Im Jahr 1985 erschien ein "Kursbuch Psychotherapie", darin werden über 600 Psychotherapieformen dargestellt (EICHMANN u.a. 1985). In unseren Städten gibt es hunderte von psychosozialen Diensten. Computer drucken blitzschnell zu einem Stichwort Buchtitel aus. Die Beispiele ließen sich beliebig fortsetzen. Wir haben Masse genug, was aber ist qualitativ brauchbar, sinnvoll und hilfreich? Während unser "Verfügungswissen" unermeßlich gewachsen ist, bleibt unser "Orientierungswissen" buchstäblich auf der Strecke.

Pädagogik soll nun nach unserem Verständnis dazu beitragen, Orientierungskriterien zu formulieren. Dies würde dem Anspruch an eine Handlungstheorie (KRÄMER 1974, KLENNER 1979) entsprechen, die dadurch gekennzeichnet ist, daß sie Handlungsprämissen und Leitgedanken formuliert. Die Absicht einer solchen "Zwischentheorie" (KRÄMER 1974) ist, zwischen dem sogenannten Nicht-direktiven und Direktiven einen "dritten Weg" zu finden. Es geht also weder um ein krampfhaftes methodisches Bemühen, möglichst gar keinen Einfluß auf einen Ratsuchenden auszuüben, noch um rigide Konzepte in Richtung Indoktrination, Manipulation o.ä. Im ersten Fall leugneten wir die Tatsache, daß menschliche Beziehung immer auch eine einflußnehmende, also wertende Intention hat. Es gibt gar keine Kommunikation ohne Werturteile. Selbst die Förderung der "Verbalisierung persönlich-emotionaler Erlebnisinhalte" (TAUSCH u.a. 1969) bewertet eben diese emotionalen Äußerungen als positiv. Internalisierte, aber wenig reflektierte Werte oder sogar die Negation der Bewertungen können beim anderen (Kommunikationspartner) zu Verunsicherung führen und zur Desorientierung. Die impliziten, unreflektierten und nicht genannten Werte können zudem zu einer unterschwelligen, suggestiven oder unbewußten Beeinflussung führen. Eine bekenntnishafte Offenheit des eigenen Standpunktes bietet einem anderen Menschen Gelegenheit zur kritischen Stellungnahme. Es ist keineswegs die dialogische Absicht, mir einen anderen Menschen gleichzumachen hinsichtlich Weltanschauung, Menschenbild, Gesinnungen, Glaubensrichtung usw.
Aber es sind Themen, deren vertiefte Erörterung zu einer eigenen Position verhelfen. Die Thematisierung von existentiellen Fragen ist ein wesentliches Anliegen unserer Heilpädagogischen Anthropologie. Die rat- und sinnsuchenden Menschen sind nicht nur -wenn überhaupt- in ihrem Psychophysikum blockiert oder beeinträchtigt, sie suchen nicht nur Wärme, Verständ-

nis und Akzeptanz - sie suchen Sättigung ihres noetischen Hungers. Sie suchen auch die geistige Auseinandersetzung über wesentliche inhaltliche Fragen ihres Lebens. Nicht ein Zerreden von Problemen hilft dem Menschen, sondern vertiefte, d.h. differenzierte, persönlich gewonnene Einsichten in Lebenszusammenhänge. Sie sind die Voraussetzung für einen unbedingten Geltungsanspruch, d.h. für eine selbst "erarbeitete" Wertbindung. Die Orientierungshilfe besteht nun nicht gerade in einer vorgegebenen Wertsetzung, die etwa von einem anderen gedankenlos zu übernehmen wäre, sondern in einer vor-gegebenen Werte-Thematisierung. Die Absicht einer sinnzentrierten, existentiellen Thematisierung ist die Bewirkung von Denkprozessen, die Befähigung zur bewußten Stellungnahme und die Verfügung über persönliche Einstellungswerte.

Aus pädagogisch-anthropologischer Sicht geht es um die Hinführung zur Verantwortlichkeit. Das 'Fragen' ist hier gleichzusetzen mit dem Thematisieren: Das Lebensthema oder die Lebensfragen erfordern Antworten bzw. Verantwortlichkeit. Der Helfer ist ein "Thematisator", er formuliert in immer differenzierterer Weise existentielle Grundsatzfragen. Der Helfer ist also auch ein "Mäeut", d.h. ein sokratischer "Hebammenkünstler", der durch geschicktes Fragen die im Gesprächspartner schlummernden Antworten und Einsichten evoziert und eine Klärung vorbereitet.

Orientierungshilfe bedeutet, offen zu sein für sämtliche Fragen, die "das Leben" uns stellt. Damit sind eben keine schulmeisterlichen Fragen gemeint, deren Antwort dem Fragenden ohnehin schon längst bekannt sind. Es geht vielmehr auch um Fragen, die ins Spekulative oder Metaphysische hineinreichen. Es wäre ein grober Fehler, d.h. eine zutiefst inhumane Haltung, wenn wir bloß aus streng empirischer Sichtweise jene Lebensfragen aus "der Wissenschaft" eliminieren würden (vgl. PRIGOGINE, J. 1991, S. 483 und 485). Aus heuristischer Sicht wollen wir Überlegungen zulassen, die sich mit der Thematisierung von Lebensfragen auseinandersetzen. Ihrem Wesen nach handelt es sich um Fragen, die letztlich unbeantwortbar bleiben müssen (z.B. die Frage, ob es einen Gott gibt). Genaugenommen handelt es sich bei den Antworten um Teilantworten, Vorläufigkeiten, Hypothesen, Wegbarkeiten. Die Teilantworten sind es, die unseren Lebensweg bereichern. Es sind "Gründe zum Leben", Gründe für dieses einmalige und einzigartige Leben; Werte, die für den homo patiens verbindlich sein können.

Wenn wir den Wert der "Verbindlichkeit" akzeptieren, als Hilfe zum Leben, zur individuellen und daraus erwachsenden kollektiven Orientierung, dann begegnet uns im Hinblick auf den bedrohlichen Wertrelativismus das Problem der Zeit, oder genauer das der <u>Geltungsdauer</u> einer einmal für sich oder einer Gesellschaft gefundenen Wertverbindlichkeit. Oder: Wie beständig sollen oder können Werte sein? Ein Beispiel für unsere Überlegungen ist das der Treue. Zwei Menschen können zu der Übereinkunft kommen, 'Treue' als unbedingten Wert zu akzeptieren. Dieser Wert kann (von beiden) auch dann noch als universeller Wert erachtet werden, wenn schon die Individuen, für die die Treue galt, wechseln. In einer Liebesbeziehung z.b. können sich zwei Menschen sehr treu sein - aber vielleicht nur für eine relativ kurze Zeit. Es relativieren sich demzufolge nicht die Werte, sondern es relativiert sich nur ihre jeweilige, jetzt nicht mehr absolute oder "ewige" Geltungsdauer! Die Werte an sich, wie z.B. Liebe, Glück, Vertrauen, Arbeit und andere Aufgaben, Engagement, aber auch die (Kardinal-)Tugenden bleiben unbedingt erörterungswürdig - ihre zeitliche Geltungsdauer jedoch wird relativiert in bezug auf den Tod, d.h. auf die "Lebenslänglichkeit". Angesichts dieser spezifischen Relativität können wir einen neuen Wert "postulieren", nämlich den Wert der "zeitlichen Geltungsdauer eines Wertes". Ein Teil der Wertverunsicherung und Desorientierung hängt mit dem Problem der Ungewißheit, der Unbeständigkeit, der sogenannten Schnellebigkeit zusammen. Was heute gewiß ist, kann morgen ungewiß sein. Was jetzt noch gewiß ist, kann gleich schon ungewiß sein. Gewißheit, Verbindlichkeit, die Werte bleiben, ihre Beständigkeit jedoch ist ungewiß. <u>Die alltägliche und vielfältige Erfahrung der Unbeständigkeit trägt zu einer existentiellen Verunsicherung bei.</u> Auf wen oder was ist eigentlich "auf Dauer noch Verlaß"? Was nutzt unser Verfügungswissen etwa über entwicklungspsychologische Bindungstheorien, wenn niemand mehr längerfristige Bindungen eingehen möchte? Ja im Gegenteil: Wer irgendwo langfristig gebunden lebt (z.B. in der Ehe); in ein und demselben Beruf usw., läuft Gefahr, zum Außenseiter zu werden, d.h. von der "neuen Norm" abzuweichen. Die Vielfalt aller denkbaren Angebote verleitet zum Wechsel, zur sogenannten Abwechslung, zum immerfort Anderen, jeweils Modernen - aber gerade nicht zum Verbleib, zum Bestand, zur Vertiefung des vermeintlich Bekannten. Die Flüchtigkeit wird zur Flucht und vielleicht zum Fluch. Rastlos und untriebig hetzen wir von einer Oberflächlichkeit zur nächsten. - Trotz der Fülle bleibt der noetische Hunger!

Wäre denn ein Verzicht auf die offensichtliche Sinnlosigkeit sinnvoll? So könnte eine anthropologische Leitfrage lauten oder: gibt es denn noch mehr als den Bluff, die Oberflächlichkeit, die Schnellebigkeit?

Der Hunger nach wesentlichen, nach existentiellen Fragen könnte so zum Thema werden und eine Orientierung bieten. Die jeweils evozierte Stellungnahme ist freibleibend, es werden keine Musterantworten, keine Klischees oder Plattitüden erwartet. Der Mensch findet sich selbst aufgrund der existentiellen Fragen, die er sich zu beantworten sucht. Die jeweiligen Antworten, wenn sie denn zu einer echten Orientierung verhelfen, sind nicht distanziert, bloß kognitiv, rationalisiert - sie sind nicht bloß vernünftig. Die lebensleitenden Antworten gehen einher mit einem sogenannten Evidenzgefühl: Das Wort wird identisch mit dem Gefühl; Kopf und Gefühl vereinen sich zu einer stimmigen Lebenshaltung.

Pädagogik bedeutet die unbedingte Forderung an den Menschen, Verantwortung zu übernehmen, Stellung zu beziehen, zu seinem eigenen Leben. In dieser Forderung steckt die Orientierung. Nicht der Appell macht die Pädagogik aus, sondern ihre auf Existenz ausgerichtete Forderung. Jede (heilpädagogische) Förderung ist im Grunde Forderung. Wir fordern das diesem Individuum Mögliche heraus - hin zu seiner Existenz. Wir belassen den anderen Menschen nicht wie er ist, so ungestaltet, hilflos und vereinsamt, sondern wir gehen auf ihn zu als Person. Wir sind dem Neugeborenen die erste "leibhaftige" Orientierung. Mit unserem ganzen Fühlen, Sprechen und Handeln sind wir ein wesentlicher Maßstab, an uns orientiert sich der Heranwachsende, und von dieser Position aus nimmt er Stellung zu sich, zur Welt und schließlich zu den "Vorgaben" selbst. Die pädagogische Aufgabe, "Modell" zu sein, Orientierung und Halt zu bieten, ist unumgänglich. Das sogenannte Recht auf Selbstbestimmung wird von dieser Aufgabe nicht beeinträchtigt. Eine Selbstbestimmung jedoch ist erst dann konkret (also nicht diffus) möglich, wenn sich die Bestimmung des Selbst an klaren Vorgaben orientieren kann. Ohne Orientierungshilfen wäre dem Menschen ein Ausfindigmachen seiner humanen Bestimmung, also ein Einschlagen einer Lebensrichtung, unmöglich. Je diffuser oder wertverunsicherter ein Mensch ist, desto mehr braucht er Leitlinien und Handlungsprämissen als Rahmenbedingung für sein individuelles Lebenskonzept und seine Entscheidungskompetenz.

4.1   Ordnung und Chaos

Zur jahrtausende alten Lebenserfahrung gehört "die Angst vor dem Chaos einerseits, die Wohltat von Ordnung andererseits" (BARGHEER 1988, S. 31).

Erziehung ist ein Paradigma für Chaos (vgl. BECKER 1985). Sie vollzieht sich in einem nicht-linearen Prozeß. Erziehung ist diskontinuierlich, beeinflußt von komplexen Systemen, unberechenbar hinsichtlich Ursache und präziser Vorhersage. Dynamische Rückkopplungen führen dazu, daß ein "Endzustand" eines (Erziehungs-)systems nicht fixierbar ist, sondern dieser jeweils zu einem Ausgangspunkt einer neuen Entwicklung wird. Der immer neue Ausgangspunkt kanalisiert die Entwicklung eines Wirkungszusammenhangs.

Mit diesen kybernetischen oder systemtheoretischen Gedanken wird dem klassischen Dualismus der "epistemologische Rang" abgelaufen. Teile eines Ganzen lassen sich nicht aus ihren Kontexten synthetisieren bzw. herausfiltern. Die unendlichen Beziehungen eines Teils zu anderen Teilen bestimmen die jeweils vorläufige Analyse. Subjekt (Beobachter) und Objekt (Gegenstand der Beobachtung) bedingen sich dynamisch und wechselseitig hinsichtlich ihrer Wahrnehmungen und Bewertungen.

Die "Deskription", als die 1914 von Aloys FISCHER als Forschungsaufgabe der Erziehungswissenschaft eingeführte Bezeichnung, gilt heute bei Systemtheoretikern wie z.b. BATESON und MATURANA, als die einzige Möglichkeit, Regelhaftigkeiten zu identifizieren: "Regelhaftigkeiten sind nicht Merkmale des Systems, sondern unserer Beschreibung." (MATURANA 1979, Zit. n. DELL u.a. 1981, S. 107). Eine Wissenschaft, die durch "detaillierte, objektive Untersuchung allmählich zu richtigen Erkenntnissen über die Natur der Welt und ihr Funkionieren gelangt... ignoriert jedoch das Problem der Selbst-rückbezüglichkeit" (DELL 1981, S. 108).

Im Folgenden wollen wir die möglichen Auswirkungen der Nichtlinearität im Rahmen der Heilpädagogischen Anthropologie diskutieren. Zunächst einmal können wir festellen, daß erzieherische Verhältnisse nicht unter einem normativ-objektiven, korrekten oder richtigen Gesichtspunkt bewertet werden können. Es kann kein heilpädagogisch-apodiktisches Dogma geben. Viele denkbare Methoden und (Teil-)ziele haben nebeneinander ihre Gültigkeit, und jedes intentionale Verhalten wird - reflexiv - mitbeeinflußt vom homo patiens. Auf der deskriptiven Ebene scheint das plausibel zu sein: Wir haben es tatsächlich mit Unabwägbarkeiten, Instabilitäten, Nicht-Determinanten oder nicht-kausalen Wechselwirkungen zu tun. Aber stimmt es denn, daß "jede Form von Organisation letztenendes informationsgesteuert ist" (GEO WISSEN. 2/1990, S. 31), daß letztenendes nur noch der pragmatische oder der Nützlichkeitswert Geltung hat, daß "Struktur (nur) ein Zufallsprodukt aus interagierenden Prozessen, kein bißchen greifbarer als das Grinsen der Cheshire Katze" (DELL u.a. 1981, S. 110) ist? Und was ist mit dem "Kontext der Kontexte" (das, was BATESON "Deutero-Lernen" nennt), wer mag sie wodurch ergründen?

Wer systemisch denkt, will diese Fragen wahrscheinlich nicht beantworten. Wer systemisch denkt, reduziert "das Ganze" auf seine immanenten Prozesse und Funktionen, auf seine Zweckmäßigkeiten hin. Das zeitgeschichtlich wohl machtvollste und meist diskutierte Beispiel für systemische Zusammenhänge ist das Ziel der Abwendung einer ökologischen Weltkatastrophe.

Die Faszination, den Menschen strukturell mit einer Maschine zu vergleichen, hat sich seit LAMETTRIE (1709-1751) in der Vorstellung des "Homme machine" bis heute erhalten: "Auch ein lebender Organismus verhält sich in vieler Hinsicht wie eine komplexe Maschine. Auch er gehorcht einem bestimmten Konstruktionsprinzip, das die funktionale Ordnung aller seiner Teile festlegt" (GEO WISSEN 2/1990, S. 31), schreibt KÜPPERS (Max-Planck-Institut für Biophysikalische Chemie in Göttingen). Und er fährt fort, daß die Funktion einer Maschine vom Bauplan und der Bedienungsanleitung abhängt und beim Menschen die Erbmoleküle den "inneren Bestandteil des Systems" ausmachen.

Durch die "Chaos-Forschung" haben sich Wissenschaftler verschiedener Fachrichtungen auf den Weg gemacht, das "Chaos" zu erforschen, d.h. alles, was bisher durch den "epistemologischen Filter" (DELL u.a. 1981, S. 104) fiel. "Chaos" ist somit ein Synonym für das bisher wissenschaftlich Tabuisierte und Ignorierte. Biophysiker und andere Wissenschaftler sind dem "Bauplan" des Lebens auf der Spur und in weiterer Ferne (?) hat vielleicht auch ihre Reproduzierbarkeit und Manipulierbarkeit einen nicht unerheblichen Forschungsreiz. Chaos-Forscher suchen Ordnungsstrukturen in bisher völlig diffusen Bereichen. Aber nicht nur in den Naturwissenschaften, sondern auch in den Sozialwissenschaften versucht man, die Gesetzmäßigkeiten sozialer Systeme zu ergründen, so z.B. Niklas LUHMANN (1992), der die Selbstorganisation von Systemen zu beschreiben versucht. Nach seiner

Vorstellung entwickeln, erhalten und verändern sich Systeme nicht durch rationale Planung und Beschlüsse, sondern durch Evolution - jedes System nach seiner eigenen Gesetzlichkeit.

Der Mensch als System in Systemen - reicht diese bestechende Analyse aus für unser Menschenbild?

Festzustehen scheint, daß die Systemtheorie eine immanente Weltsicht impliziert. Transzendente Erklärungsversuche werden zugunsten einer deskriptiven Analyse des Beobachtbaren zumindest zurückgestellt. Sinnfragen sind entsprechend den utilitären Fragen völlig eliminiert. Im Zusammenhang mit der Chaos-Forschung und systemtheoretischen Ansätzen können wir vielleicht von einem Neo-Utilitarismus sprechen.

Für eine Heilpädagogische Anthropologie reicht diese Sichtweise nicht aus, obwohl sie zu neuen Einsichten verhelfen kann. So z.B. müssen wir akzeptieren, daß es keine Unordnung geben kann. Wir können nur sagen, daß wir noch nicht alle Ordnungsstrukturen in Systemen kennen. Ordnung ist sogesehen auch nicht das Gegenteil von Chaos, denn Chaos ist ja nur eine noch nicht erkannte Ordnung. Ferner ist Ordnung keine Funktion von irgendwas, sie steht nicht im Dienste eines Systems, sondern sie konstituiert jedes System. Dabei ist Ordnung keine statische Angelegenheit, Ordnungsstrukturen fluktuieren, in dem sie sich eigengesetzlich den jeweils wechselnden Kontexten anpassen. Diese Strukturadaptation hat übrigens nichts zu tun mit homöostatischen Mechanismen oder mit inhärenten Harmonisierungsbestrebungen - sie sind wenigstens theoretisch in keiner Weise normativ zu bewerten. In diesem Zusammenhang sei nur einmal an den sonderpädagogischen Begriff der Verhaltensstörung erinnert. Dieser Begriff ist deswegen falsch, weil Verhalten nicht gestört sein kann. Verhalten ist und kann je nach Kontext auffallen und entsprechend beschrieben werden. Im Grunde können wir lediglich Unterschiede eines Verhaltens von anderen Verhalten beschreiben bzw. sprachlich formulieren. Jede normative Bewertung ist vom Standpunkt des Beobachters aus relativ in bezug auf z.B. kulturelle Kontexte.

Der Systemanalyse und der prinzipiellen Nicht-bewertbarkeit nichtlinearer Prozesse steht allerdings die menschliche Alltagserfahrung gegenüber, daß soziale Systeme unter permanent menschlicher Beeinflussung und Bewertung stehen. D.h. während wir analysieren und beschreiben, vollzieht sich eine systemimmanente, wechselseitige Bewertungsabfolge. Abgesehen davon, daß der Beobachter selbst Teil des Systems ist und ebenfalls auch

Einfluß nimmt auf dasselbe System, sind die jeweiligen Bewertungssubjekte geleitet von weltanschaulich bestimmten Vorstellungen und Absichten. Was heißt denn eigentlich "nützlich", "zweckmäßig", "pragmatisch" usf.? Wer bestimmt denn die Details, die Inhalte dieser scheinbar neutralen Vokabeln? Eine deskriptive Systemanalyse müßte die Motivationen oder besser die Gründe zum Leben und die globalen Lebensziele der Interagierenden zumindest mitbedenken. Es genügt nicht zu erkennen, daß wir uns alle irgendwie beeinflussen und wie wir dies tun - der klassische Dualismus von Ursache und Wirkung kann nicht einfach zugunsten der Systemtheorie aufgehoben werden. Er steckt nach wie vor im System und gibt dem System seine eigene Kraft. Die humanitäre Kraft in Systemen, die Wirkungsweise oder die kulturellen Modi beeinflussen weniger die Struktur als vielmehr die Gestaltung einer Ordnung. Ordnung ist zwar in allen Systemen strukturell vorhanden, sie ist aber ästhetisch gebunden an die Gestaltungskraft des Menschen. Allein vom System her betrachtet ist die Gestaltung beliebig: Völlig gleichgültig wie ein Subjekt wertet, formt oder selektiert, immer hat ein System eine Art Struktur, d.h. eine immanente Bezüglichkeit. Die menschliche Einflußmöglichkeit auf Systeme und ihre Strukturen ist das entscheidende humane Merkmal gegenüber Maschinen. Die Fähigkeit zur punktuellen Stellungnahme gegenüber Strukturmerkmalen innerhalb eines Systems kennzeichnet das Humane. Menschliche Beziehungen "funktionieren" nicht nur nach redundanten input/output - Regeln, sondern sie bewirken etwas im Gemüthaften, im nicht-beobachtbaren, nicht-meßbaren Bereich. Die Ordnung wird so zu einem pädagogischen Thema und zu einer pädagogischen Aufgabe. Kontinuität, Beständigkeit und Überschaubarkeit sind Orientierungsvorgaben für sozial oder mental desorientierte Menschen. Die bewußt gesetzten Ordnungsstrukturen und die gleichzeitig bewußte Vermeidung von Interferenzen entspricht der helfenden Absicht. Wie immer die Vorgaben auch angenommen werden, z.B. durch ein geistigbehindertes Kind, - das bleibt offen oder aus systemischer Sicht: chaotisch. Strukturelle Vorgaben wie z.B. das Prinzip der "vorbereiteten Umgebung" in der MONTESSORI-Pädagogik sind Gegenstand pädagogischer Überlegungen und Interventionen. Dazu zählt nicht nur die Gestaltung des Raumes, in dem Kommunikation oder gemeinsames Handeln passiert, dazu zählt auch der Tagesrhythmus und die konversative Kultur des Miteinander-Umgehens. Einen Raum oder ein Haus in immer neuer Weise schön gestalten; einen Rhythmus pflegen, der den natürlichen Bedürfnissen des Menschen entspricht oder die Art und Weise der Konversation, der höfliche und wertschätzende Umgang - das alles ist ein Plädoyer für eine geist-reiche Kultur, die keine Maschine je erbringen könnte. Ein anderes Beispiel ist die Musik. Ein Computer könnte ein Musikstück weder komponieren noch virtuos interpretieren. Jeder Versuch wäre, den mechanischen Gesetzen folgend, stereotyp. Schöpferische Variationen sind dem Menschen vorbehalten. Oder auch Humor, als die besondere Art der Bewertung einer Gesprächs- oder Situationssequenz wäre einer Maschine nicht möglich. Musik, Kunst - alles Schöne und Geschöpfte trägt bei zu der spezifisch humanen Ordnung. Mehr noch: Es vermittelt dem teilhabenden Menschen eine Ahnung von dem, was nicht nur funktional ist, sondern geist-reich. Ordnungen dieser Art verweisen aus dem System heraus, sie transzendieren das Beobachtbare oder Funktionale auf etwas hin, das unsere immanenten Erkenntnisse zum einen überhaupt erst begründet und zum anderen einen Sinn gibt, der über das rein Deskriptive hinausweist. Systemimmanente Konstrukte negieren transzendente Kontexte. Aber selbst wenn wir Erbmoleküle analysieren können, haben wir noch immer keine Erklärung über die Ursache des Erklärbaren - und es fehlt die Antwort, wozu das Leben letztlich nützlich sein soll.

Genau dahin aber gehen die Fragen leidender Menschen. Sie fragen nach einem Über-Sinn (FRANKL), nach Sinndeutungen, die ihren "Ort" systemextern haben.

Das leidende Sein stellt sich nicht als Unordnung dar, weil es normabweichend ist. Es ist aus einem systemischen Blickwinkel durchaus integrierbar, es ist ein Subsystem unter vielen und mit vielen anderen in Beziehung. Aber es könnte in gefährlicher Weise (vgl. Euthanasie) dem Nützlichkeitsanspruch nicht gerecht werden.

Zu einer Heilpädagogischen Anthropologie gehören Musik, Kunst - alles Schöpferische und auch Spirituelle, die Beschäftigung mit dem Nicht-Erklärbaren (Spekulativen), Nicht-Reproduzierbaren (Einzigartigen) und Nicht-Programmierbaren. Unser anthropologischer Schwerpunkt liegt nicht in dem Bereich des Machbaren, Funktionalen oder Effektiven, sondern im völlig anderen Bereich des Individualen, des Schönen und Guten (was immer das auch ist; anthropologisch entscheidend ist ihre Intentionalität). Damit sei kein totaler Gegensatz zwischen dem Systemischen und dem Individual-Spekulativen konstruiert. Es geht hier vielmehr immer wieder um die Nicht-Reduktion aller menschlichen Kreatur und die Sorge um die "Ausschaltung" oder Negierung "unnützen Lebens".

4.2   Sinn und Unsinn

Mit dem prinzipiellen Anspruch, chaotische bzw. nichtlineare Ordnungsstrukturen erforschen, ermessen und nachweisen zu können, ist die Sinnfrage noch längst nicht geklärt. Auch wenn wir behaupten, jedes System,
und sei es auch noch so verworren, paradox oder undurchschaubar, ist
strukturell immer irgendwie ordentlich im Sinne einer immanenten und
beweglichen Bezüglichkeit, so bleibt das Fragen des Subjektes und seiner
subjektiven Bewertung aller möglichen Sinneserscheinungen, die ihm zugänglich sind. Dem Individuum reicht es mitunter nicht aus, zu wissen, alles
habe schon irgendwie eine Ordnung - das Individuum wirkt entscheidend
mit als und im System, es kann gar nicht die Welt "von draußen" sehen und
beurteilen. Diese Mitwirkung ist aber keine beliebige, sondern eine verant-
wortete. Die Ergebnisse oder Effekte der Mitwirkung sind nicht rein zufällig, sondern jede Beeinflussung be-wirkt etwas im Ganzen der jeweiligen
Kontexte. Daher ist es nicht gleichgültig, wie oder was ein Individuum
macht - der Nützlichkeitsaspekt steht selbst unter der permanenten Sinnfrage. Die Ge-sinnung jedes Menschen wirkt auf Konsensfragen, die die
Gesellschaft unterschwellig fordert und braucht, um gemeinsame Ziele (z.B.
ökologische) zu erreichen. Die Gesinnung eines Individuums ist nicht bloß
das jeweils vorläufige Ergebnis nichtlinearer Einflußmechanismen, sondern
die wesentlich geistige Kraft, die eine Entscheidungskompetenz schafft. Der
Mensch ist nicht nur Opfer oder Produkt seiner Umwelt oder seines soziokulturellen   Systems,   der   Mensch   hat   auch   Gesinnungskräfte
(Einstellungswerte) und normstiftende Absichten.

Allein aus diesen subjektiven bzw. normativen Gesichtspunkten heraus
lassen sich Sinn und Unsinn definieren. Die Sinnkategorie steht aber auch
"in Kontexten", d.h. in Relation zu Werten. Wenn wir uns zubilligen, Sinn-
und Wert-Orientierungen zu geben, so müssen wir auch Abgrenzungskrite-
rien haben, also Phänomene des Unsinns oder des Unwertes. Noch einmal:
"Ordnung" als systemimmanenter Begriff ist eine nichtpolare Kategorie
(Unordnung bzw. Chaos gibt es eigentlich nicht) - "Ordnung" ist ein wert-
freier Strukturbegriff. "Sinn" hingegen ist ein wertgebundener Begriff, welcher keine Struktur kennzeichnet, sondern eine Intention. Diese Intention
kann über das beschreibbare System hinausreichen und ist von daher trans-
zendent bzw. spekulativ. Nichtsdestotrotz sind Intentionen systembeein-
flussend und auch systemkonstituierend. Wenn der Ordnungs-Begriff unter
dem pragmatischen Gesichtspunkt der Nützlichkeit (übrigens auch ein
Wert!) betrachtet wird, dann ist analog dazu der "Sinn" geleitet von vielen

Überzeugungen. "Sinn" ist gegenüber dem Begriff der "Ordnung" weitgehender. Es kann z.B. nützlich sein, Atomkraftwerke abzuschaffen, die Meere sauberzuhalten oder Krankheiten zu vermeiden (z.b. auch durch Euthanasie) - ob aber das, was als nützlich erachtet wird, auch sinnvoll ist, das ist noch von einer weiteren Bewertung abhängig. Wozu z.b. sollte es sinn-voll sein, unsere Erde oder die Gattung Mensch zu erhalten? Wozu dienen letztlich Nützlichkeits- bzw. Zweckmäßigkeitsbemühungen? "Sinn" definiert sich nicht allein über wirkungsvolle Funktionen der Evolution, wie z.b. die sogenannten Selektionstheorien (Darwinismus). Unter diesen Gesichtspunkten sind die Begriffe 'unnütz' und 'unsinnig' nicht identisch. Unnütz wäre all das zu nennen, was einem pragmatischen, allgemeinen Zweck zuwider läuft. Unsinnig dagegen können auch die sogenannten Mittel sein, die dem Zweck dienlich sein sollen: Der Zweck heiligt eben nicht sämtliche Mittel. Wesentlich unsinnig aber sind alle Versuche, die schöpferischen bzw. geistigen Kräfte eines Menschen zu begrenzen oder sogar zu eliminieren. Letztlich sinnlos ist alle Seins-Feindlichkeit und alle Seins-Negierung. Die kontrastierende Polarität zwischen Nützlichkeit und Sinnhaftigkeit kann ein Konstrukt zur Bewertung von Gesinnungstendenzen sein. Welches Ziel verfolgt unser Denken und Handeln? Dient es letztlich dem Seins-Erhalt oder der Seins-Vernichtung? Erhalten oder Vernichten, Fördern oder Unberührtlassen, Wachsen oder im Keime ersticken - dahinter verbergen sich Tendenzen, die unsere Lebenseinstellung wesentlich prägen. Ein Beispiel aus der Pädagogik: Beziehen wir die Mißbilligung eines kindlichen Verhaltens (z.B. Stehlen) auf die Person des Kindes oder nur auf die mißbilligte Handlung? Wie oft werden Kinder ontisch denunziert, etwa mit den Worten: "So etwas wie dich dürfte es gar nicht geben!" Eine solche Pädagogik ist zutiefst unsinnig. Unsinnig auch deshalb, weil hier die Würde des Menschen in Abrede gestellt wird. Vielleicht ist eine solche Pädagogik nützlich, im Sinne von effektvoll, sie ist aber keinesfalls sinnvoll.

Sinn kann letztlich nur in einem Gesamt-Sinn bzw. einem Über-Sinn (FRANKL) seine Erfüllung finden. Ein sogenannter immanenter Sinn wäre in allen denkbaren Fällen absurd. Die Anerkennung eines metaphysisch gedeuteten, also transzendenten Sinns, hat zur Folge, daß jeder Sinntheorie und -handlung der Charakter des Vorläufigen, Vorletzten und Provisorischen innewohnt. Wir sind außerstande, den letzten Sinn unseres Daseins objektiv und unumstößlich zu erfassen. Insofern wären wir Gefangene unseres Systems oder unserer erkenntnistheoretischen Zugänglichkeiten, wenn wir unser Denken und Handeln allein auf das Immanente beschränken würden. Sinnstreben heißt, ausgerichtet sein auf etwas, was außerhalb unserer gesamten Erkenntnismöglichkeiten und unserer Endlichkeit ist.

Dieses "Außerhalb" ist kein räumlicher Begriff, sondern ein epistemologischer: er bedeutet die Grenzziehung unserer kognitiven Leistungsmöglichkeit.

Der Mensch ist in erster Bedeutung ein sinnstrebendes Wesen (er strebt nicht nach Unsinn). Die Lebensziele unserer sinnstiftenden Werte sucht und setzt der Mensch gemäß seinen Einsichten und Fähigkeiten. Diskrepanzen zwischen den mehr oder minder bewußt entschiedenen Zielen und den realen Umsetzungsversuchen führen häufig zu Sinn- oder Lebenskrisen. So ist es schon beinahe eine tragische Situation, wenn ein Mensch seine Gaben bzw. Fähigkeiten nur unzureichend lebenspraktisch einsetzte. Die späte Erkenntnis, "aus mir hätte auch ein anderer werden können", ist für viele Menschen schmerzlich. Da fehlte es nicht an Voraussetzungen, an Begabung oder an Zielen, es fehlte die konkrete praktische Transformation bzw. Realisation. Vielleicht war sogar der Geist willig, das Fleisch aber schwach (Mt 26, 41). Es ist das Gewahr-werden, weite Strecken seines Lebens nicht mehr rückgängig machen zu können, die dem Menschen das Gefühl geben, ihr Leben war ver-tan, es war wenig sinnvoll - es war leer. Aber war es unsinnig? Hier würde die existenzanalytische Suche nach Sinnspuren beginnen, retrospektiv und klagend. Vielleicht war tatsächlich vieles fad und leer und ungelebt - die Wahrheit der Irreversibilität trifft manchen Menschen in oft sehr schmerzhafter Weise. Welche Hilfe, welchen Trost könnten wir - aus anthropologischer Sicht - jenen Menschen geben? Würde uns das Nützlichkeitsdenken da weiterhelfen? Auch aus grundsätzlich rational-funktionaler Sicht bliebe da wenig Tröstliches übrig. Ebenfalls ist verstehbar, daß die wenigen Sinnspuren aus der Biographie eines Lebens nicht ausreichen, um zufrieden oder gar glücklich zu werden. Gerade einige biblische Geschichten belegen diese offensichtliche Sinnlosigkeit (z.B. das Buch Hiob oder "Der verlorene Sohn", Lk 15, 11-32). Der subjektiven Erkenntnis von Sinnlosigkeit steht hier lediglich die unbedingte Hoffnung entgegen, daß alles doch wohl einen rational nicht-erfaßbaren Sinn haben könnte, also einen Sinn, eine Bedeutung, die dem rationalen Bereich unzugänglich ist. Diese Hoffnung hat nun nicht irrationale oder irreale Perspektiven als Grund, sondern einen Glauben an etwas, an eine Instanz, die unser Erfassungsvermögen übersteigt. Dieser Glauben ist typischerweise unabhängig nicht nur von Raum, sondern auch von Zeit. Er betrifft retrospektive Sinnzuschreibungen ebenso wie zukünftige sinnvolle Zielperspektiven. Jede Vergangenheit kann ebenso als unsinnig disqualifiziert werden wie zukünftige bewußt angestrebte Ziele, denn auch Ziele können sich bereits im prospektiven Stadium als unsinnig erweisen. Sinn ist unabhängig von irgendwelchen Effekten oder Ergebnissen. Sinn ist gegeben auch wenn alle

Normvorstellungen oder Zielperspektiven unerfüllt bleiben. Sinn ist immer etwas Auszufindendes, etwas Aufzuspürendes, etwas Aufgegebenes. Im Bewußtsein, nur von vorletztem Sinn sprechen zu können, wissen wir, daß Sinn abhängig ist von menschlicher Zuschreibung. Sinn ist eine Etikette, eine Attribution gegenüber der Neutralität des Faktischen. Ohne Bewertungen des Gegegebenen wäre unser Leben unsinnig bzw. sinnlos. Lebendigkeit und Bewertung stehen in einem unmittelbaren Zusammenhang. Indem wir den Dingen einen Namen geben, schreiben wir ihnen einen eigenen Sinnwert zu. Eine Wertfreiheit wäre unsinnig, weil leblos. Indem wir be-nennen und be-werten, verleihen wir den Erscheinungen und Erlebnissen einen Logos, was meint: Wort, Sinn und Geist.

- "Im Anfang war das Wort", heißt es im Johannes-Evangelium (Jh 1,1). Mit unserem Geist letztlich (oder anfänglich) machen wir die unbelebte und belebte Natur zu einer lebendigen, d.h. klanglich vernehmbaren und sehens- bzw. erkennenswerten Natur. Hören und Sehen zählen zu den Sinnen, aber auch Denken und Sprechen - aber Sinnverleihung - sollten zu den menschlichen Sinnen mitgezählt werden. All unsere sogenannten Sinnesorgane sind eigentlich nur Transmitter. Wir können lernen, sie zu benutzen, um aus den Gesamteindrücken eine Sinnkomposition zu schaffen. Die Eindrücke, das sind die Informationen, sind die Sinnesdaten. Sie zu verarbeiten und mit ihnen kreativ umzugehen, das ist die geistige Gestaltungskraft bzw. die sinnstiftende Energie.

Die Heilpädagogische Übungsbehandlung wird später genau dieses Ziel haben: den Menschen zum Gebrauch aller seiner Sinne anzuleiten, damit er kombinieren, d.h. Zusammenhänge erkennen kann, und zu komponieren vermag, d.h. künstlerisch-kreativ mit seiner geistigen Potenz lebendig wird.

Im Rahmen der Heilpädagogischen Anthropologie sehen wir den Menschen nicht als daten- bzw. informationsverarbeitende Maschine an, die unfrei abhängig ist gegenüber äußeren Reizquellen oder sogenannten Inputs. Ein solches Menschenbild wäre inhuman und unsinnig. Der Mensch ist nicht nur ein reagierendes Wesen, sondern ein Wesen, das Einfluß nehmen kann auf die vorgefundenen Lebensbedingungen. Er kann sich Selektionsbestrebungen widersetzen und er ist der Natur nicht willenlos ausgeliefert. Ob das Humanum jedoch zum Segen seiner eigenen Spezies wird, das ist nicht zuletzt abhängig von der Erziehung zu einer humanitären Verantwortlichkeit. Die Überdehnung der menschlichen Potentialität ("Machbarkeitswahn") kann zur Maßlosigkeit, zur Wider-Natürlichkeit werden und damit zum Unsinn.

5. Die Frage nach der Erziehung behinderter Menschen

Im letzten Abschnitt zur Grundlegung einer Heilpädagogischen Anthropologie wollen wir uns mit der Erziehung behinderter Menschen befassen.

Unter Erziehung verstehe ich eine wechselseitige Beeinflussung in menschlichen Begegnungen, die Denken und Handeln verändern. Überall wo wertend beeinflußt wird, findet Erziehung statt, unabhängig von bewußter oder unbewußter, beabsichtigter und unbeabsichtigter professioneller oder laienhafter Einflußnahme zwischen Menschen (einschließlich der Medien).

Der Erziehung kann man zu keiner Zeit seines Lebens entgehen, sie ist von daher nicht eingrenzbar auf einen bestimmten Lebensabschnitt (etwa Kindheit und Jugendzeit). Erziehung geschieht auf der Handlungsebene, also in der konkreten Praxis.

Überall, wo über Erziehung nachgedacht wird, ereignet sich Pädagogik. Jedes Nachdenken oder Reflektieren und jedes Vordenken und Planen, aber auch ein bewußtes Überdenken während eines erzieherischen Handlungsablaufes, zähle ich zum Pädagogischen. Auf dieser ersten Abstraktionsebene wird das Denken bemüht und finden Gespräche statt über eigenes und anderes Handeln. Hier wird die erzieherische Praxis reflektiert, analysiert und theoretisch bewertet. In der Erziehungswissenschaft, der zweiten Abstraktionsebene, schließlich geht es um theoretische Überlegungen, nach welchen inhaltlichen oder methodischen Kriterien über Pädagogik nachgedacht werden kann oder soll.

Diese knappen Begriffsabgrenzungen sollen keine jeweils in sich geschlossenen oder vollständigen Systeme repräsentieren. Erziehung, Pädagogik und Erziehungswissenschaft sind vielmehr als dreidimensionaler Raum vorzustellen, in dem auf jeder Ebene unterschiedliche Qualitätsniveaus zu erzielen sind. Die Qualitäten schließlich entziehen sich dimensional einer intersubjektiven Beurteilbarkeit, weil sie von nichtlinearen Faktoren bestimmt werden: Anspruchsniveau, Kontexte (Welt- und Menschenbild), Persönlichkeiten, soziokulturelle Bedingungen usw. lassen sich empirisch wohl kaum meßbar in Beziehung bringen.

Die Frage nach der Erziehung behinderter Menschen ist eine Frage, die unser pädagogisches Denken beansprucht. Dem Fragenden unterstellen wir ein Interesse, ein Dazwischensein, ein Anspruchsniveau, das Gegebene nicht einfach hinzunehmen und zu belassen, wie es nunmal ist und wird - sondern Gütemerkmale, unterscheidende Merkmale (Kriterien) zu finden, die den persönlichen Lebenswert verbessern. 'Verbessern' ist der Komparativ von 'gut'. Alles ist gut, kann aber verbessert werden. 'Veränderung' hingegen beinhaltet keine Steigerung, keine Höherentwicklung, sondern bleibt flächig, auf derselben Ebene. Viele Psychotherapien streben nach Veränderung - Pädagogik strebt nach Verbesserung des schon Guten. In derselben Weise ist jede Beschreibung eines erzieherischen "Ist-Standes" nicht festschreibend bzw. festlegend, sondern "animatorisch", d.h. anregend zur Weiterentwicklung. Aus pädagogischer Sicht strebt jede Erziehung von einem Ist zu einem Soll. Hier begegnen wir wieder einem scheinbaren Paradoxon: obwohl der Mensch ontisch, d.h. in seinem Sein, ein zutiefst Angenommener und Wertgeschätzter ist, soll er nicht so bleiben, wie er ist. Er soll nicht verharren, brachliegen, unbewegt bleiben. Der Mensch ist gleichzeitig angenommen und herausgefordert. Darin liegt die erzieherische Würze: der Mensch ist zu einem Soll geradezu gedrängt, getrieben - und bestimmt. Das ist kein erzieherisch-pädagogisches Dogma, sondern eine anthropologische Wahrheit: der Mensch will nicht so bleiben, wie er ist, er will eine Höherentwicklung. Welcher nachdenkende Mensch wollte sich denn wirklich als "Regelsystem" verstehen, als Determinante, dessen einziger Sinn eine reproduzierbare Erkenntnis seiner Entwicklung ausmachte? Das, was der Mensch soll, kann ihm nicht von außen oktroyiert werden, nicht per Verordnung, per Gesetz oder per Lehrbuch. Pädagogisch durchdachte Erziehung ist ihrem Wesen nach fragend, thematisierend, evozierend. Es ist die heilsame Unzufriedenheit des Erziehers, der den educanden fortwährend provoziert zum tieferen Eindringen in die unendliche Fülle des Seins. Nein, Pädagogik hat nicht vorzugeben, was denn sein soll. Pädagogik darf nur hinweisen, daß da mehr sein soll, als da schon ist. Sein und Sollen stehen in einer dynamischen, dialektischen und synergetischen Wechselbeziehung. Während der Mensch schon längst ist, ist er noch längst nicht vollendet. Dieses ontische Spannungsverhältnis wirkt nicht in einem kontextlosen Raum, wirkt nicht in einer zufälligen Beliebigkeit. Einige der Rahmenbedingungen der Erziehung (vgl. auch das Kapitel über Orientierung) sollen hier nur kurz angedeutet werden: Der Mensch ist ab Embryonalzeit

- erziehbar, d.h. er ist fähig, bereit und offen, sich beeinflussen zu lassen
- zu erziehen, d.h. er bedarf der Beeinflussung. Er würde sonst verkümmern und letztlich sterben
- erziehend, d.h. er ist als Passiver gleichsam Aktiver, und zwar mit steigender Tendenz: als Empfangender ist er schon ein Gebender, als Gebender bleibt er ein Empfangender.

Alle drei Vektoren finden sich in jedem Menschen. Die klassische Trennung zwischen educator und educandum (der eine erzieht und der andere wird erzogen) wäre demnach überholt. Auch der homo patiens - was immer ihn ausmacht - ist auch ein Gebender, ein sich Hin-gebender, ein Vertrauender und ein Hoffender. Der Wert eines Menschen wird letztlich nicht bestimmt durch seine Leistungs- bzw. Erfolgsfähigkeit, sondern durch seine Hingebungsfähigkeit. Diese Fähigkeit ist universell vorhanden, sie ist eine anthropologische Gegebenheit. Eine wesentliche Aufgabe der Erziehung ist nun die Freisetzung dieser Hingebungsfähigkeit. Die Wertschätzung eines Menschen kommt schließlich dort zum Ausdruck, wo Menschen gebraucht und gefordert werden für eine sinnvolle, wertvolle Aufgabe.
In einem bestimmten Alter freuen sich z.B. Kinder, wenn sie den Tisch decken dürfen, zum Einkaufen gehen dürfen usw. Da, wo die individuellen Fähigkeiten gefordert werden, für eine als werthaft abzeptierte Tätigkeit, da ver-äußerst sich der Mensch ("kommt aus sich heraus") und: entdeckt sich. Diese "Leistung" vollzieht sich auf der Handlungsebene; der Erzieher offeriert: "Du Mensch wirst für diese Aufgabe gebraucht!". Die Aufgabe ist überschaubar und erscheint zu bewältigen zu sein. Der Mensch hat ein natürliches Bedürfnis, seine Fähigkeiten in den Dienst eines Menschen oder einer Sache zu stellen. "Was nicht im Dienste steht, steht im Raub", so zitiert GOLLWITZER (1979) Martin LUTHER. Jede Vorenthaltung, jede existentielle Versagung, jedes Brachliegenlassen unserer Fähigkeiten, unserer individuellen Bestimmung, würde für einen anderen Menschen oder eine Sache "Raub" bedeuten. Ein anderer wird meiner nur möglichen Teilhabe beraubt (vgl. den Begriff 'Deprivation'). GOLLWITZER wertet jede Gabe als Privileg, und Privilegien müssen in den Dienst gestellt werden, anderenfalls handelt es sich bei der Vorenthaltung jener Priviliegien um Raub.

Die erzieherische Aufgabe, individuelle Gaben ausfindig zu machen, um sie schließlich in einen Dienst stellen zu lassen, erfordert ein Menschenbild, in dem das Ziel der Hingabe als wegbestimmend angesehen wird. Hier handelt es sich keinesfalls um eine altruistische Position. Es geht nicht um Selbstlosigkeit, sondern um Selbstfindung und Selbsterfüllung durch Selbsthingabe. Als Gebender ist der Mensch ein Nehmender. Hier geht es auch nicht um eine zeitliche Abfolge (erst geben, dann nehmen). Es geht allein um die Intention, d.h. die wesentliche Absicht; es geht um eine Gesinnung, um eine Grundhaltung - nicht um eine Methode, eine Funktion oder um bloße Effekte.

Das pädagogische Denken ist zunächst ein ontisches Denken. Dieses Denken ist ein fragendes Denken, ein Eindringen in die Phänomene der erzieherischen Wirklichkeit. Diese Wirklichkeit erscheint uns in nichtlinearer Weise häufig paradox. Wir sollten demzufolge auch einmal einen "epistemologischen Mut" aufbringen, mit solchen Paradoxien theoretisch zu spielen, indem wir nicht immer logisch-systematisierend verstehen wollen, sondern gerade auch die Nichtlinearität akzeptieren bzw. hinnehmen, um spürend und ahnend der erzieherischen Wirklichkeit auf die Spur zu kommen. In diesem Kontext wird vielleicht die Aversion gegenüber Rezepten oder Ratschlägen verständlich. Jedes pädagogische Rezeptbuch (übrigens auch viele sogenannte Falldarstellungen) suggeriert eine gewisse kausallineare Abfolge einer Erziehungssituation; alle Unwägbarkeiten, alle unvorhersehbaren Plötzlichkeiten werden da außer Acht gelassen. Und es entspricht jeder Alltagserfahrung, daß Erziehung nicht planbar ist (Planen und Intendieren sind wesentlich verschieden). "Erziehungspläne" schließlich verfolgen die unsinnige Absicht, den Erziehungsverlauf messen und kontrollieren zu können. Die Assoziation von Erziehungsplan und Planwirtschaft liegt nahe. Erziehung läßt sich einfach nicht "machen", nicht durchplanen, nicht kontrollieren. Es wäre doch grotesk, den Effekt von Güte, Ermutigung oder Vertrauen in irgendeiner Weise messen zu wollen. Wenn es denn überhaupt "Effekte" geben sollte, dann ereignen sie sich zu einer unbestimmbaren Zeit, mit vorher vielleicht unbekannten Personen und in unvorhersehbaren Situationen (Raum).

Die Nichtlinearität sowie die Nichtplanbarkeit von Erziehung könnte in vielfacher Weise - für Praktiker wie für Theoretiker - zu einem Unbehagen, zu einer Art Hilflosigkeit oder sogar Aggression führen. Wäre denn die professionelle Erziehung der Beliebigkeit oder Zufälligkeit zuzurechnen? Dieser Rückschluß wäre nicht nur falsch, sondern auch gefährlich. Als Anwälte des Humanen haben Pädagogen die Aufgabe, sich selbst fortwährend mit existentiellen Fragen und Themen auseinanderzusetzen und diese in galanter aber eindringlicher Weise immer wieder in die Dialoge einzubringen. Begriffe wie Sinn, Hingabe, Lebenswerte, Hoffnung, Aufgaben, Mündigkeit, Verantwortung usw. sind keine Rezeptbuchbegriffe, sondern Leitbegriffe, an denen man sich ein Leben lang "abarbeiten" kann. Die Konkretisierung hinsichtlich Lebenspraxis und Gesinnung obliegt jedem Menschen in seiner jeweiligen freien Verantwortung. Die Leitbegriffe sind es schließlich auch, die die Erziehung behinderter Menschen wesentlich beeinflussen. Alles methodische Überlegen ist diesen grundsätzlichen Leitgedanken nachgeordnet. Methoden sollen im Dienst des Humanen stehen. Dadurch werden sie zu einer Funktion des Existentiellen und nicht zum Existentiellen selbst (Methoden verfolgen keinen Selbstzweck).

5.1 Das Konstituens der Erziehung: Das "erzieherische Verhältnis"

Das, was Erziehung bedingt ist die gegenseitige Zuwendung mindestens zweier Menschen. Zuwendung, Beziehung und Beeinflussung zwischen Menschen konstituieren das erzieherische Verhältnis. Weil zwischenmenschliche Beeinflussungen zu jeder Zeit stattfinden, ist Erziehung ein lebenslanger Prozess und kann sich nicht auf eine bestimmte Lebensphase (z.B. Kindheit und Jugend) reduzieren lassen. Die unterschiedlichen Entwicklungsphasen verändern zwar die jeweilige Erziehungswirklichkeit (wie z.B. Erziehungsinhalte und Erziehungsmittel), das Faktum "Erziehung" in Form von gegenseitiger Einflußnahme aber bleibt. Der Mensch als homo-educandus ist nun nicht nur ein "weltoffenes Wesen", sondern auch ein ständig fragendes, nach Orientierung suchendes Wesen. Der Mensch bleibt zeitlebens offen für die existentiellen Fragen. Vor diesen existentiellen Fragen stehen alle Menschen, also gleichermaßen Erzieher und Zu-Erziehender. Unter dieser Perspektive ist nicht nur der Erzieher ein Wissender und der Zu-Erziehende ein Unwissender. Erziehung ist folglich nicht beendet, wenn aus dem Unwissenden ein Wissender geworden ist, oder gar ein "Fertiger" - Erziehung kann gar nicht beendet werden und sie kann gar nicht einseitig dem sogenannten Erzieher zugeschrieben werden!

Erzieher und Zu-Erziehender, Gebender und Empfangender, aktiv Beeinflussender und passiv Beeinflußter - alle Vektoren sind in jedem einzelnen Menschen und bedingen einander. Jeder Mensch ist gleichermaßen sowohl Erzieher, also Beeinflussender, als auch ein Zuerziehender bzw. ein auf Beeinflussung Angewiesener. Die Begriffe "Bezug" oder "Verhältnis" sind immer kybernetisch zu verstehen. Sie haben ausschließlich eine wechselwirksame Geltung. Unter diesem Gesichtspunkt wird die Frage, wer wen beeinflußt (z.B. Professionelle und Nicht-Professionelle) genauso irrelevant, wie die Frage, wieviel Beeinflussung von jemandem ausgeht bzw. wieviel jemand beeinflußt wird. Entscheidend ist vielmehr die Offenheit des Individuums, d.h. seine Bereitschaft zur Beeinflussung sowie seine Offenheit, von anderen Individuen beeinflußt zu werden. Entscheidend ist ferner die Frage, inwiefern der Mensch dem funktional-kybernetisch ablaufenden Kommunikationsmuster seinen Geist einverleibt. Mit anderen Worten: unbestreitbar ist die wechselseitige Einflußnahme zwischen Menschen (Erziehung). Diese Beziehung ist aber nicht schon konstatiert durch ihre kybernetische Funktion, sondern wird erst human bzw. erfährt erst ein qualitatives Niveau durch den menschlichen Geist. Erziehung, die nun begleitet ist von pädagogischem Denken, ereignet sich in willkürlicher Weise, d.h. bewußt intentional, und in kritisch-offener Weise, was die Annahme von Beeinflussungsinhalten anbelangt.

Ein weiteres Kriterium für pädagogisch reflektierte Erziehung ist das Bewußtsein der Vorläufigkeit. Wertgebundene Bekenntnisse bzw. die bereits erwähnte Wertehierarchie, sind kontextabhängig und dadurch vorläufig. Das erzieherische Verhältnis ist nur wirksam in dem Vollzug, im Ereignis, in der Setzung oder dem sich darauf Einlassen. Es ist trotz seiner Vorläufigkeit weder zufällig noch beliebig. Die Vorläufigkeit erklärt sich einmal durch das Faktum der Nicht-Ewigkeit und zum anderen durch das Wissen der schicksalhaften Veränderbarkeit. Der Mensch braucht folglich die Fähigkeit, Werte umorientieren zu können oder ihnen eine andere Bezugsrichtung zu geben. In diesem Sinne geht es nicht um einen Wertrelativismus, sondern um die variable Beziehung zwischen Wert und Kontext. Während die Werte konstant bleiben können, ist der jeweilige Kontext variabel. Das erzieherische Verhältnis wird so zu einem Modell, das sich auf der Wertebene übertragen läßt auf andere "erzieherische Verhältnisse", d.h. auf andere Menschen. Selbstverständlich kann aber auch ein neuer Kontext die vorher gültigen Werte verändern. So kann aus einem Ganoven ein Mönch werden und aus einem Mönch kann ein Familienvater (oder Ganove) werden usf.

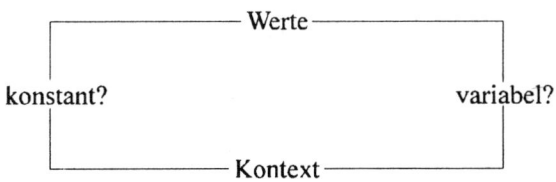

Die Fähigkeit zur Stellungnahme bezieht sich immer auf das personal Gegebene und auf das situativ Vorgefundene. Dazu zählen nicht nur Sozialisation, Gesundheit, Gebrechlichkeit, Intelligenz, soziokulturelle Bedingungen usw., sondern auch das an bestimmte Personen gebundene "erzieherische Verhältnis". Hier ist ein entwicklungsbedingtes Ungleichgewicht zu bemerken: während Kinder, Heranwachsende oder z.B auch geistigbehinderte Menschen auf ihre "Bezugspersonen" quasi unfrei-willig angewiesen sind, haben dieselben "Bezugspersonen" die Freiheit, ihre "Zuwendungsadressaten" zu verlassen, um sich anderen Menschen oder Dingen zuzuwenden.

Dennoch ist das jeweilige erzieherische Verhältnis in einem positiven Verständnis an die freie Zustimmung der beteiligten Individuen gebunden. Insofern können wir nicht nur von der Einzigartigkeit des Menschen sprechen, sondern auch von der Einzigartigkeit eines jeden erzieherischen Verhältnisses. Dieses ist zwar strukturell aber nicht personal auswechselbar. Aus diesem Grunde können wir keine konkreten Inhalte oder Seinsweisen einer "Erziehungs-Person" vorschreiben, wir können nicht sagen, wie ein Mensch sein soll, oder was er in der erzieherischen Praxis tun soll - im Grunde können wir als pädagogisch Reflektierende nur appellieren und immer wieder thematisieren. Damit arbeiten wir - pädagogisch an einem handlungstheoretischen Orientierungsraster, das jedes Individuum auf seine Art und Weise zu konkretisieren hat. Ein Beispiel für einen solchen Appell ist der Aufruf zum Bekenntnis - welches Bekenntnis jedoch wer zu wem und in welcher Situation vertreten mag, das ist pädagogisch einfach nicht vorzugeben. Der "Professionelle", das ist ein Bekenner; er bekennt sich zu Theorien, zu Werten bzw. Überzeugungen, die in einem begründbaren Kontext stehen. Das fachspezifische Bekenntnis ermöglicht dem anderen (z.B. dem educanden) eine Orientierung, d.h. die Möglichkeit zur Annahme (Identifikation), zum Zweifel (Kritik) oder zum Widerspruch (Opposition). Der professionelle Heilpädagoge ist ein Anbieter von existentiellen Leitgedanken und von konkreten Lebenshilfen. Zur Professionalität gehört das Nicht-Rezepthafte, die Nicht-Einengung, alles Nicht-Unfreie.

Für den Heilpädagogen bedeutet Professionalität zu allererst ein Bekenntnis zum homo patiens. "Ohne Ansehen der Person" ist ein jeder Mensch grundsätzlich d.h. ontisch zu akzeptieren. Genau darin begründet sich das erzieherische Verhältnis, wenn es in einem professionellen Kontext steht. Die "ontische Akzeptanz" hat als Vorbedingung der Beeinflussung (= Erziehung) zu gelten. Ein Mensch, der nicht grundsätzlich anerkannt wäre, könnte gar nicht beeinflußt werden. Analog zu dem Begriff 'Atheismus' könnte man hier von einem A-Humanum sprechen, das in beiden Fällen durch absolute Gleichgültigkeit gekennzeichnet ist. Annahme und Beeinflussung sind beides nicht-meßbare Bedingungen innerhalb des erzieherischen Verhältnisses. Sie sind vielmehr intendiert und vitalisiert. Erziehung ist ferner ein nichtlinearer Prozeß, deren Effekte prinzipiell unvorhersehbar sind. Die Wirkung von Erziehung ist demzufolge nicht unmittelbar zu erkennen bzw. nachzuweisen. Mehr noch: die Wirkung von Beeinflussung ist in keiner Weise zu erzwingen. Selbst eine unsittliche oder manipulative Beeinflussung kann keine wahre und freie Internalisation bzw. Übernahme erzwingen. Erziehung provoziert geradezu einen freien Akt im anderen: Der Verinnerlichung oder Einverleibung - oder der Resistenz oder des Unbehagens. Nicht selten vollzieht sich der Prozeß der Verinnerlichung in nuancierter Gestalt und ist nie ganz identisch mit der Intention des Beeinflussenden. Erzieherische Beeinflussung ist nicht bloße Informationsvermittlung; ein erzieherisches Verhältnis ist nicht allein gekennzeichnet durch einen Datenaustausch. Viele nicht-meßbare, und das heißt vor allem auch nicht-reproduzierbare und nicht-intersubjektiv überprüfbare Faktoren bestimmen den Erziehungsprozeß wesentlich mit.

Ein Beispiel: Ein Kind sagt zu einem anderen Kind, "dieser Erzieher ist sehr lieb zu mir". Darauf antwortet das andere Kind: "Ich finde diesen Erzieher überhaupt nicht nett."

Es scheint unmöglich, hier eine objektive Tatsache herausfinden zu wollen. Das Empfinden und die Gefühle sind rational nicht objektivierbar. Dennoch haben sie in allen erzieherischen Verhältnissen eine wertvolle Bedeutung. Sie sind keineswegs irrelevant, nur weil sie nicht-meßbar sind. Alles für die Erziehung Relevante, aber nicht Erlernbare (wie z.B. eine mathematische Formel oder eine reproduzierbare Theorie), ist vielmehr erwerbbar. Gesinnungen und Haltungen können erworben werden.

Der menschliche Geist ist sozusagen die Bejahungs-Instanz, die es vermag, von innen heraus zu wirken (vgl. Per-sona). Ein durchaus nicht zu unterschätzendes Merkmal jener inneren Einstellung ist die Ausstrahlung eines Menschen, sein Charisma. Echtheit, Lebenserfahrung, Glaubwürdigkeit, Verläßlichkeit, Geborgenheit usw. können jene Wärme (Energie) bewirken, die von bestimmten Menschen ausgeht und von anderen empfunden wird. Menschen lassen sich auch in nicht-körperlicher Weise berühren und sind innerlich bewegt. In menschlichen Beziehungen reichen bloße verbale Informationsvermittlungen nicht aus. Die Menschen haben nicht nur einen

Wohlsein. Besonders diese über das rein Funktionelle hinausgehenden Seinsweisen und Umgangsformen prägen das erzieherische Verhältnis.

Das erzieherische Verhältnis wird, so sagten wir, intendiert, beabsichtigt und gesucht von jemandem, der etwa professionell berufen, dem Anspruch folgt, Einfluß zu nehmen auf einen Menschen, der schon fertig ist, aber noch unzureichende Orientierungsmuster bereithält und noch nicht in vollem Umfang am Leben partizipieren kann. Erziehung findet in einem vielseitig gespannten Netzwerk statt, und es scheint unmöglich zu sein, sämtliche Einflußfaktoren näher zu bestimmen.

Eine differenzierte Untersuchung jener Einflußfaktoren ist auch nur dann sinnvoll, wenn Erziehungsverhältnisse als beeinträchtigt gelten. Wenn destruktive, lebensverneinende oder deprivierende Kräfte auf menschliche Beziehungen einwirken und Unheil stiften, ist eine z.B. heilpädagogische Diagnose oder eine Existenzanalyse angezeigt. In allen Fällen positiver oder negativer Auswirkung von Erziehung ist die Selbsterziehung des Erziehers vorrangig. Die Selbsterziehung bezieht sich auf die sogenannten Grundwerte und Grundeinstellungen menschlicher Existenz: Bin ich als toleranzfordernder Erzieher selber tolerant, halte ich selber Ordnung und Maß - wie pflege ich meinen eigenen Körper und das "Schöngeistige"? usw. In der Heilpädagogik und das heißt auch in allen sinnentleerten Daseinformen beachten die leidenden Menschen die helfende Person in besonderer Weise. Diese Vorbildbedeutung darf nicht unterschätzt werden. Wer selbst keine tieferen Gründe zum Leben kennt, wer das Leben selber pessimistisch sieht als Gefangener, als Utilitarist oder als Statist, der trägt zu einem beeinträchtigten erzieherischen Verhältnis bei und er verhindert Hoffnung und Zuversicht.

5.2 Zum Konstrukt der "heilpädagogischen Bedürftigkeit"

Während die Erziehungsbedürftigkeit des Menschen, d.h. sein prinzipielles Angewiesensein auf andere Menschen, unbestreitbar ist, so ist die von HAGEL (HAGEL 1990, S. 11) so benannte heilpädagogische Bedürftigkeit ein Konstrukt, das einer eigenen Begründung bedarf. Der begrifflichen Abklärung geht die besondere Schwierigkeit voraus, jene Menschen irgendwie sprachlich zu kennzeichnen, die eine bestimmte professionelle, heilpäd-agogische Hilfe benötigen. Anders als bei der Erziehungsbedürftigkeit, die grundsätzlich auf kein professionelles Angebot angewiesen ist (Eltern z.b. müssen nicht Pädagogik studiert haben, um ihre Kinder erziehen zu kön-nen), brauchen behinderte oder in ihrem Leben blockierte Menschen viel eher eine professionelle Hilfe. Aber wer sagt, daß sie wirklich eine professio-nelle Hilfe brauchen und wer braucht im Besonderen eine ausgewiesene heilpädagogische Hilfe? Der Begriff "Bedürftigkeit" scheint einen angemel-deten, einen formulierten Bedarf zu suggerieren ("Ich brauche heilpäd-agogische Hilfe") - die explizite Nachfrage aber fehlt oft und kann von vie-len Betroffenen gar nicht vorgebracht bzw. verbalisiert werden. Denn eine Forderung setzt immer schon eine Ahnung von dem voraus, was denn er-wünscht sei und erwartet werde. Wer aber gar keine Vorstellung von Heil-pädagogik hat, kann sie auch gar nicht be-anspruchen. Wer das Angebot nicht kennt, entwickelt auch keine Nachfrage. - Der Begriff "heilpädagogische Bedürftigkeit" ist folglich ein von und für Heilpädagogen geschaffenes Konstrukt. "Sie bedarf einer objektiv überprüfbaren Veranlas-sung ..." (HAGEL 1990, S. 12). Eine solche Veranlassung heilpädagogi-scher Interventionen ist nun nicht schon eine Behinderung an sich, wie z.b. eine Körperbehinderung. Der Bedarf nach professioneller Hilfe entsteht erst in der Folge der sich aus der Behinderung "ergebenden Schwierigkeiten bei der Lebensbewältigung" (HAGEL 1990, S. 12). So kann z.b. ein körperli-ches Gebrechen erst in einem soziokulturellen Kontext als Be-hinderung erlebt werden. In Relation zum sogenannten Mainstream, in der Erfahrung der vergleichenden Chancen und ihrer abweichenden Zugänglichkeiten, können Behinderungen wahrgenommen und als Leid empfunden werden. Das Erkennen und Empfinden maßgeblicher Devianzen sowie ihrer Unüber-windbarkeit seitens des homo patiens oder seiner Bezugspersonen ist ein Kriterium der heilpädagogischen Bedürftigkeit. Nicht der jeweilige organi-sche Zustand, sondern seine subjektive Bewertung kann eine heilpädagogi-sche Bedürftigkeit rechtfertigen. Negative, destruktive oder hoffnungslose Einstellungen und Befindlichkeiten machen jene Selbstkonzepte aus und können die betroffenen Menschen veranlassen, Lebens-Hilfe zu suchen. In diesem Suchprozeß mag ein heilpädagogisches "Angebot" zu finden sein, welches dem Suchenden eine erste oder vorläufige Richtung gibt. Das mög-licherweise diffuse Ermitteln von Hilfsmöglichkeiten kann zu einer Begeg-nung mit einem Heilpädagogen führen. Suchen und Finden ist hier also kein zwangsläufiger oder unumgänglicher Weg, wie etwa bei Zahnschmerzen das Aufsuchen eines Zahnarztes. Heilpädagogische Hilfe ist immer additiv bzw. komplementär. Sie ersetzt keine Erziehung (sie ist Erziehung), und sie ist nicht isoliert, d.h. ohne andere Professionen wünschenswert (im Gegensatz z.B. zu vielen medizinischen Berufen).

Professionelle Hilfe bedarf immer einer Indikationsstellung, einer Begründung oder Veranlassung. Einer Indikation wiederum geht eine diagnostische Phase voran. Hier wird zum einen die individuelle Lebensgeschichte und -situation eruiert und zum anderen überprüft, welche zusätzlichen Informationen von anderen Professionen eingeholt werden müssen, wie z.b. neurologische oder testpsychologische Untersuchungen. Am Ende der diagnostischen Phase bleibt die heilpädagogische Überlegung, wie das Kind mit seinem speziellen "Befund" leben kann. Das ist die eigentlich heilpädagogische Frage. Ein z.b. häufig krank gewesenes Kind, ein Kind mit bleibenden Schädigungen (z.b. Asthma; Herzkrankheiten), das sehr viel Zeit und Zuwendung aber auch Rücksicht braucht, mag in seiner Familie eine besondere Belastung bedeuten. Es könnte auch aufgrund seiner Beeinträchtigungen überbehütet, verwöhnt und zur Unselbständigkeit erzogen worden sein. Aus dem Verstehen, Erkennen und Erklären folgt ein besonderes Verhalten, ein erzieherischer Umgang im Alltag, ein Bemühen des Zurechtkommens trotz der objektivierbaren Beeinträchtigungen. Die Beobachtung und Erfahrung der Abweichung von einer mehr oder weniger fiktiven Norm begründet zwar die Leidenssituation, führt aber nicht zu dem Bestreben, den Leidenden zu jener Norm hinzuführen. "Gerade in der Verschiedenheit der Menschen, in der Verschiedenheit ihrer Eigenschaften und ihrer Neigungen liegt die große Chance des Menschengeschlechts" (BUBER 1986[9], S. 16). Aus der heilpädagogischen Bedürftigkeit folgt also keine Normanpassung, sondern die Förderung der jeweiligen individuellen Möglichkeiten. Diese aufzudecken ist Teil der heilpädagogischen Diagnostik.
Die leidvolle subjektive Erfahrung der Normabweichung, die zunächst die heilpädagogische Bedürftigkeit begründet, hängt mit dem originären Bedürfnis des Menschen zusammen, seine Einzigartigkeit rechtfertigen zu wollen. Ganz gleich vor wem: sich selbst gegenüber, jemand anderem gegenüber oder einer transzendenten Instanz gegenüber - der Mensch stellt sein So-Sein insbesondere bei deutlichen Normabweichungen in Frage. Er ringt ferner um eine bedingungslose Bejahung bzw. um eine grundsätzliche Akzeptanz seiner Person. Heilen kann hier nur eine "umfassende und in die Tiefe wirkende Ermutigung" (SPERBER 1970, zit. n. GOLLWITZER 1976, S. 88).

Eine heilpädagogische Bedürftigkeit erwächst z.B. dort, wo ein Mensch sich aufgrund seiner schicksalhaft gegebenen Beeinträchtigungen nicht geliebt fühlt, d.h. sich in seiner Eigenart nicht angenommen weiß. Mit allen ihm zur Verfügung stehenden Mitteln kämpft er um dieses Angenommensein - und er wird in diesem Bemühen nicht selten verhaltensauffällig: es schließt sich der Circulus vitiosus, in dem der homo patiens mehr und mehr zum Außenseiter seiner Sozietät wird. Er fühlt weder seine Daseinsberechtigung noch einen Daseins-Sinn. Diese Gefühle werden nicht unbedingt rational analysiert und formuliert. Sie äußern sich z.b. in Formen der Langeweile (vgl. DOEHLEMANN 1991), der Interessenlosigkeit, vielleicht auch in Aggressionen oder auch in Verzweiflung gegenüber dem Unverständnis, der Intoleranz oder Stigmatisierung seiner Mitmenschen.

Ganz anders als in klassisch therapeutischen Situationen, in denen ein Klient relativ klar seine Erwartungen formulieren muß, sind wir als Helfer im Kontext der heilpädagogischen Bedürftigkeit oft auf Deutungen, Spekulationen bzw. Interpretationen angewiesen. Insofern unterstellen wir in vielen Fällen von Sprachlosigkeit eine heilpädagogische Bedürftigkeit. Würden wir nur warten, bis der Leidensdruck eines Menschen zu groß geworden ist und der Hilfesuchende zu uns kommt, so würden wir oft vergeblich warten und manches Kind der Verwahrlosung bzw. Deprivation preisgeben. Ein Merkmal der Heilpädagogik ist jenes dialogische Element, die Bereitschaft aufeinander zuzugehen, auch ohne verbalisierten Auftrag.
Die Sprachlosigkeit, von der gerade die Rede war, ist im Grunde eine Spracharmut oder ein weitgehendes Unvermögen, die eigene Bedürftigkeit (nach Hilfe, Förderung, Annahme usf.) in Sprache zu fassen. Aufgrund dieser Tatsache fällt die Objektivierung von allgemeingültigen Kriterien einer heilpädagogischen Bedürftigkeit schwer. Die jeweilige Begründung erfolgt immer im Einzelfall aufgrund einer heilpädagogisch diagnostischen Abklärung. Die Beachtung der jeweiligen Individuallage vermindert den sozialen Vergleich (Individuum mit einer Gruppe), der ja mit zu dem Ausgrenzungsprozeß geführt haben könnte und konstruiert einen Vergleich mit dem Individuum selbst. Die eigentliche Bedürftigkeit orientiert sich folglich nicht an Normvorgaben irgendeiner Gruppe, sondern an den bisher ungelebten Möglichkeiten und Aufgaben des Individuums. Insofern kann Heilpädagogik nur Individualpädagogik sein. Die Integration schließlich in eine Gruppe erfolgt mit den individuell erworbenen Fähigkeiten und Fertigkeiten, wie sie z.B. in der Heilpädagogischen Übungsbehandlung erworben wurden.
Zu den Schwierigkeiten, das Konstrukt der heilpädagogischen Bedürftigkeit zu operationalisieren, gehört auch das Problem ihrer zeitlichen Eingrenzung. Diagnose, Indikation und Therapie stellen in der Heilpädagogik kein zeitliches Kontinuum dar, keine Intervalle, deren Ende klar zu definieren wäre. Angesichts vieler irreparabler Leidenssituationen bleiben jene Menschen zeitlebens in der Verpflichtung, mit ihrem Leiden leben zu müssen.

Wir können das Gebrechen schlechthin als Konstante verstehen und die der individuellen Entwicklung entsprechenden Einstellungen und Haltungen als Variablen.

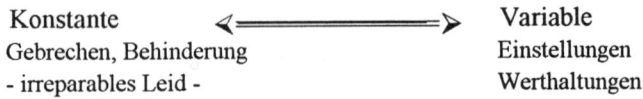

Konstante	Variable
Gebrechen, Behinderung	Einstellungen
- irreparables Leid -	Werthaltungen

Es ist - anthropologisch gesehen - unmöglich, aus diesen Variablen empirisch relevante Konstante zu machen. Selbst religiös fundierte "Leidüberwindungshilfen" garantieren allzeit weder Leidfreiheit noch Leidenserträglichkeiten. In Beziehung zum irreversiblen Gebrechen (bestimmte organische Schädigungen; Elterntrennung; Unfälle; Beziehungsverluste usf.), auf das wir heilpädagogisch bzw. therapeutisch keinen unmittelbaren Einfluß haben, können sich die "Befindlichkeiten" eines Menschen, d.h. seine Einstellungen, ändern. Dieser unvorhersehbare Verlauf bestimmt den Zeitraum der heilpädagogischen Bedürftigkeit. Heilpädagogische Interventionen können folglich auf kein fixiertes Behandlungsende abzielen, weil der Anlaß der heilpädagogischen Bedürftigkeit (der irreversible Zustand) konstant bleibt und somit die individuelle Stellungnahme in ihrer entwicklungsabhängigen Intensität eigendynamischen Veränderungen unterlegen ist. Das Ende einer heilpädagogischen Bedürftigkeit bzw. einer heilpädagogischen Intervention ist also immer nur vorläufig.

Nun könnten wir methodische Überlegungen anschließen, wie denn sogenannte Rückfälle in unerwünschte bzw. nicht-intendierte Einstellungen (wie z.B. depressive Befindlichkeiten) dem Unabänderbaren gegenüber verhindert werden können. Dergleichen prophylaktische Erwägungen aber schließen im Prinzip jene Rückfälle nicht aus, auf die wir heilpädagogisch gefaßt bleiben müssen.

5.3   Erziehungsmittel und Erziehungsziele

Im Kontext einer Heilpädagogischen Anthropologie soll die Frage nach Erziehungsmitteln und Erziehungszielen hier weniger unter methodischen als mehr unter theoretischen bzw. grundsätzlichen Gesichtspunkten diskutiert werden. Es scheint ohnehin kritisch zu sein, methodische "Kausalketten" zu entwickeln, in denen Handlungsmuster vorgezeichnet werden, die sich an bestimmten Problemstandards orientieren. Im Rahmen einer Handlungstheorie geht es vielmehr um Prämissen des Handelns, deren Konkretisierung von den handelnden Subjekten im Einzelfall bestimmt wird und theoretisch nicht antizipiert werden kann. Selbst die Erziehungsziele können in einem gewissen Sinne nur angedeutet werden, ohne sie als Vorschriftenkatalog den professionellen Helfern vorzugeben.

Zunächst einmal steht die Individuallage, das Problem, <u>vor</u> und nicht zwischen Helfer und homo patiens.

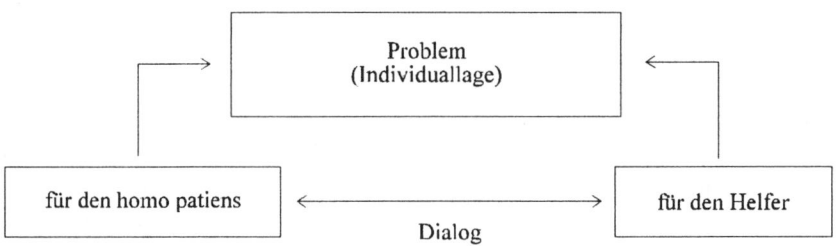

Diese bildhafte Vorstellung soll den Eindruck verhindern, daß dem Helfer die Problemlösung bereits klar vor Augen steht und er lediglich eine bestimmte Methode oder Didaktik anzuwenden braucht, bis das Ziel erreicht ist. Hier unterscheidet sich die Heilpädagogik grundsätzlich von einer Schuldidaktik.

Schuldidaktik

Schüler   Weg (= Lernen; Üben etc.)
$\Longrightarrow$ Lernziele
- klar definiert
- dem Lehrer bekannt

Heilpädagogik

homo patiens   Weg (= Bemühungen; Ende offen)
$\Longrightarrow$ diverse Erziehungsziele (z.b. Sinner-
füllung, mit dem
Leiden leben lernen)
- offen für den homo
patiens und den
Heilpädagogen

Dort nämlich sind Lernziele vorgegeben, und die methodische Kunst besteht für den Lehrer darin, seine Schüler zu diesen Lernzielen hinzuführen. Ziel und Weg aber sind in der Heilpädagogik nicht klar festgeschrieben. Das (fiktive) Problem liegt wie gesagt <u>vor</u> beiden (Heilpädagoge und Kind z.B), und die Lösungswege sind ebenso zu suchen wie das konkrete Ziel selbst. Jede Zielvorgabe ohne Beachtung des heilpädagogisch bedürftigen Menschen wäre kontraindiziert, weil ein solches Vorgehen eine Abweichung, ein Versagen, einen Mißerfolg, eine Ausgrenzung usf. implizieren könnte.

Kennzeichnend für viele heilpädagogisch bedürftige Menschen ist ja geradezu ihre Erfahrung, vorgegebenen Anforderungen oder Standards nicht entsprochen zu haben. Das, was üblicherweise in einem gewissen Alter, in einer Entwicklungsphase oder unter bestimmten (günstigen) Umständen nicht geschafft bzw. geleistet wurde, bedingt jene schlechten "Zensuren", die eine soziale Abgrenzung zur Folge haben könnte. Die Symptome werden zu Indizien, d.h. zu Nachweisungen, die eine "Unhaltbarkeit" in einer Gruppe zu rechtfertigen suchen.

Die Fixierung auf das Fehlerhafte, auf das Verhaltensauffällige usw. läßt sich bis in die frühe Geschichte der Heilpädagogik nachweisen (vgl. BE-

SCHEL (1965[3], S. 60-71). An dem Beispiel der Fehlerorientierung kann deutlich werden, daß gerade die sogenannte Normalpädagogik bis heute mit dazu beigetragen hat, heilpädagogisch bedürftige Menschen zu "produzieren".

Die in der Heilpädagogik relevanten Erziehungsziele orientieren sich an den Möglichkeiten des Einzelnen. In dem Maß seiner Potentialitäten wird er beansprucht, ge-fordert und be-handelt (Anspruch, Erwartung und Tun). Diese drei Elemente (einer Ganzheit) konstituieren das Anspruchsniveau der individuellen Begegnung. Die erwartete Leistung orientiert sich nicht an einer äußeren Normvorgabe, sondern an dem zuvor diagnostizierten Ist-Stand. Das Niveau oder der Gradient meines Anspruchs stellt sich je nach Lebenssituation und konkreter Erwartung flexibel auf die Leistungsfähigkeit (z.B. Dauer der Belastung) und Leistungsbereitschaft (situative Motivation) ein. Das Mittel der Wahl beachtet die ständige Möglichkeit, die jeweilige Anforderung zurückzunehmen oder zu erhöhen, um jegliche Mißerfolgserlebnisse, die vielleicht noch traumatisch erinnert werden, zu verhindern. Der Mensch wächst und entwickelt sich gemäß seiner bereits gewonnenen bzw. erworbenen Fähigkeiten sowie seiner ihm gemäßen Geschwindigkeit (Entwicklungstempo). So geht es in der Heilpädagogik nicht primär nur um Veränderung, sondern um Verbesserung bzw. um Niveausteigerung. Dieser qualitative Ansatz erfordert vom Heilpädagogen eine bewußte Stellungnahme zu Wertsetzungen und eine grundsätzliche Absage an das Belassen des Anderen in seinem Ist-Stand. Aufgrund dieser Sichtweise lassen sich drei Kategorien der Einflußnahme verdeutlichen:

a) die Veränderung (Bewegung),
b) die Verbesserung (Richtung) und
c) Setzung/Wertsetzung (Niveau; Bestimmung)

In allen Bereichen wird der heilpädagogisch bedürftige Mensch konfrontiert mit seiner Möglichkeit, auch anders sein zu können. Durch die Konfrontation wird er zur Selbstdistanzierung befähigt sowie zur Stellungnahme (Position) gegenüber seiner Faktizität. Die Selbstkompetenz, zwischen Ist und Soll, zwischen Gegebenem und Aufgegebenem, unterscheiden zu können, um daraus Entscheidungen fällen zu können, ist ein wesentliches heilpädagogisches Erziehungsziel. Die Freiheit, die diese "Ich-Kompetenz" mit sich bringt, wird durch das Konzept der Heilpädagogischen Übungsbehandlung methodisch begünstigt und damit auch dem schwächsten Menschen fühlbar ermöglicht.

Die Erfahrung zeigt, daß viele Menschen aufgrund ihrer Unzulänglichkeiten stigmatisiert werden. Das Unerwünschte, das Mißbilligte, das Unvermögen wird ihnen vorgehalten, vorgeworfen und zur Last gelegt. Diese Tatsachen führen dann schließlich zu mangelndem Selbstwertgefühl und zu sozialer Isolation. Während die Symp-tome bleiben, bleibt auch der Wunsch bzw. die Hoffnung nach Akzeptanz und Integrität. Der Mensch sucht trotz seiner Defizität etwas Urmenschliches (Liebe, Geborgenheit, Anerkennung usf.) und es wird ihm nicht in selbstverständlicher Weise entgegengebracht. Und gerade weil diese Selbstverständlichkeit ausbleibt oder unzureichend ist, braucht jener defizitäre und in seinem So-Sein nicht unbelastete Mensch Erziehungsmittel und -ziele, wie sie unbesorgten oder unbekümmerten Kindern und Eltern unhinterfragt zukommen. So wird das sonst Selbstverständliche eigens notwendig und bedarf sogar einer eigenen professionellen Unterstützung.

Manche Kinder und Erwachsene provozieren aus vielerlei und unterschiedlichen Gründen Ablehnung und soziale Isolation - sie bleiben aber hinsichtlich ihrer menschlichen Grundbedürfnisse angewiesen auf andere Menschen, die sie trotz ihrer Schwierigkeiten anzunehmen bereit sind. Um dem Ziel der Integration oder auch Reintegration näherzukommen, müssen wir zwei methodische Ansätze unterscheiden. Der eine bezieht sich auf die Entwicklung und ihrer Förderung des Individuums selbst; der zweite Ansatz untersucht die Notwendigkeit einer strukturellen Veränderung bzw. eine Veränderung der Rahmenbedingungen. Beide Überlegungen, die sich nicht ausschließen, haben das Ziel, eine dem Individuum optimal entsprechende Lebensweise zu ermöglichen. Die Wahl der Mittel und die Definition dieses Ziel wird wesentlich mitbestimmt von professionellen Helfern und auch von Nichtprofessionellen (Eltern, Nachbarn usf.). Das Anspruchsniveau des Helfers ist letztlich begründet in seinem Menschenbild, in seiner Liebe zu dem auf Hilfe angewiesenen Mitmenschen. Damit verfügt jener Helfer über die spezifisch-menschliche Möglichkeit, sich dem sogenannten Sozialdarwinismus bzw. der natürlich-biologischen Auslese zu widersetzen und eigene, die Biologie übersteigende, menschengemäße Werte zu realisieren. Die anthropologische Legitimität seines Handels ist auf einer kommunikativen Ebene als Feedback im Ausdruck des Glücks wahrzunehmen (Heil = Glück). Das Ziel, auch schwächsten oder auffälligsten Menschen - ohne Ansehen der Person - zu einer nur möglichen Daseinsfreude zu verhelfen, kontrastiert mit ausschließlich materialistischen oder funktionalistischen Erziehungszielen. Aus diesem Grund reichen Erziehungsziele, die sich bloß auf Rechte (Lebensrecht) oder Schutzbestimmungen beziehen, nicht aus. Mit dem rechtlichen Schutz des Lebens wäre zwar die Euthanasie verhindert, eine qualitative Daseinsgestaltung aber noch nicht automatisch gewährleistet. Davon soll im nächsten Abschnitt die Rede sein.

5.4 Vom Sein zur Existenz

Jede Form von personalem Sein unterscheidet sich zunächst von der Fiktion, d.h. von jeder phantasiemäßigen Vorstellung. Die Realität des Seins ermöglicht erst eine Re-aktion auf etwas lebendig Vorgegebenes. Dabei ist es unerheblich, wie (biologisch) dieses Sein vitalisiert wurde (sei es durch normale Zeugung, in-vitro-Vertilisation oder Embryotransfer) und in welcher (vielleicht schadhaften) Ausprägung dieses Sein vorläufig wahrgenommen wird. Das Sein ist also zunächst eine Art Setzung, etwas Vorgegebenes, zu dem erst durch die menschliche Stellungnahme (Werturteil) eine Beziehung im Sinne einer Annahme oder Ablehnung aufgenommen werden muß. Ein personales Sein reagiert also auf ein anderes personales Sein; beide unterscheiden sich z.b. im Lebens- und im Entwicklungsalter sowie in kommunikativen Fähigkeiten, aber nicht im ontischen Kern, also nicht wesensmäßig.

Wenn ich mich nun uneingeschränkt für das personale Sein ausspreche, so schließe ich grundsätzlich eine Seins-Negation aufgrund bestimmter Seinsweisen bzw. Seinsmerkmale (Seins-Modi) aus. Die Bejahung des menschlichen Seins schlechthin ist die Grundvoraussetzung dafür, dem Sein zu seiner individuellen Existenz zu verhelfen. Aus der bloßen Anerkennung des Seins folgt die moralische Verpflichtung der konstruktiven Begegnung. In diesem Sinne ist die Existenz ausschließlich abhängig von der grundsätzlichen Bejahung des Seins. Sie bedarf dann einer wie auch immer qualitativen Ausrichtung und Entfaltung. Existieren meint, sich aufrichten, aus sich selbst hervortreten, sich empören, zum Vorschein kommen, sich zeigen. Insofern kann nur werden, wer bereits ist, also in seinem Wesenskern schon akzeptiert ist. Auf diese Akzeptanz hat der Mensch nicht nur ein moralisches Recht, sondern auch einen Anspruch. Er bedarf geradezu der verbalen und emotionalen Bejahung und zwar bereits in einem noch relativ passiven Entwicklungsstadium. Ein gerade geborener Mensch, und auch noch im sogenannten Babyalter, "berührt" den erwachsenen Menschen in einer von ihm aus nicht-bewußten, nicht-intendierten Weise. Das Kleinkind ist wie jedes hilflose Wesen darauf angewiesen, daß jemand auf es zugeht und es gerade nicht sein läßt, indem man es brachliegen läßt. Die Aufrichtung, die "Empörung", die Ich-Werdung ist ontogenetisch nur durch die Zu-neigung eines anderen Menschen möglich.

Nun scheint bei heilpädagogisch bedürftigen Menschen diese Normalität nicht immer selbstverständlich zu sein. Die Geburt eines behinderten Menschen bewirkt bei manchen Eltern spontane Enttäuschung und sogar Ablehnung. Die "Trotzmacht des Geistes" (FRANKL) braucht manchmal eine gewisse Zeit, bis es zu einer ausdrücklichen Annahme kommt. Nun ist diese Annahme angesichts der Konstante des irreversiblen Leids eine variable Größe (vgl. die Grafik auf S. 96). Sie kann sich im Laufe der Entwicklung des heilpädagogisch bedürftigen Kindes in ihrer Intensität ändern und sogar in ihr Gegenteil umkehren. In solchen Fällen ist die psychosoziale Existenz gefährdet, und es kann zu Zweifeln kommen, die sich in der Frage darstellen: Darf ich sein? Ist es gut, daß ich bin? Hier wechselt die Unbedingtheit zur Bedingtheit, zu der Erfahrung einer Funktionsuntüchtigkeit, die wiederum verknüpft wird mit der Frage der eigenen Daseinsberechtigung. Wie kann ein Mensch, der seinen Mitmenschen un-erträglich wird, der zum Ballast wird, zu einem Übel wird, woher kann dieser Mensch Ermutigung, Bestätigung, Annahme bekommen? Und noch weiter: Wie können die Helfer freiwerden von manchen Zweifeln am Sinn jener "unbrauchbaren" Kreaturen? Hier kann es kein methodisch-funktionales Rezept geben, sondern vielleicht nur Be-sinnung auf einen Sinn einer unbedingten Bedeutung jenes Schicksals, der sich uns vielleicht erst später erschließen mag.

Unweigerlich begegnen wir bei diesem Gedanken den Dimensionen von Raum und Zeit. "Dem endlichen Seienden tritt das unendliche Sein gegenüber, das die ganze Fülle des Seins ausschöpft, dessen Wesenheit dem Sein gleichkommt und darum mit ihm zusammenfällt" (LOTZ 1976, S. 55). In welcher Zeit soll uns die Sinnbedeutung des homo patiens offensichtlich werden? Wie schnell wenden wir uns angesichts der erlebten Ungewißheit von einem "Ballastmenschen" ab und anderen offensichtlicheren Erfolgen zu? Der Sinn eines Leidens kann uns Helfern (oder wem auch immer) möglicherweise zeitlebens in Form einer vernünftigen bzw. plausiblen Erklärung verschlossen bleiben. Die Bemühung, einem homo patiens zur Existenz zu verhelfen, bezieht sich ja in der Regel auf seine reale Lebenszeit, also zwischen Geburt und Tod. Die Sinnbedeutung wird also in diesem Zeitraum gesucht. An dieser Stelle genügt vielleicht der Hinweis, daß diese Sichtweise kulturell und auch weltanschaulich unterschiedlich gedeutet wird. Allen verschiedenen Betrachtungsweisen jedoch liegt die Notwendigkeit zugrunde, im "Hier und Jetzt" nach Möglichkeiten des Ex-istierens zu suchen.

Die Frage nach der individuellen Bestimmung prägt die existentiellen Suchbewegungen. Sie führt uns in einem nicht-funktionellen Sinne zu der Überlegung, inwiefern dieser eine Mensch gebraucht wird und wie er dieses Gebrauchtwerden fühlen und wissen kann. Existieren ist nicht identisch mit Produktivsein, denn diese Ansicht hat ja in der Geschichte zur Tötung "unproduktiver Mitmenschen" (BÜCHNER 1991, S. 44) beigetragen. Hier geht es um den "Aufgabencharakter des Lebens" (FRANKL) als eine Möglichkeit, Sinn im Leben zu verwirklichen. Je mehr Sinn subjektiv fehlt, z.B. in Form der Langeweile, desto weniger werden Aufgaben erkannt und angenommen. Diese Überlegung scheint mir für alle helfenden Berufe wichtig zu sein. Denn im Helfen verwirklicht der Helfer eine ihm sehr wichtige, sinnvolle Aufgabe, welche zu verschwinden droht, je mehr er sich seine Klientel von ihm unabhängig macht, in dem sie sich etwa eigenen Aufgaben zuwendet. Jemandem zu seiner Existenz verhelfen, bedeutet also, sich (als Helfer) dieser Aufgabe auch entziehen zu können (Ablösung durch Aufgabe der Aufgabe).

Die Suche nach adäquaten Aufgaben für heilpädagogisch bedürftige Menschen fällt insbesondere in einer Zeit schwer, in der auch viele nicht primär heilpädagogisch bedürftige Menschen einen Sinn bzw. eine das Leben erfüllende Aufgabe suchen. Ein - wenn auch akzeptiertes - Dasein, das sich nur in Pflege und Verpflegung erschöpft, wird jenen Menschen wohl kaum genügen, die sich zur Übernahme gewisser Tätigkeiten befähigt fühlen. Existieren heißt, was dem Sein zukommt und zukommen kann. Das Sein erfährt einen erst äußeren und dann inneren Anspruch, eine Einladung oder Forderung zur Bewegung und das bedeutet in der Umkehrung eine Absage an jeden Stillstand. Aus dem Anspruch zur Bewegung erfolgt die Frage der Bestimmung, d.h. der Richtung oder auch Wertsetzung (vgl. S. 110). Auf diese abstrakte Ebene projiziere ich die Lebenslinie und bezeichne sie als kontinuierliche Konstante. Auf der konkreten Ebene sind die individuell möglichen Umsetzbarkeiten zu erwägen und diese nenne ich entsprechend kontinuierliche Variablen.

Kontinuierliche Konstante
(Bewegung, Richtung, Bestimmung)

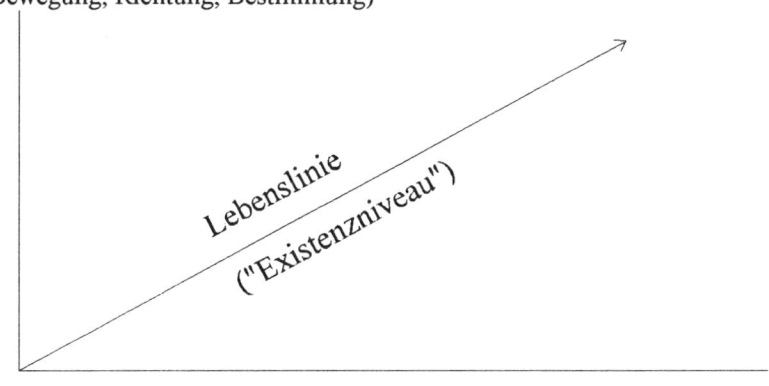

(jeweils konkrete Umsetzung in Raum + Zeit)
Kontinuierliche Variable

103

Während also die Forderung nach lebenslanger Bewegung (Suche nach Aufgaben) konstant bleibt, muß die entsprechende Realisierung den verschiedenen und wechselnden Gegebenheiten angepaßt werden (Adaptation). Heilpädagogik ist insofern Transferarbeit, weil es darum geht, das anthropologisch generell Erkannte trotz individueller Beeinträchtigungen in das "lebendige Leben" zu übertragen. Das Existenzniveau orientiert sich dabei nicht an objektiven Maßstäben, sondern an den subjektiven Möglichkeiten des Einzelnen.

Nun können wir uns vorstellen, daß sowohl ein Helfer als auch ein homo patiens, eine Diskrepanz zwischen Sein und Existenz erkennt. In einer Existenzanalyse kann wahrgenommen werden, wieviel Lebenszeit bisher scheinbar vertan wurde. Und angesichts der noch verbleibenden Lebenszeit kann diese Retrospektive sehr schmerzhaft sein. Die Irreversiblität der vergangenen Biographie, vielleicht über Jahrzehnte, empfindet wohl jeder Mensch, aber mit einer je unterschiedlichen Tragik. Eine Einflußnahme auf unsere biographische Vergangenheit ist dem Menschen nicht möglich (die Vergangenheit ist indikativisch). Der Zeitpunkt der eigenen Lebensbetrachtung oder die distanzierte Wahrnehmung seiner selbst, seiner Existenz, bringt jedoch immer auch die Freiheit zur Stellungnahme mit sich. Der erkennende Mensch kann - so er will - in einem als negativ bewerteten Sein verharren. Er kann den Stillstand, die Leere oder die Apathie auf der eigenen Lebenslinie fortsetzen und dadurch seine Existenz verhindern. Aber er kann auch zu jedem Zeitpunkt seiner Entwicklung die verbliebenen Möglichkeiten suchen und versuchen, sie zu leben. In diesem Fall hat der Mensch kraft seiner Selbstattribuierung die Freiheit zur Maßlosigkeit (Selbstüberschätzung/-unterschätzung) oder zur Angemessenheit. Sowohl auf die Grundeinstellung oder das generelle Suchverhalten, als auch auf die persönlichen "Bemessungsgrenzen" können wir einen therapeutisch-heilpädagogischen Einfluß ausüben.

II.
Zum Konzept der existenzanalytisch und logotherapeutisch begründeten Heilpädagogik

II. Zum Konzept der existenzanalytisch und logotherapeutisch begründeten Heilpädagogik

Einführung

Wenn wir uns im zweiten Kapitel dieser Arbeit mit der Beziehung zwischen Existenzanalyse-Logotherapie und Heilpädagogik beschäftigen, so geschieht dies in der (mir bekannten) Literatur erstmalig. Diese Tatsache verwundert um so mehr, als beide Themenbereiche sich mit der Sinnfrage beschäftigen. Nun ist ein formaler Vergleich etwas erschwert, weil die Heilpädagogik eine eigene akademische Fachdisziplin darstellt und die Logotherapie eine Art Psychotherapie ist. Es gibt keinen akademischen Grad in "Logotherapie", wenn es auch eine seit 1970 eingerichtete Professur für Logotherapie an der United States University in San Diego (Kalifornien) gibt (FRANKL 1973, S. 201).

Während in der Existenzanalyse-Logotherapie die Sinn-problematik in allen Variationen im Zentrum der Überlegungen steht, ist in der Heilpädagogik die Sinnfrage nur ein immer wieder diskutiertes Thema unter anderen.

Mir ist daran gelegen, zunächst einen kurzen Blick in die Entstehungsgeschichte der Logotherapie und Heilpädagogik zu werfen. Die knappen Informationen sollen dem historisch interessierten Leser Hinweise geben, welche Repräsentanten für die jeweiligen theoretischen Konzepte verantwortlich sind, in welcher Zeit und unter welchen Umständen sie entwickelt worden sind.

Den Begriff Heilpädagogik gibt es zwar schon seit 1861, aber erst 1924 wurde die erste Ausbildungsstätte für Heilpädagogen durch den Pädagogen Heinrich HANSELMANN (1885-1960) in Zürich gegründet. Zwei Jahre später hielt der Neurologe und Psychiater Viktor E. FRANKL (geb. 1905) in Wien einen Vortrag, in dem er "erstmalig in der akademischen Öffentlichkeit von - Logotherapie - sprach" (FRANKL 1973, S. 187). FRANKL war damals 21 Jahre alt; HANSELMANN war im Jahre 1924 39 Jahre alt. Beide Männer kannten sich höchstwahrscheinlich nicht persönlich, obwohl HANSELMANN 1961 für den 5. Band des Handbuches der Neurosenlehre und

Psychotherapie, das u.a. von FRANKL herausgegeben wurde, einen Aufsatz mit dem Thema "Heilpädagogik" verfaßte. Darin zitierte HANSELMANN FRANKL's "Ärztliche Seelsorge" (in der 3. Auflage).

Während die Logotherapie einschließlich ihrer theoretischen Fundierung und Ausprägung auf FRANKL zurückgeht und sein Lebenswerk bestimmte, läßt sich die Heilpädagogik in ihrer historischen Entwicklung nicht auf eine Person allein eingrenzen. Auch die Zielgruppe bzw. der Adressatenkreis jener, die von den genannten Begründern belehrt werden sollten, war verschieden: FRANKL's Interesse galt schon früh (im Alter von 16 Jahren) der Psychoanalyse und Philosophie; er führte schon als Mittelschüler eine jahrelange Korrespondenz mit FREUD, und er war bis zu seinem Ausschluß aus dem Verein für Individualpsychologie im Jahre 1927 mit Alfred ADLER bekannt. FRANKL's Umgang bezog sich bis dahin vorwiegend auf Mediziner, auf Psychiater und Psychotherapeuten. Wien war ja gerade in den zwanziger Jahren das "Mekka der Psychotherapie" (FRANKL 1973, S. 187), und dieses Terrain war zunächst ausschließlich von Medizinern beherrscht.

Ganz anders war es 1924 in Zürich. Die Initiatoren der ersten heilpädagogischen Ausbildungsstätte lehnten eine Zusammenarbeit mit der Psychoanalytischen Gesellschaft in Zürich ab. "Die Psychoanalyse hat nur einen beschränkten Geltungsbereich und darf keine vorherrschende Stellung im heilpädagogischen Seminar einnehmen. Sie kann Einblick in gewisse seelische Zusammenhänge gewähren, ... aber sie ist nur im höchstbeschränkten Maße auf Anormale anwendbar" (Protokollbücher HPS 1974, S. 9). Zielgruppe des Heilpädagogischen Seminars in Zürich waren Praktiker aus dem Bereich der anormalen Hilfe, also Mitarbeiter, die mit epileptischen, krüppelhaften, schwachsinnigen, blinden, tauben bzw. taubstummen und schwererziehbaren Menschen arbeiteten.

Interessanterweise verlagerte sich FRANKL's Schwerpunkt seiner Interessenssphäre nach seinem Ausschluß aus dem Verein für Individualpsychologie (1927!) "von der Theorie zur Praxis". Noch als Medizinstudent organisierte FRANKL "zuerst in Wien und dann nach Wiener Muster, in sechs anderen Städten sogenannte Jugendberatungsstellen, an denen Jugendliche in seelischer Not unentgeltlich beraten wurden" (FRANKL 1973, S. 188). In dieser Zeit arbeitete er u.a. mit August AICHHORN (1978-1949) und Charlotte BÜHLER (1893-1974) zusammen.

Ebenfalls 1927 gründete HANSELMANN in Zürich ein Büro für Erziehungs-, Ehe- und Lebensberatung, das er bis zu seinen letzten Lebensjahren behielt (MÜRNER 1985, S.36f.).

FRANKL und HANSELMANN hielten jeweils unzählige Vorträge im In- und Ausland. FRANKL z.B. berichtet, daß er Hunderte von Vorträgen in

Organisationen der Sozialistischen Arbeiterjugend hielt und durch die anschließende Beantwortung schriftlich gestellter Fragen sein Erfahrungsgut ansammelte. HANSELMANN veröffentlichte über 1.000 Aufsätze und Abhandlungen (MÜRNER 1985, S. 259). Als Zentralsekretär der Schweizerischen Stiftung Pro Juventute wirkte er von 1918 bis 1923 entscheidend mit an den Grundlagen der Schweizerischen Jugendfürsorge.

FRANKL's eher therapeutisches Engagement in der Jugendfürsorge läßt sich auf die Jahre von 1927 bis 1930 (bis zu seiner Promotion) einschränken. Danach ließ sich FRANKL zunächst neurologisch ausbilden und leitete anschließend vier Jahre lang den sogenannten "Selbstmörderpavillon" am Psychiatrischen Krankenhaus in Wien (bis 1937).

Im Jahr 1930, in dem FRANKL sein medizinisches Doktorat errang, veröffentlichte der 20 Jahre ältere HANSELMANN im Alter von 45 Jahren sein Hauptwerk "Einführung in die Heilpädagogik". Die Grundlagen der Logotherapie und Existenzanalyse publizierte FRANKL 1946 in seinem Buch "Ärztliche Seelsorge". Beiden Autoren ist der Hinweis auf ihre jeweilige praktische Berufs- bzw. Lebenserfahrung wichtig. So beklagt HANSELMANN in seinem Vorwort den Mangel an praktischer Erfahrung bei anderen (von ihm nicht genannten) Autoren. Er selbst konnte auf eine 20-jährige Berufserfahrung zurückblicken. FRANKL hatte bereits 1937/38 die Erstfassung seiner "Ärztlichen Seelsorge" fertig. Diese nahm er, in sein Mantelfutter eingenäht, mit nach Auschwitz ins KZ. Dort ging "es natürlich verloren", schreibt FRANKL in einer Selbstdarstellung (FRANKL 1973, S. 198). Er verbrachte drei Jahre in vier Konzentrationslagern. Diese besonderen Erfahrungen beschrieb er in dem Buch "... trotzdem Ja zum Leben sagen. Ein Psychologe erlebt das Konzentrationslager". Aber nicht nur in diesem Buch, sondern auch in der zweiten Fassung der "Ärztlichen Seelsorge" (1946) beeinflußten FRANKL's Leiderfahrungen in den Konzentrationslagern die Ausarbeitung und Begründung der Existenzanalyse und Logotherapie.

Diese kurze Synopse als Abriß zur Entstehungsgeschichte der Logotherapie und der neuzeitlichen Heilpädagogik mag genügen; er ist kein historisch vollständiger Überblick.

Im zweiten Kapitel dieser Arbeit geht es um die Darstellung und Bearbeitung zentraler Themen der jeweiligen theoretischen Konzepte. Auch hier wird keine Vollständigkeit beansprucht, sondern eine praxisrelevante Akzentuierung.

1. Zur Begriffsklärung

1.1 Existenzanalyse und Logotherapie

In seiner Selbstdarstellung (FRANKL 1973, S. 198) erwähnt Viktor E. FRANKL den Mediziner W. SOUCEK, der bereits 1948 "die Existenzanalyse FRANKL's als die dritte Richtung der Wiener Psychotherapeutischen Schule" (SOUCEK 1953, S. 594) im Hinblick auf die Psychoanalyse und Individualpsychologie taufte. Bei all seiner Anerkennung einer Fülle von Forschungsergebnissen der Klassiker FREUD (1856 - 1939) und ADLER (1870-1937) richtet sich FRANKLs Kritik gegen den Urheber des "dynamischen Psychologismus", in dem es FREUD in der Psychoanalyse um ein universales Ausgleichsprinzip (homöostatisches Prinzip) geht, also den Ausgleich jeder intrapsychischen Spannung. FREUD verabsolutiere die menschliche Luststrebigkeit ("Affektdynamik") und reduziere die menschliche Existenz auf ihre Triebdeterminiertheit ("Triebdynamik") - (vgl. FREUD 1972, S. 67; FRANKL 1986, S. 65 ff.).

Im Ausgleichsprinzip sieht FRANKL einen Widersacher des "Individuationsprinzips" (FRANKL, 1986, S. 68). Das individuierte Sein ist vielmehr bestrebt, sich jeweils als Anderssein zu erhalten. FRANKL behauptet:"Person-sein (menschliches Dasein, Existenz) heißt absolutes Anders-sein (FRANKL 1986, S. 68), heißt, daß jeder Mensch, was sein Dasein anlangt, einmalig ist und auch der Sinn jedes Daseins einmalig ist und einzigartig. Folglich hat jeder Mensch die Verpflichtung, den Sinn seines Lebens zu finden, indem er sich als vom Leben Befragten erkennt und zur Antwort, zur Verantwortung, gerufen bzw. aufgerufen ist. "Tatsächlich sieht die Existenzanalyse im Verantwortlichsein das Wesen menschlichen Daseins, die Essenz der Existenz" (FRANKL 1986, S. 73). Die "entlarvende Psychologie" der Psychoanalyse ist nur darauf aus, das Ursprüngliche, das Eigentliche, das Echte, das für FRANKL den Willen zum Sinn ausmacht, noch weiter zu demaskieren, "indem sie den Anspruch des Menschen auf ein möglichst sinnerfülltes Dasein etwa als die Tarnung unbewußter Triebwünsche hinstellt ..." (FRANKL 1986, S. 68). Demgegenüber fordert FRANKL eine Art psychotherapeutisches Ethos: Vor dem Echten müsse die Entlarvung Halt machen können, sonst bestehe die Gefahr, daß aus der Entlarvungstendenz eine Entwertungstendenz werde (vgl. auch FRANKL 1974, S. 87). Es scheint also so etwas zu geben wie eine imaginäre Frage-Grenze, die, wenn sie überschritten wird, zu einer unzulässigen Reduktion des Menschen führt und der letztlich ein mechanistisches Menschenbild (vgl. LAMETTRIE) zugrundeliegt. Der Wille zum Sinn ist ein anthropologisches Axiom, das keine Maskierung mehr des Triebhaften darstellt.

ADLER gehe, so FRANKL, "zwar weit über das Psychologische hinaus, indem er zunächst auf das Biologische in Form der 'Organminderwertigkeit' zurückgreift" (FRANKL 1973, S. 43). Die Organminderwertigkeit aber führe zu einem Minderwertigkeitsgefühl, welches eine Kompensation innerhalb der Gemeinschaft herausfordere. Damit entscheidet, der Lehre ADLERs zufolge, nichts Personales, sondern das Soziale über die Haltung und Einstellung des Menschen zur Gemeinschaft.

Menschliche Gemeinschaft aber ist für FRANKL mehr als schicksalhafte Verkettung und Verhaftung[1]. Logotherapie und Existenzanalyse sind also zunächst weniger semantisch zu erklären, denn sie sind eher psychotherapiegeschichtlich zu verstehen als eine Antwort auf den von FRANKL kritisierten Reduktionismus der Psychoanalyse und Individualpsychologie. FRANKL's Anliegen war die Rehumanisierung der Psychotherapie, und es war nicht seine Absicht, daß die Logotherapie mit anderen Therapien rivalisiert. Die Logotherapie sollte eine Ergänzung und nicht ein Ersatz der Psychotherapie sein (FRANKL 1986, S. 73).

Wenn wir dann von den Begriffen "Logotherapie" (seit 1926); und "Existenzanalyse" (seit 1933) ausgehen, so definiert FRANKL 1959: "Die Logotherapie und die Existenzanalyse sind je eine Seite ein und derselben Theorie. Und zwar ist die Logotherapie eine psychotherapeutische Behandlungsmethode, während die Existenzanalyse eine anthropologische Forschungsrichtung darstellt" (FRANKL 1987, S. 57). Nun müssen wir hier gleich hinzufügen, daß die Existenzanalyse nicht nur in einem wissenschaftlichen Sinne forscht, sondern auch im Rahmen der angewandten Logotherapie eine Art Biographieforschung betreibt, und zwar mit einer spezifischen Absicht. Existenzanalyse bedeutet eigentlich keine Analyse der Existenz, sondern sie bezweckt eine "Explikation der Existenz" (FRANKL 1987, S. 59). Die Existenz läßt sich in einer letzten Konsequenz nicht mehr analysieren, weil der Geist, als zur Existenz bzw. zum Sein gehörend, über sich selbst wesensmäßig keine Aussagen machen kann. In epistemologischer Hinsicht ist hier eine natürliche Grenze erreicht. "Existenz" in der Wortbildung Existenzanalyse ist für FRANKL identisch mit dem Begriff "subjektiv Geistiges" und als das spezifisch Humane konkretisiert im "Willen zum Sinn". In der Existenzanalyse geht es also um die biographische Repräsentanz dieses Willens bzw. um seine "existenzielle Frustration" (vgl. FRANKL

---

[1] Diese Auseinandersetzung zwischen FRANKL und ADLER führte 1927 dazu, FRANKL aus dem Verein für Individualpsychologie, dem "ADLER-Verein", auszuschließen.

1986, S. 69). Psychotherapeutisch dient die Existenzanalyse sowohl der Seinserhellung als auch der Sinnerhellung (Erhellung von Sinnmöglichkeiten).

Unter "existentieller Frustration" ist ein Gefühl (also im psychischen Bereich) zu verstehen, daß das individuelle Sein keinen Sinn hat. Diese geistige Not ist nichts Krankhaftes, sondern menschlicher Ausdruck eines Sinnwillens oder einer Sinnbedürftigkeit (vgl. FRANKL 1986, S. 69).

Die Existenzanalyse "wird zur Analyse der ganzen Existenz (Eros und Logos, Ethos) und sie wird zur Analyse auf Existenz hin (Menschsein, Dasein als Verantwortlichsein)" (FRANKL 1987, S. 45).

Durch den Begriff "Erhellung" wird schon deutlich, daß es um ein Herausstellen wichtiger biographischer Erlebnisse und Einstellungen geht. Unter "Analyse" versteht FRANKL folglich nicht mehr die von FREUD so verstandene atomistische Auffassung von Analyse. Ihm geht es um das biographische Auffinden existentieller Hindernisse, die eine Sinn- und Werteverwirklichung vereitelten (vgl. FRANKL 1991, S. 102).

Nun bedeutet die retrospektive Auseinandersetzung mit den Wahrheiten der eigenen Biographie eine Konfrontation mit dem Irreversiblen. Allerdings "ist im Vergangensein nichts unwiederbringlich verloren, vielmehr alles unverlierbar geborgen" (FRANKL 1986, S. 73), sagt FRANKL und intendiert damit eine Vergangenheitsschau, aus der heraus eine Zukunftsgestaltung ("auf Existenz hin") erst ermöglicht wird. So ist die Zukunft geradezu abhängig von der bereits vergangenen Existenz im Sinne einer Orientierungshilfe. Sobald der Mensch seiner Freiheit einsichtig wird und seine Zukunft im Rahmen seiner Möglichkeiten selbst zu planen und zu realisieren beginnt, übernimmt er auch schon not-wendig Selbstverantwortung für das Gelingen entscheidender Lebensbereiche. An dieser Stelle können wir den - in der Praxis fließenden - Übergang von der Existenzanalyse zur Logotherapie erkennen, indem aus der Existenzerhellung die Erörterung der Werteverwirklichung folgt. Aufgabe der Logotherapie ist nun die Bewußtmachung des Verantwortlichseins und auch der Appell an den Willen zum Sinn. Es ist jedoch nicht geboten, einem Patienten Entscheidungen oder Verantwortungen abzunehmen.

Mit dem Begriff "Logos" in der Logotherapie meint FRANKL einmal "den Sinn und zum anderen Mal das Geistige, und zwar im zumindest heuristischen Gegensatz zum bloß Seelischen" (FRANKL 1987, S. 58). Es ist das Geistige, das spezifisch Humane, welches Stellung beziehen kann zum Psychophysikum, aber auch, so möchte ich ergänzen, zur Welt. Dem Geist ist eine universelle Stellungnahme möglich: einmal im unmittelbaren räumlichen Kontext zu den realen Lebensbezügen und zum anderen zur Welt in einem global-irdischen sowie in einem meta-physischen Sinne. Jede geistige

Stellungnahme ist subjektiv, d.h. nicht neutral und daher immer wertend. Durch den Geist selektiert der Mensch das Wahrgenommene und versieht es mit entsprechenden Bewertungen. Diese Abfolge ist umso mehr determiniert als der Geist unerschlossen bleibt. Die Logotherapie nun zielt genau auf diese geistige Evokation, will das Geistige herauflocken und den Sinnsuchenden zur Übernahme von Verantwortung ermutigen. An dieser Stelle sei eine methodische Anmerkung erlaubt: in der logotherapeutischen Praxis geht es weder um irgendwelche Logiken, noch um eine theoretische Durchdiskutierung der philosophischen Grundannahmen; aber sie schwingen mit und kommen "ganz inexplizit zur Sprache" (KORGER und POLAK 1959, S. 662).

Neben dem "Geistigen" ist der Begriff "Sinn" genannt worden; beide konstituieren den Logos. Sinn ist eine konkret zu realisierende Lebensmöglichkeit oder bedeutet eine der Situation entsprechende Lebenseinstellung. Analog zu den Sinnesorganen im Somatischen und Psychischen spricht FRANKL auch vom "Sinn-Organ" als einem Wahrnehmungsorgan im Noetischen (vgl. FRANKL 1988, S. 83 ff. und LÄNGLE 1988, S. 12). Die Evokation dieses "Sinn-Organs" wird für einen Menschen umso wichtiger, als er, durch welche Anlässe auch immer, mit Sinnlosigkeitsgefühlen konfrontiert wird. Zu diesem Zeitpunkt verfestigen sich negative Einstellungsmuster und bleiben oft über Jahre virulent. FRANKL (1982, S. 5) spricht in diesem Zusammenhang auch von "noogener Neurose", und zwar in einem nichtpathologischen Sinne. Der Mensch ist nicht krank, weil und solange er nach Sinn sucht.

Logotherapeutisch kommt es nun darauf an, den homo patiens von der Möglichkeit, anders-sein-zu-können zu überzeugen. Dies erfolgt weder durch Suggestiveffekte, noch durch Persuasion (vgl. FRANKL 1982, S. 240), sondern dialogisch. Und so beschreibt FRANKL die Logotherapie als "eine am Sinn orientierte - und dem Patienten an ihm re-orientierende Psychotherapie" (FRANKL 1986, S. 61). Mit anderen Worten: der am Sinn verzweifelte Mensch bekommt eine Gelegenheit zur Neuorientierung durch die Thematisierung der Sinnfrage. Hier wird nichts trainiert, kompensiert oder einstudiert - hier wird es essentiell und existentiell. Der Dialog wird hier "auf einen Sinn hin 'eröffnet'" (FRANKL 1982, S. 224) und erhält dadurch einen Logos. Jener Dialog kommt der sokratischen Mäeutik gleich, die ja bekanntlich darauf abzielt, aus dem Gesprächspartner - durch geschicktes Fragen - das herauszuholen, was zwar schon da, aber noch nicht bewußt ist. Insofern ist die Logotherapie ein gemeinsames Einlassen auf praktisch-philosophische Lebens-Fragen, deren Beantwortung niemals kollektiv verbindlich ist, sondern immer nur eine individuelle Bedeutung haben kann. Die in der FRANKL'schen Lehre implizite Anthropologie kann folglich "als Lebensphilosophie zu einer Bereicherung der Sinnhaftigkeit des eigenen Lebens dienen" (LÄNGLE 1988, S. 12) und innerhalb der Logotherapie bei manifesten Störungen des Lebensvollzuges wirksam sein.

Wenn wir nun versuchen, die Existenzanalyse und Logotherapie aus einer gewissen Distanz zu betrachten, so fällt auf, daß die Sprache das therapeutische Medium der Wahl ist und auch beim Sinnsuchenden in irgendeiner Form vorausgesetzt wird. Wir können daher vermuten, daß die Sinnproblematik korrelieren muß mit der Sprachfähigkeit - oder: je geringer der Sprachschatz eines Menchen ist, desto weniger kann ihm die Sinnfrage zum existentiellen Problem werden. Ein Mensch, der keinen anderen bzw. besseren Vergleich kennt zu seiner jetzigen Seinsweise oder zu seiner momentanen Situation - kann ein solcher Mensch expressis verbis am Sinn zweifeln? Diese Frage betrifft das Indikationsproblem und wird in einem eigenen Abschnitt diskutiert (s. II.2).

Eine andere Überlegung ist, ob die Existenzanalyse/Logotherapie nicht zu kognitiv und zu wenig emotional ausgerichtet ist. Ist die geistige Auseinandersetzung eo ipso eine kognitive, und daher nur jenen Menschen mit einer gewissen kognitiven Vorbildung vorbehalten? Nun könnten wir ja die Emotionen ganz einfach dem Seelischen zuordnen und nicht dem Noetischen. Oder gibt es vielleicht auch eine geistige Erschütterung, etwa im Sinne BOLLNOWs, der unter Begegnung "die totale Erschütterung" versteht, "die den Menschen unerbittlich vor die Forderung seiner Existenz stellt" (BOLLNOW 1984, S. 241). In der Weise einer solchen (Selbst-)Begegnung lassen sich Kognitionen und Emotionen sicher nicht trennen. Vielmehr bedingen sich beide "Vektoren", insbesondere in "totalen Begegnungen", wenn innerhalb einer kurzen Zeit (vielleicht durch eine Information oder eine schlagartige Erkenntnis) einem Menschen eine relativ lange, meist vergangene Zeit als vertan, vergeblich oder verloren erscheint. Diese oder auch andere Erfahrungen sind offensichtlich nicht abhängig von einem gewissen Bildungsniveau, und es wird ferner deutlich, daß das Psychische und Noetische (Fühlen und Erkennen) in einem unmittelbaren Zusammenhang stehen. Ein Sinn, der erkannt aber nicht gleichermaßen gefühlt wird, erreichte nicht jene Tiefe, die für den Lebensvollzug bestimmend und tragfähig ist. Insofern ist Logotherapie Psychotherapie, wenn Seelisches geheilt werden soll. Die Hilfe allerdings kommt vom Logos, dem Geistigen, als Kraft, die jenseits von krank und gesund wirksam werden kann, wenn sie denn evoziert wird.

1.2 Heilpädagogik

Ohne im Folgenden einen Abriß der Entstehungsgeschichte der Heilpädagogik vornehmen zu können, soll doch wenigstens darauf hingewiesen werden, daß es heilpädagogisches Denken und Handeln auch ohne einen Bezug zum Begriff Heilpädagogik in der Menschengeschichte immer schon gegeben hat (vgl. hierzu KOBI 1983, S. 101 ff.), insofern zumindest, als sich Menschen um andere Menschen kümmerten, die krank oder gebrechlich waren und in ihrem Zustand nicht so belassen wurden. Die Bibel ist in diesem Zusammenhang wohl eines der ältesten Dokumente.

Der Begriff Heilpädagogik wurde 1861 erstmalig öffentlich gebraucht: "Die Heilpädagogik mit besonderer Berücsichtung der Idiotie und der Idiotenanstalten" ist ein zweibändiges Werk, in dem Vorträge gesammelt sind, die DEINHARDT (1821-1880) seit 1860 an der k.k. Akademie der Wissenschaften in Wien gehalten hatte. GEORGENS (1823-1886) wird zwar als Mitverfasser angegeben, seine Mitarbeit als Autor wurde aber bereits 1880 von einem Zeitgenossen DEINHARDTS, Prof. Dr. C.J. SCHRÖER, angezweifelt: "Das Ganze (gemeint ist das o.g. Buch, D. Lotz), von der Vorrede bis zur letzten Seite, ist einzig und allein die Arbeit DEINHARDTS" (SCHRÖER 1880, S. 5). Nach KIRMSSE war das zweibändige Werk "das erste deutsche und umfängliche Handbuch über Heilpädagogik" (zit. n. SELBMANN 1982, S. 233) und wurde nach seinem Erscheinen in der Fachwelt, z.B. durch Praktiker in den Idiotenanstalten, schnell aufgegriffen. Durch diese Tatsache etablierte sich auch der Begriff Heilpädagogik, der zu dieser Zeit noch relativ unkritisch angenommen wurde. Allerdings war schon den Wortschöpfern klar, daß "bei der Taubheit und Blindheit von einer eigentlichen Heilung seitens des Pädagogen nicht die Rede sein kann, sondern nur von der möglichsten Ausgleichung oder Ergänzung des vorhandenen Mangels", oder "daß der Begriff Heilpädagogik ... weitergefaßt werden muß, als er sich aus der strengen und eigentlichen Bedeutung des 'Heilzweckes' ergibt" (GEORGENS und DEINHARDT 1861, S. 289). Diese Erweiterung des Heilbegriffes bezieht sich z.B. auf eine Besserung der "ergänzenden Fähigkeiten der absonderlichen oder abnormen Entwicklung" (GEORGENS und DEINHARDT 1861, S. 289) oder auch auf die Ermöglichung zur Teilnahme an einem Schulunterricht. In diesem Zusammenhang dürfen GEORGENS und DEINHARDT, zwei "Schulmeister" übrigens, als Pioniere der Sonderschulentwicklung im deutschsprachigen Raum gelten (die ersten Nachhilfeschulen in Deutschland wurden 1867/68 in Leipzig und Dresden eingerichtet).

Neben der geforderten Erziehung und Bildung, auf die behinderte oder verhaltensauffällige Kinder einen Anspruch hätten, setzten GEORGENS und DEINHARDT mit dem Begriff Heilpädagogik noch einen zweiten konstituierenden Akzent: Arzt und Pädagoge sollten unmittelbar zusammenarbeiten. Denn auf "dieses Verhältnis der ärztlichen und pädagogischen Theilnahme an der theoretischen und praktischen Gestaltung der Heilpädagogik" (GEORGENS und DEINHARDT 1861, S. 290) komme es an! In dieser Hinsicht können GEORGENS und DEINHARDT auch als Pioniere der Teamarbeit gelten.

Die neuzeitliche Heilpädagogik, mit Beginn ihrer wissenschaftlichen Etablierung, läßt sich auf das Jahr 1932 fixieren, als Heinrich HANSELMANN (1885-1960) den ersten Lehrstuhl für Heilpädagogik in Europa (1932-1950) erhält. Er versteht unter Heilpädagogik "die Lehre vom Unterricht, von der Fürsorge aller jener Kinder, deren körperlich-seelische Entwicklung dauernd durch individuale und soziale Faktoren gehemmt ist" (HANSELMANN 1970, S. 11f.). Mit dieser Definition erhalten wir zunächst einen strukturellen Hinweis: Heilpädagogik ist zuständig sowohl im schulischen als auch im außerschulischen Bereich; und wir erfahren durch die Formulierung der dauernden Entwicklungshemmung etwas über die Notwendigkeit einer oft langfristigen Hilfe bei irreversiblem Leid. HANSELMANNs Schüler und Nachfolger Paul MOOR (1899-1977) schließlich bringt seine Definition auf die bekannte Kurzformel: "Heilpädagogik ist Pädagogik und nichts anderes" (MOOR 1974, S. 273). Durch diese klare Zuschreibung ist der wissenschaftstheoretische "Ort" der Heilpädagogik - im Rahmen der Erziehungswissenschaft - festgelegt, zumindest wird somit die sog. Schweizerische Richtung der Heilpädagogik erklärt. Der Hintergrund dieser Entwicklung basiert jedoch nicht nur auf den persönlichen Überlegungen von HANSELMANN und MOOR. Sie sind auch hinsichtlich einer anderen möglichen Zuordnung zu verstehen, nämlich im Hinblick zur Medizin. Der österreichische Pädiater Hans ASPERGER (1906-1980) verstand - als Repräsentant der sog. Österreichischen Richtung der Heilpädagogik - unter Heilpädagogik eine angewandte "Kinderpsychiatrie" (ASPERGER 1955, S. 431) und gliederte sie also in den medizinischen Bereich. Bis heute herrscht diese Auffassung in Österreich vor. Es gibt dort keine eigene Heilpädagogenausbildung, sondern es identifizieren sich verschiedene Berufsgruppen (Lehrer, Ärzte, Erzieher usf.) als "Heilpädagogen", wenn sie bestimmte heilpädagogische Tätigkeiten ausüben.

Diese äußerst verkürzten Hinweise zur Entwicklungsgeschichte der Heilpädagogik mögen an dieser Stelle genügen. In der heilpädagogischen

Fachliteratur fehlt übrigens eine umfassende Darstellung der Geschichte der Heilpädagogik.

Die Frage, was Heilpädagogik ist, interessiert uns hier unter gegenwärtigen Gesichtspunkten und insbesondere als sinnzentrierte Heilpädagogik. Wir sehen ferner von einer eher geschlossenen Definition von Heilpädagogik ab und wollen, phänomenologisch, einige Merkmale des Faches beschreiben. Diese Merkmale können sozusagen i.S. einer Handlungstheorie Orientierungskriterien für Praktiker sein.

Zu Beginn unserer Überlegungen wollen wir analog zu Theodor LITTs Forderung "Wer davon redet, was Erziehung ist, muß gleichzeitig eine Aussage darüber machen, was Erziehung soll" (Litt 1960), die Frage stellen, was Heilpädagogik soll. Nun steckt hinter dieser Frage zunächst noch keine konkrete Zielperspektive, sondern Begriffe wie Aufgabe, Auftrag, Anspruch, Anforderung - kurz: eine Erwartung. Gemäß unserem Menschenbild erwartet der homo patiens, daß er seiner bloßen Faktizität nicht überlassen bleibt. Er erwartet - ausgesprochen oder nicht - eine Forderung, einen Anspruch oder eine Anforderung: er, der homo patiens, soll etwas. Irgendetwas ist mit ihm, wie mit jedem Menschen, vorgesehen. "Indem er existiert, 'soll' er etwas" (PIEPER 1974, S. 13). So hat der Mensch quasi ein imperatives Mandat erhalten, indem er gefordert ist, das ihm Aufgegebene auch zu verwirklichen. Daraufhin zu appellieren, ja zu insistieren, das ist eine wesentliche Aufgabe der Heilpädagogik und zwar in einem durchaus professionellen Sinne. Denn aus dem Faktischen etwas Fakultatives erkennen und machen ("leben") ist bei leidenden Menschen erschwert und keiner selbstverständlichen Entwicklung anheim gestellt. Menschen, die unter erschwerten Bedingungen leben, neigen zum Faktischen, zum Zuständlichen, zum Belassen. Die Kraft zum Fakultativen, zum Aufgegebenen - die Bejahungskraft - fehlt häufig und muß ausdrücklich und in eigener Weise evoziert werden. Eine exakte Grenze oder eine nähere Bestimmung ab wann und inwiefern diese Evokation der Bejahungskraft erfolgen solle, kann nicht näher bestimmt werden. Dieser Bereich liegt buchstäblich im Ungefähren und ist jedem "Profi" in eigener Verantwortung überlassen. Das Ungefähre nun verliert nicht an Bedeutung, z.B. weil es nicht exakt erweisbar ist, sondern gewinnt geradezu in Gestalt des philosophisch-anthropologischen Fragens! Die latente und immer aktuelle Beschäftigung mit der "Unbegreiflichkeitsdimension der Welt" (PIEPER 1991, S. 37) rechtfertigt - analog zu PIEPERs Philosophieverständnis - keine Aussage, beginnend mit den Worten "Heilpädagogik ist die Lehre von ...".

Hinsichtlich der Sinnfrage ist die Heilpädagogik folglich ein philosophisches (Teil-)Gebiet, was letztlich auch dadurch zum Ausdruck kommt, daß wir es angesichts des menschlichen Leidens und seiner lebenspraktischen Bewältigung eher mit Fragen als mit endgültigen Antworten zu tun haben. Interessanterweise ist nach PIEPER die "Philosophie ein eher negativer denn positiver Begriff" (PIEPER 1991, S. 38 und 1984, S. 117) - und das ist auch für die Heilpädagogik zutreffend. Das meint: Alles, was sich positiv beschreiben, ja auch messen läßt; oder jeder Lebensgang, der in normaler Dynamik verläuft; oder wo immer die Sinnfrage wegen der Sinnfülle implizit beantwortet ist usf. - überall da ist Heilpädagogik nicht nötig. Heilpädagogik läßt sich also allem Positiven gegenüber abgrenzen, nicht aber gegenüber dem Negativen, d.h. dem Unerwünschten, dem Unerklärlichen, einem letzten Sinn gegenüber. Obgleich wir methodisch beim Positiven ansetzen (im Sinne von PLATON: alles Lernen ist ein Sich-Erinnern), also beim Bewußten, beim Bekannten, beim Gesunden usf., bleibt ein unlösbarer, unaufhebbarer Rest von Unsicherheit hinsichtlich der Richtigkeit und Angemessenheit unseres Handelns. Diesem "Rest" gilt die Leidenschaft unseres Fragens. Und insofern sind wir als Heilpädagogen "philo-sophoi": "Nach der Weisheit liebend Suchende" (vgl. PIEPER 1991, S. 22) und zwar in genau jenem Bereich, der sich nicht mehr in Maß und Zahl (also streng empirisch) ausdrücken läßt. So sind wir selber auf der permanenten Suche, auch dem geringsten Leben einen Sinn abzuringen, denn er ist uns nicht evident. Hätten wir nur eine ausschließlich positivistische Sichtweise, so müßten wir zwangsläufig jene menschlichen Kreaturen außer acht lassen, die uns Rätsel aufgeben, die sich nicht selbst forthelfen können oder deren "Selbstheilungskräfte" einfach zu schwach sind. Neben dem methodischen know-how kommt es in der Heilpädagogik buchstäblich auf ein Bekenntnis (professio) des Heilpädagogen an, sich des homo patiens et educabilis annehmen zu wollen. Die Sollbestimmung verlangt eine innere Bejahung des leidenden Menschen - sie kann nicht per Zwang, per Dekret oder per Gehalts-Eingruppierung "funktionieren".

In der Heilpädagogischen Arbeit ist immer wieder die Diskrepanz zwischen Intervention und "Erfolg" zu beobachten. Sichtbare Ergebnisse der heilpädagogischen Bemühungen fehlen oft oder sind nur kurzzeitig. Diese Erfahrungen erschweren die Arbeit und stellen die Sinnhaftigkeit in Frage. Reiz und Reaktion, Input und Output, unterliegen in der Heilpädagogischen Praxis einem eigenen Rhythmus, der sich wiederum von üblichen Erfahrungen unterscheidet. Vieles geschieht nicht schnell bzw. unmittelbar, manches Unerwünschte kehrt wieder. Diese Schwer- und Rückfälligkeit ist es, die leicht zu Aus- oder Abgrenzungen aus einer sozialen Gruppe führt und vielleicht auch verbunden ist mit Resignationen der sogenannten Bezugspersonen. Menschen, die nicht einfach zu integrieren oder zu re-integrieren sind, bedürfen aus heilpädagogischer Sicht besonderer Rahmenbedingungen und meist einer langfristigen Betreuung. An dieser Stelle sei nur an die hyperaktiven Kinder zu denken, denen es einerseits äußerst schwer fällt, sich norm-adäquat (z.b. in der Schule) zu verhalten und die andererseits durch keine wirkliche Therapie kurzfristig von ihren Symptomen befreit werden können. Aufgrund der Tatsache, daß einzelne Menschen irgendwie in einer Gruppe bzw. in Beziehung zu mindestens einem Menschen Dissonanzen provozieren, ergibt sich, daß Heilpädagogik Individualpädagogik und nicht Sozial-Pädagogik ist. Die Maßstäbe einer Veränderung orientieren sich folglich an den realen Möglichkeiten des Individuums und nicht primär an den Bedingungen seiner Peergroup. Nun könnte der Eindruck entstehen, die Ursache eines Gruppenkonfliktes würde per se dem Individuum zugeschrieben. Dazu ist zu sagen, daß in der Praxis die Wechselwirkungen (Individuum - Gruppe) sehr wohl bedacht werden und darauf auch Einfluß ausgeübt wird. Aber die sogenannten Symptomträger können nicht bloß als Opfer ungünstiger Strukturen deklariert werden. Zumindest leiden sie ja - unabhängig der Verursachung - an ihrem Symptom oder in vielen Fällen an ihren Symptomen. Heute - aufgrund verbesserter Diagnosemöglichkeiten - zählen zu den sogenannten heilpädagogisch bedürftigen Kindern viele mit multiplen Schwierigkeiten, die sich nicht selten gegenseitig ungünstig beeinflussen, wie z.b. mehrere organische Defekte, soziale Auffälligkeiten, materielle Defizite usf. Die zu eruierenden irreversiblen Beeinträchtigungen stehen entsprechend der heilpädagogischen Intention in einem konstruktiven Spannungsverhältnis zu dem verbliebenen Einstellungs- und Handlungsspielraum. Bei aller Problemerörterung ist die subjektive Wahrnehmung des betroffenen Menschen maßgeblich. Seine Sichtweise gegenüber den objektivierbaren Faktoren ist für ihn lebensbestimmend; folglich ist darauf Einfluß zu nehmen. Eine Änderung der Sichtweise kann bedeuten, jene verbliebenen "Reste" zu aktivieren und dadurch das Dunkelgebliebene zu reduzieren.

Ein anderes typisches Merkmal einer neuzeitlichen, angewandten Heilpädagogik ist die sogenannte Postvention (vgl. LOTZ 1988, S. 7). Durch diese Akzentuierung soll deutlich werden, daß Heilpädagogik im Sinne einer Arbeitsteilung primär weder Prä- noch Intervention (z.B. im Sinne einer Krisenintervention) betreibt. Postvention ist immer dann nötig, wenn trotz bester Prophylaxe oder Absicht ein einmal eingetretenes Unglück unabwendbar geworden ist, wie z.B. durch einen Unfall; die Geburt eines behinderten Kindes; eine Elterntrennung usf.. In solchen Fällen der Konfrontation mit dem faktischen Schicksalsschlag wird den von Leid betroffenen Menschen unmittelbar der Kontrast zu ihrem bisher relativ unbeschwerten Leben deutlich. Die Potentialität eines Unglücks ist durch keine Prävention zu eliminieren. Und obgleich kein Unglück intendiert wird (es soll sogar mit allen Kräften vermieden werden!) - steht der homo patiens vor der oft neuen Aufgabe, "mit seinem Defekt leben zu lernen" (KLENNER) auch oder gerade nachdem etwa die medizinische Heilkunst ihr möglichstes geleistet hat. Die notwendig gewordene Umorientiertung bezieht sich auf die veränderte Lage und dem dadurch bedingten Werte-wandel. Genau an dieser Stelle könnten sich Logotherapie und Heilpädagogik treffen, weil hier die jeweilige Aufgabenstellung identisch ist. Zwar mögen die Symptome verschieden sein, die Zielrichtung aber ist dieselbe: Werteverwirklichung trotz irreversiblen Schicksals!

Der Terminus "Sinnzentrierte Heilpädagogik" soll sich jedoch nicht nur auf Menschen beziehen, die "fähig" sind, am Sinn ihres Lebensschicksals zu zweifeln, und die genau wegen dieser Befähigung grundsätzlich in der Lage sind, sich umzuorientieren. Es gibt unter der heilpädagogischen Klientel auch Menschen, für die die Sinnfrage gar nicht existiert, die kaum einen Vergleich haben zu anderem Schicksal und die nicht in der Lage sind, sich etwa über eine Aufgabe zu transzendieren. Die Rede ist von schwerstbehinderten Menschen, die hier gar nicht kategorial-analytisch klassifiziert werden sollen. Entscheidend für diese Menschen sind elementare Begegnungen, in denen Sinnhaftes zugetragen wird, um Sinn auch ohne die Fähigkeit einer begrifflichen Zuordnung, zu erleben. In diesem Bereich sind Werterfahrungen gerade auch nonverbal vorstellbar. Schwerstbehinderte Menschen, die pflegebedürftig sind, entbehren oft der Fähigkeit, sich verbal zu artikulieren bzw. sich auseinanderzusetzen zu können mit sich selbst und ihrer Situation. Diesen Menschen können Sinnerfahrungen zugemutet werden, d.h. sie werden intendiert und schließlich vermutet, indem sie etwa durch die Art und Weise der Pflege wertgeschätzt werden oder indem ihnen durch die liebe-volle Haltung des Helfers (dieser Gedanke kann sich nicht auf eine bestimmte Profession beziehen) ein Daseins-Sinn zuerkannt wird. Übrigens läge es auch in der "Macht" des Helfers, eine Geringschätzung zu vermitteln, indem die Pflege als Funktionshandlung gleichsam an einem wertlosen Objekt vollzogen würde. Im günstigen Falle kommt es auf die Sensibilisierung des Helfers an, eben-merkliche Reaktionen seines Anvertrauten wahrzunehmen und über diese Reaktion eine nonverbale Kommunikation zu kultivieren - es würde sich hierbei um den Logos einer eigen-artigen Beziehung handeln, der nicht in einem sprachlichen Dialog gründet und dennoch einen vitalen Geist spüren lassen kann.

Heilpädagogik zielt in Theorie und Praxis auf die Überlegung, welche Voraussetzungen geschaffen werden müssen, damit ein anderer Mensch einen Sinn in seinem Leben finden kann.

Dieses Leben ist gekennzeichnet durch erschwerte Anfangsbedingungen (Schwangerschaft und Geburt) oder durch Veränderungen während des Lebens, die zu einer Erschwerung führen. Die alte Weisheit, daß unser Erkenntnishorizont nicht unserem Handlungsvermögen entspricht, trifft auf die Heilpädagogik im besonderen Maße zu. Mit anderen Worten: Einsichten in Lebenswahrheiten; Ideen, die wirklich helfen könnten; gut gemeinte Trostworte und vieles andere mehr können trotz besseren Wissens in der Praxis scheitern. Erkennen und Handeln unterliegen faktisch keinem Automatismus oder keiner Zwangsläufigkeit.

"Aller Wahrscheinlichkeit nach ..." - dieser Satz impliziert auch die Möglichkeit des Unwahrscheinlichen. Und insofern kann die heilpädagogische Arbeit auch eine kontrafaktische Arbeit sein, indem sie der klar erkannten Wirklichkeit zum Trotz und mit überdurchschnittlicher Geduld nach Wegen der Leidüberwindung sucht. "Indikativ" und "konjunktiv" wirken hier gleichermaßen komplementär, d.h. noch während wir der realen Trostlosigkeit standhalten - im Bei-Sein! - suchen wir schon nach dem noch Potentiellen. Dieser Gedanke hat übrigens weder mit Heroismus, noch mit Altruismus zu tun. Es geht hier vielmehr um einen Appell an die "nüchterne Leidenschaft" (KLENNER), mit der wir uns in helfenden Beziehungen selber ausstatten können, um ungewöhnlich langen Zeiten der Hoffnungslosigkeit nicht zu erliegen in Resignation mit der Folge der eigenen Abwendung von jenen Menschen, denen "man doch nicht helfen kann". So halten wir den inneren Kraftaufwand gegen intime Euthanasiegedanken, d.h. Zuschreibungen von Wertlosigkeit menschlicher Eigenarten für nicht unerheblich! So muß es einen Grund geben, trotz aller Widersächlichkeiten Hoffnung zu fühlen und diese in der eigenen Haltung zu repräsentieren.

Ein weiteres Merkmal der Heilpädagogik ist die Notwendigkeit, Verantwortung zu übernehmen für einen anderen Menschen. Dieser Gedanke steht im Widerspruch zu manchen Psychotherapieschulen, insbesondere den sogenannten Humanistischen Therapien, und er ist insofern ein klassisch-pädagogischer Gedanke. Aussprüche wie z.B. "das ist Dein Problem", "das mußt Du wissen", "das ist Deine Entscheidung" deuten auf eine zwar imaginäre, aber doch klar fühlbare Grenze zwischen zwei Menschen hin. Manche Therapeuten wollen einem anderen bzw. ihrem Klienten, sein Problem nicht abnehmen, er soll es selber lösen... Sie setzen bereits beim sogenannten Erwachsenen-Ich (HARRIS spricht von "Eltern-Ich" in seinem Buch "Ich bin okay, Du bist okay, 1988, S. 33) und tabuisieren gleichzeitig symbiotische Abhängigkeiten aus frühkindlichen Erfahrungen. Das autonome Selbst wird gefordert bzw. intendiert. Nun gibt es aber viele Menschen, die weder in ihrem Selbst autonom sind noch in ihrer täglichen Lebensbewältigung frei über sich verfügen können. Sie sind angewiesen auf die Hilfe anderer Menschen. Die Notwendigkeit dieses Abhängigkeitsverhältnisses begründet die Verantwortung des Helfers. Denn er kann seine Hilfe als Macht mißbrauchen oder sie als Dienst verstehen. Im einen Fall würde er zur Indoktrination, Manipulation oder Ideologisierung tendieren und den Menschen als Instrument seiner Interessen benutzen; im anderen Fall würde er sein Tun als Kompensation oder komplementär auffassen und die Würde des homo patiens respektieren. Pädagogische Verantwortung meint aber noch mehr: wir sind verantwortlich für die Auswahl der Werte, die wir jenen Menschen zutragen, die sich buchstäblich nicht selber um-sehen können. Genau hierin wird der Sinn einer all-täglichen heilpädagogischen Übungsbehandlung liegen: in der Vermittlung der Quintessenzen des Lebens.

2. Diagnose und Indikation

Heilpädagogik und Logotherapie sind - grob gesehen - zwei Verfahren, die eine spezifische Lebenshilfe anbieten. Nun braucht diese Hilfe jeweils einen Anlaß (Grund) und einen Nachweis, warum gerade diese Hilfe angezeigt ist. Während z.B. die Intention der Schule primär Bildung ist, bezweckt die außerschulische Heilpädagogik eine Erziehung behinderter oder verhaltensauffälliger Kinder und Jugendlicher. Die sogenannte Lebenshilfe der Logotherapie zielt weniger auf Bildung oder Erziehung, sondern auf eine Therapie meist erwachsener Menschen, die in einer Sinnkrise stecken und verschiedene psycho-pathische Symptome zeigen.
Der nicht unerhebliche Weg eines homo patiens zur Heilpädagogik oder zur Logotherapie verlangt "vom Weg" bzw. vom Weggefährten oder dem "Veranlasser" zumindest ein gewisses Vorverständnis, eine Ahnung und eine Erwartung, daß dort und dort mit einer Hilfe zu rechnen ist. Erst nach diesem Vorgang in der Lebenslinie kommt es zur Begegnung eines homo patiens mit seinem Helfer. Bis zu diesem Punkt veranlassen zwei Voraussetzungen jenes Treffen: zum ersten ist es ein mehr oder weniger deutliches Problembewußtsein, und zum zweiten ist es eine Erwartungsrichtung, von wem, welcher Person und Profession, eine Veränderung des Status Quo erwünscht wird. In vielen Fällen sind die Zugangswege zu einem Helfer eher diffus bzw. zufällig (z.B. Telefonbuch; Nachbarn oder Bekannte), aber auch Empfehlungen von Professionellen zu anderen Professionellen sind oft mit nur wenigen konkreten Kriterien verbunden. Umso wichtiger ist die offene Frage, ob dieser Helfer auch für jenen Klienten der adäquateste ist.

Dieses Problem wird nach unseren Erfahrungen in der Praxis kaum thematisiert bzw. bedacht. Es ließe sich methodisch auch kaum klären, weil es keine meta-diagnostische Instanz geben kann, die aus allen nur denkbaren Personen und Methoden, die - oder das Zutreffendste vorausbestimmte und in-die-Wege leitete.

Diese Überlegungen verweisen zunächst auf die relative Zufälligkeit der Begegnung von Helfer und homo patiens, auf die folgliche Irrtumsmöglichkeit hinsichtlich einer erfolgreicheren Konstellation, sowie auf die Subjektivität der Vorab-Klärung. Letzterer Aspekt verhindert die Vorstellung, ein Helfer könnte allumfassend kompetent sein oder repräsentiere jene Meta-Instanz.

Ein Mensch mit einem beliebigen psycho-sozialen Problem kann nun an unterschiedliche Professionen geraten. Z.B. kann sich eine Mutter, deren Kind einnäßt, an einen Kinderarzt, einen Psychologen oder auch an einen Heilpädagogen wenden. Die Uneindeutigkeit der Beziehung eines psychosozialen Symptoms zu einem entsprechend "richtigen" Helfer unterscheidet sich wesentlich von bestimmten anderen Symptomen wie z.b. Zahnschmerzen, Augenleiden usf. Eine sichere, adäquate Zuordnung von Symptom zu Helfer gibt es demnach im psychosozialen Bereich kaum. Die genannte Uneindeutigkeit erhöht den Zufalls- und Willküreffekt hinsichtlich der diagnostischen Vorgehensweise. Für die Rat- oder Hilfesuchenden bedeuten diese Interferenzen häufig ein langwieriges und diffuses Suchen nach dem geeignetsten Helfer. Die Schwierigkeiten lassen sich nur annähernd begrenzen durch eine Team-Diagnostik bzw. durch eine Diagnostik verschiedener Professionen. Denn ein einziges Symptom kann auf unterschiedlichen Bezugsebenen gesehen werden. Eine logotherapeutische und eine heilpädagogische Diagnostik müssen sich daher selbst jeweils als Teil einer umfassenden Diagnostik verstehen und andere Diagnostika mit einbeziehen. Das wiederum verlangt von dem zuerst konsultierten Helfer ein Vor-verständnis über weitere relevante, die eigene fachliche Grenze überschreitende Diagnosemöglichkeiten. Die Forderung nach einer möglichst umfassenden Diagnostik wird gleichzeitig durch andere Faktoren diametral eingeschränkt. So erwartet ein Hilfe-Suchender in der Regel vom "Ersthelfer", dem er sich ja bereits anvertraut hat, eine unmittelbare und wirksame Hilfe. HANSEL-MANN macht in seiner "Einführung in die Heilpädagogik" (Zürich 1970[8], S.534) sehr deutlich, daß es "auf den Übergang vom Wissen zum Tun" ankomme, und er bemerkt zurecht, daß eine "nicht endenwollende Analyse nicht selten als eine Flucht... vor der Verantwortung... der 'praktischen Arbeit'" aufzufassen sei.

Diagnose und Hilfe erfolgen realiter wechselseitig und nur bedingt chrono-logisch. Wenn wir uns also theoretisch mit Diagnostik befassen wollen, so müssen wir sie aus diesem praktischen Wechselprozeß quasi herausfiltern. Eine weitere Vorbemerkung ist wichtig: Ist der Diagnostiker identisch mit dem Helfer, oder <u>veranlaßt</u> er Hilfsmaßnahmen? Bei der ersten Möglichkeit erweitern sich die diagnostischen Erkenntnisse und können im Sinne der o.g. Wechselbeziehungen korrigiert werden. Im zweiten Fall erfolgt die Kontrolle extern, d.h. der Praktiker und nicht unmittelbar der Diagnostiker erfährt die Brauchbarkeit der erstellten Diagnose. Es müßte also ggf. ein Feedback eingerichtet werden. Wir wollen hier jedoch diese sicherlich inter-essante Unterscheidung zwischen Diagnostiker und Helfer nicht weiter diskutieren.

Was kann eine Diagnostik grundsätzlich leisten?

Ursprünglich deuteten die althippokratischen Ärzte (HIPPOKRATES, ca. 460-375 v. Chr.) ein Symptom als Zeichen einer Erkrankung des <u>ganzen</u> Menschen. Ihre Diagnostik war folglich eine Krank<u>en</u>-Diagnostik und keine Krank<u>heits</u>-Diagnostik. Erst mit Beginn der Renaissance im 14. Jahrhundert stand die "Beobachtung der Krankheitsanzeichen im Vordergrund" (vgl. KUNDLIEN 1972, S. 162 f.).

Eine auf die Sinnfrage zentrierte Diagnostik kann sich nur auf den "ganzen" Menschen beziehen, weil sich die erlebten Sinndefizite psychophysisch bemerkbar machen und eine noogene Auswirkung haben. Diese Merkmale und Auswirkungen zu erkennen und ihre wesentlichen Lebens-beeinträchti-gungen wahr-zu-nehmen, ist sowohl Zweck einer heilpädagogischen wie auch logotherapeutischen Diagnostik.

2.1   ...aus heilpädagogischer Sicht

...ist zunächst zu bemerken, daß die Heilpädagogik keine eigenen Diagnose-verfahren entwickelt hat. Sie bedient sich je nach Ausbildung des Anwen-ders psychologischer Methoden, wie z.B. bestimmter Tests oder der Ver-haltensbeobachtung. Die aufgrund der psychologischen Diagnostik erfaßten Daten müssen anschließend hinsichtlich ihrer heilpädagogischen Relevanz interpretiert und transformiert werden. Das gleiche gilt für medizinische Be-funde, allerdings besteht hier eine eindeutige Zuordnung der Untersu-chungskompetenz (bei Psychologen und Heilpädagogen kann es demgegen-über zu Kompetenzüberschneidungen hinsichtlich der Testdurchführungen kommen). Als Beispiel sei hier nur ein urologischer Befund etwa zu einer Enurese erwähnt, in dem kein Organschaden festgestellt wurde. Die bleibenden pädagogischen und psychologischen Fragen bedürfen weiterer Überlegungen und Interventionen.

Aus heilpädagogischer Sicht gilt der Grundsatz, daß ein bestimmtes Symptom zunächst so präzise und umfänglich wie möglich mit empirisch gesicherten Untersuchungsmethoden erfaßt und erklärt werden soll. Wenn keine organische Heilung möglich erscheint, können heilpädagogische Maßnahmen indiziert sein.

Abgesehen von Testverfahren ist eine heilpädagogische Diagnostik nicht an eine normierte Zeitgrenze ("Untersuchungszeitraum") gebunden. Erkennen und Handeln stehen in fortdauernder und unmittelbarer Wechselwirkung. In diesen Kontext gehört aus heilpädagogischer Sicht untrennbar der sogenannte personale Bezug zwischen Kind und Beobachter (vgl. MOOR 1974, S. 493). Was immer wir uns auch als Testergebnis vorstellen mögen (z.B. einen Intelligenzquotienten, einen Motorikquotienten, eine minimale cerebrale Dysfunktion, einen Neurotizismus, eine Neurodermitis, eine Hochbegabung oder auch organische Befunde usf.) - wir stehen mit dem jeweiligen Ergebnis am Beginn unseres Verstehens, Interpretierens und Deutens. Diese entscheidende professionelle Auswertungsarbeit ist nun jeweils eingebunden in theoretische Konzepte und noch weiter: in ein auszuweisendes Menschenbild.

In der Heilpädagogik interessieren aus einzelnen Untersuchungsbefunden die jeweiligen Variablen und Konstanten bzw. die reversiblen und irreversiblen Anteile. Beiden Kategorien gelten dann unterschiedliche Beeinflussungen. Im einen Bereich geht es um die Förderung der vielleicht bisher unentdeckten Begabungen, im anderen um die Aufgabe, "mit dem Defekt leben zu lernen" (KLENNER).

Im Gegensatz zur Schuldidaktik steht das Förder-Ziel oder Bildungsziel nicht vor einer Diagnose fest. Das Ziel ist nicht der Gradmesser der Diagnose, sondern die Diagnose vermittelt zunächst in möglichster Differenzierung einen Ist-Stand. Aufgrund dieses bzw. mehrerer Befunde wird ein "Sollwert" formuliert. Ein Beispiel: Ein bestimmtes Verhalten oder Symptom, z.B. Unruhe, ist Anlaß für Eltern, ihr Kind untersuchen zu lassen. Hier ist nun wie bei vielen anderen Symptomen auch, eine multiprofessionelle Diagnostik indiziert. Die "Unruhe" kann mit einem Organdefekt zusammenhängen, mit familiären Belastungen, mit einer Überforderung in der Schule oder auch nur als Unruhe erlebt sein (einzig von den Eltern) usf.. Kein Deutungsmuster ist hier von vornherein allein gültig. Das Beispiel schließt an die o.g. Unterscheidung von reversiblen und irreversiblen Anteilen an (was bleibt unabänderlich und was nicht?). Es macht ferner deutlich, daß psychosoziale Symptome in aller Regel von mehreren Blickrichtungen bzw. Professionen her betrachtet werden müssen. Die heilpädagogische

Sichtweise läßt sich wahrscheinlich am wenigsten empirisch begründen: Das subjektive Verstehen ist hier von zentraler Bedeutung, bei gleichzeitiger Kenntnis der objektivierten Daten. Auf unser Beispiel bezogen lautet die heilpädagogische Frage: Wie erlebt sich das "unruhige Kind", wie erlebt es die Reaktionen seiner Mitmenschen und: was muß und kann getan werden, damit das Kind es nicht mehr nötig hat, unruhig zu sein (oder zu klauen, oder wegzulaufen, oder einzunässen etc.). Vielleicht - so kann vermutet werden - braucht es mehr Aufmerksamkeit, weniger Fernsehkonsum, mehr Ruhe-räume oder anderes. Dergleichen Empfehlungen wären eine pädagogische Konsequenz der Individualdiagnostik. Die Kritik von SCHLEE, "daß die Daten... dem menschlichen Verhalten... nicht einfach... anhaften", sondern "erst unter bestimmten Fragestellungen und Perspektiven erscheinen" (SCHLEE 1985, S. 257), würde nur dann zutreffen, wenn eine monoprofessionelle Diagnostik erstellt würde. Aus vielen unterschiedlichen Daten und Sichtweisen, einschließlich ihrer theoretischen Einbindung, lassen sich durchaus Handlungsstrategien entwikkeln. Aus annähernd objektiv ermittelten Daten lassen sich jedoch, im Sinne einer Kausalkette, keine ebenso objektiven Handlungen ableiten. Diese implizieren immer subjektive Anteile und können nur bedingt intersubjektiv diskutiert, aber niemals unisono festgelegt werden. Ein Beispiel ist die sogenannte "Einweisungs- oder Selektionsdiagnostik" (SCHLEE 1985, S. 257). Gerade hier sind zwei verschiedene Grundannahmen vom Menschen vor einer Untersuchung maßgeblich: Sind die Menschen im Prinzip gleich und müssen sich folglich nur die Strukturen diesem Gleichheitsgrundsatz anpassen (dann wäre eine Strukturanalyse und keine "Selektionsuntersuchung" indiziert), oder sind die Menschen im Prinzip verschieden und müssen je "nach ihrer Fasson seelig werden" (frei nach Friedrich DEM GROßEN, 1770). In diesem Falle dient die Selektion nicht der Ausgrenzung (das wäre ja heilpädagogisch kontraindiziert!), sondern einem Zu-führen zu gleichgearteten Mitmenschen - nicht unter der soziologischen Perspektive etwa einer Gettoisierung aber mit dem Ziel einer optimalen individuellen Förderung. So bezwecken unter heilpädagogischen Gesichtspunkten, Diagnosen den Erweis von handlungsleitenden Kriterien. Diese Indikatoren bedürfen wiederum einer eigenen Begründung, weil sie sich logisch nicht aus der Diagnose ergeben. Die Interpretation eines Testergebnisses oder eines anderen Befundes ist die Brücke zur Indikation. Ein weit unterdurchschnittlicher IQ z.B. kann unter Berücksichtigung weiterer (Kontroll-)Daten sowie weiterer Überlegungen zu einer Umschulung in eine Sonderschule führen. Gleichzeitig müßte erwogen werden, wie sich der Schüler fühlen würde und wie er weiter in seiner Klasse bleiben könnte, wenn es nicht zu einer Umschulung käme. Hier wird der sogenannte Ermessensspielraum deutlich, der erhaltenswert ist, um jedem Einzelnen möglichst gerecht zu werden. Folglich wäre demgegenüber ein nach Perfektion strebendes diagnostisches Planungssystem abzulehnen. Es wären genügend praktische Beweise zu liefern, nach denen unorthodoxe, unübliche bzw. unkonventionelle Maßnahmen für den Einzelnen sinnvoll waren. Zur Heilpädagogik gehört insbesondere, in jenen Ermessensräumen mitzuwirken und persönliche Verantwortung zu übernehmen. Diese wäre nur dann überflüssig, würde man die Verantwortung über eine spezifisch-menschliche Entwicklung einer objektiven Instanz überlassen, wie z.B. einem anonym-kollektiven System von Meßdaten. Die Theoriebildung hat hier nicht den Auftrag, jeden Ermessensspielraum zu eliminieren, sondern Prämissen des Denkens und Handelns aufzuzeigen.

Noch einmal: Testpsychologische Daten können je nach Ausbildungskompetenz sowohl von Psychologen, als auch von Heilpädagogen erstellt werden. Von welcher Profession ein Test durchgeführt wird, ist relativ unerheblich; hier sind lediglich testtheoretische Kenntnisse erforderlich. Wichtiger sind die erkenntnis- und handlungsleitenden Fragestellungen. Diese werden immer dann erforderlich, wenn ein Symptom vorhanden ist - wir könnten auch von einer Indikation der Diagnostik sprechen. Ein Symptom ist im Allgemeinen jede Auffälligkeit eines Zustandes oder Verhaltens, das
- nach einer näheren Bestimmung, Klassifikation oder Abklärung verlangt,
- für wen auch immer "unerwünscht" ist und
- den weiteren "normalen" Lebenslauf in irgendeiner Weise stört oder beeinträchtigt.

Es handelt sich also zunächst um rein subjektive, noch ungeprüfte oder vage Beobachtungen (Hypothesen), die allerdings schon von dem Impuls begleitet sind, den Gegenstand der Beobachtungen (Phänomen, Objekt, Symptom) einem Vergleich unterziehen zu wollen. Das Interesse am Vergleich ist generell die Voraussetzung, sich und die Umwelt wahrzunehmen. Ohne Unterscheidung könnten wir nichts erkennen (vgl. Diakrise). Der empirische Anspruch nun, möglichst exakt zu unterscheiden, ist folglich genausowenig verwerflich wie zuvor nicht-empirische oder propädeutische Vergleiche (beginnend mit der Ahnung oder der Intuition). Gewonnene Informationen (Daten; Deskriptionen) verbinden wir jedoch immer mit Präskriptionen, also mit Werten und Intentionen. Erst mit dieser Komponente - und nicht schon beim Messen und Erfassen! - geraten die Unterschiede selbst in variable Richtungen, wie z.B. Ausgrenzung oder Integration. An diesem für den jeweils von einer Diagnose betroffenen Menschen entscheidenden Schnittpunkt hinsichtlich seines Lebensweges wird heilpädagogische Beeinflussung buchstäblich zu einem Verantworten. Die Antwort, die den Daten inhärent ist, soll ja in der weiteren Konsequenz zu konkreten Veränderungen bishin zu Einstellungsänderungen führen. Empirie und Ethos gehören für die Heilpädagogik untrennbar zusammen. Und das heilpädagogische Ethos besteht nun darin, dem Menschen trotz der objektivierbaren bzw. meßbaren Beeinträchtigungen zu einem sinnerfüllten Leben zu verhelfen. - In diesem Zusammenhang steht dem zu begründenden Testergebnis, komplementär, ein nichtempirisches, humanes Pendant gegenüber. Es ist dies die Stimmigkeit. Jedes Erkennen und jeder aus der Erkenntnis gewonnene Vorschlag einer praktischen Umsetzung oder Konsequenz sollte dem durch-schauten, dem diagnostizierten Menschen einleuchtend sein, und zwar gerade nicht unbedingt in einem kognitiven Sinne. Es sollte unter allen Umständen jene Stimmigkeit von Ergebnis und Folge für den betroffenen Menschen angestrebt werden. Es wird deutlich, wie unerläßlich die Beziehung zwischen Kind und Heilpädagogen ist.

Noch weiter: hier soll ein weiteres Phänomen rehabilitiert werden, das an Bedeutung angesichts der Fixierung auf das Objektivierbare leider verloren hat. Es geht um das "Gemeinte" oder das Moralisch-Intendierte. Vieles an Ein- oder Umbiegung im Lebenslauf ist nicht unmittelbar einsichtig für den betroffenen Menschen. Er ist aber willens, sich auf Abänderungen einzulassen, wenn er Vertrauen hat zu seinen Ratgebern und wenn er fühlt, daß sie es mit ihm gut meinen. Wegweisungen, die gegen unmittelbare bzw. gleichzeitige kognitive Einsicht empfohlen und angenommen werden sollen, sind originär pädagogisch. Sie unterliegen in allen Fällen einer fehlbaren Verantwortung. Darin wurzelt das pädagogische Ethos, welches durch keine Meßmethoden überflüssig werden kann. Je mehr eine Symptomatik auf konstruierte Konventionen hinweist (z.B. Depression oder Verhaltensauffälligkeit) und nicht auf konkrete Befunde (z.B. Zahnweh; Tumor) desto weniger können wir objektivieren und messen. "Eine Fraktur ist unabhängig vom interaktionellen Kontext zu erkennen, Suizidalität aber nicht" (PRIEBE 1989, S. 88). Analoges gilt für die entsprechenden Prognosen bzw. Heilungschancen. Aus originär heilpädagogischer Sicht interessieren bei jenen Vergleichen die irreversiblen Anteile. Der Satz: "Bei Irreversiblität ist nichts mehr zu machen" ist nicht nur falsch, sondern impliziert auch eine grundsätzliche Hoffnungslosigkeit und eine Reduktion bzw. Verabsolutierung des Reversiblen als einzige Basis des Veränderlichen.

Das pädagogische Ethos entzieht sich nur bedingt einer intersubjektiven Überprüfung. Wichtige deskriptive Erkenntnisse (wie z.B. traumatische Erlebnisse oder Beschreibungen von frühkindlichen Beziehungen usf.) können bzw. sollten mehreren Beobachtern zur Diskussion und damit zur Interpretation vorgestellt werden. Die jeweils verantwortlichen "Bezugspersonen" können somit die verschiedenen Sichtweisen auswerten und verinnerlichen. Dadurch erhöht sich die Wahrscheinlichkeit einer zutreffenden Einschätzung und eines angemessenen Umgangs mit dem Kind (Handlungsstrategie).

Neben der deskriptiven Transparenz könnte noch ein weiteres Kriterium für eine diagnostische Kontrolle genannt werden: die Falsifikation. Jedes diagnostische Ergebnis hat nicht nur Aspektcharakter, sondern auch eine Vorläufigkeitsbedeutung. Es liegt in der Natur der sogenannten weichen Untersuchungsbefunde (harte Untersuchungsbefunde wären folglich alle konkreten, unstrittigen Befunde wie z.B. Frakturen), also aller unscharfen, konstruierten bzw. hypothetischen Befunde, selbst in Frage gestellt zu bleiben. Sie sind also potentiell falsch und bedürfen einer ständigen Präzisierung durch Falsifikation (vgl. POPPERS "Kritische Methode", 1984, S. 13). Der Wert der diagnostischen Vorläufigkeit darf nicht unterschätzt werden: Diagnosen sind keine Festlegungen auf Langfristigkeit, sondern müssen in zeitlichen Intervallen überprüft werden. Es sind Vor-Urteile.

In einer sinnzentrierten Heilpädagogik interessiert immer wieder die Frage nach den "Sinnfindungsblockaden". Diese Negativschau konzentriert sich auf das Vorfeld oder auf die Voraussetzungen, die fehlen, um Sinn finden zu können. Gemeint sind hier etwa alle Denkkonditionen im conj. irrealis, einschließlich überzogener Zielperspektiven ("Wenn ich nicht an meinen Rollstuhl gefesselt wäre, würde ich Marathonläufer werden"). Aber auch Deprivationen, Verwahrlosungen, Mißhandlungen usf. können als Barrieren zur Sinnverwirklichung bzw. zur Selbsttranszendenz interpretiert werden. Auch hier gilt unsere sogenannte Negativschau der Frei-setzung von Sinnmöglichkeiten, die dann dem einzelnen Menschen im Kontext seiner Wirklichkeiten frei-gestellt sind.

Ein denkbarer Indikator für das Ende einer heilpädagogischen Hilfe, und damit auch der die Hilfe begleitenden Diagnostik, wäre eine Lebensführung, bei der die Sinnfrage an Aktualität für den homo patiens zunehmend verliert und stattdessen Sinn verwirklicht wird. Auch bei der Definition vom Ende heilpädagogischer Interventionen wird klar, daß es sich hier um einen unscharfen Bereich handelt. Vielleicht müßte man besser auch von einem vorläufigen Ende sprechen, weil das vermeintlich irreversible Leiden immer wieder zu "Erschöpfungsphasen" bzw. zur Kraftlosigkeit und Entmutigung führen kann.

Ein letztes Beispiel soll die hier vorgestellten Akzente einer heilpädagogischen Diagnostik abrunden. Es geht um die Diagnose von Menschen, die sich sprachlich nicht oder nur kaum artikulieren können. Das können sehr

junge Kinder sein oder z.B. schwerstbehinderte Menschen. Dieser Personenkreis ist verbal nicht zu befragen. Ergiebige Antworten sind nicht zu erwarten. Und dennoch bleibt natürlich ein Beziehungsinteresse gegenüber diesen Menschen und ein Bündel offener Fragen: Sind sie glücklich; was wollen sie an Zuwendungen, an Beeinflussungen, an Forderungen; was geht in ihnen vor; mit welchen Augen sehen sie die Welt; welche Anzeichen von Selbstdistanz sind zu beobachten? Diese und viele andere Fragen beinhalten die diagnostischen Fragestellungen während der sogenannten Verhaltensbeobachtung. Diese wiederum ist abhängig von strukturierten oder unstrukturierten Reizen bzw. Situationen, vergleichbar mit einer experimentellen Situation: gleiche Vorgaben wie z.B. Farbtäfelchen, werden in bestimmten Zeitintervallen wiederholt und Veränderungen der Reaktion beobachtet und protokolliert. Oder es werden die Vorgaben oder das sogenannte Setting variiert (Änderung der Situation). Ich habe z.B. mit "rede-schwachen" Jugendlichen Unternehmungen gemacht, bei denen der Blickkontakt (face to face) vermieden wurde, beispielsweise beim Schwimmen, bei Spaziergängen oder bei Autofahrten. Dadurch war die Kommunikation nicht begrenzt auf den sprachlichen Austausch und es konnten äußere Beobachtungsgegenstände beachtet und thematisiert werden. Über diese oft langwierigen Umwege entsteht Vertrauen und die Chance, über sich, d.h. über seine Gefühle, Ängste, Träume usf. zu sprechen.
Es gibt auch Menschen, mit denen die Kommunikation weitestgehend im sprach-losen Bereich bleibt. Hier müssen die Interpretationen im prä-logischen Raum bleiben und die Sinnproblematik kann nur erahnt werden. Menschen, die kognitiv auf keine Sinnstrukturen zurückgreifen können, sind meist sinnesbehindert, d.h. sie haben nicht erfahren, ihre Sinne zu gebrauchen. Man denke nur an die unwürdigen Kinder-Gulags unter der CEAUSSESCU-Diktatur in Rumänien (vgl. DER SPIEGEL vom 26.3.1990). Ihnen fehlt jeglicher Vergleich eines besseren Zustandes, und wir können nur erahnen, daß tief unter der Abgestumpftheit eine Hoffnung schlummert nach Erlösung. Genau diese Hoffnung unterstellen und evozieren wir, ohne hierfür von den Betroffenen eine formale Legitimation erhalten zu können. Mit der Menschenwürdigkeit geht der erzieherische Anspruch einher, d.h. eine elementare Beeinflussung der Primitivität. Hier tritt zum "Erkennen" die unmittelbare "Erschütterung", das Angerührtsein von einem anderen menschlichen Wesen. Diagnose verlangt also ein Hin-sehen und eben kein Ab-sehen von einem Leid. Diagnose ist ferner ein Sinnes-Erfassen aller Sinne eines anderen Menschen, wie z.B. das Mitfühlen, das An-hören und das Be-greifen. Dieses umfassende Verständnis von Diagnose scheint notwendig, um Zugangswege zu finden zu Menschen, die uns sehr fremd erscheinen. Ich möchte diese für die Heilpädagogik wesentliche Sichtweise

multiperspektivisch nennen und damit den Akzent auf das bei einem Menschen jeweils noch nicht Entdeckte lenken. Der Erkenntnis- und Verstehensprozeß als diagnostischer Inhalt oder Zweck ist daher im Grunde unbegrenzt. Ein schwacher Mensch ist diagnostisch nicht abzuklären oder "abzuhaken". In jedem Fall bleibt ein geraumer Rest von Ungeklärtem, von Fragwürdigem und von Spekulativem. Und die diagnostische Annäherung führt zu wesentlich weniger Gewißheit als bei Menschen, die in der Lage sind, sich an Meßverfahren zu beteiligen und die über verbale Reaktionen Ergebnisse korrigieren und präzisieren können.

2.2 ... aus logotherapeutischer Sicht

... ist ein erlebter bzw. bewußter Sinnverlust zentraler Indikator für ein helfendes Gespräch oder eine Therapie. In der logotherapeutischen Literatur werden desnäheren weder Personen mit bestimmten Symptomen noch klare methodische Abgrenzungen zu anderen Therapiemöglichkeiten genannt. Das mag als gewisse Unzulänglichkeit gewertet werden: Wer bei wem eine Existenzanalyse oder eine Logotherapie durchführen kann - bleibt hinsichtlich des theoretischen Konzeptes und seiner methodischen Abgrenzung eine offene Frage.

Die Ausbildungskompetenz obliegt wie bei allen Psychotherapieformen den einzelnen privatrechtlichen Ausbildungsinstitutionen. Eine staatlich anerkannte Psychotherapie gibt es nicht. In aller Regel werden Psychotherapien von Menschen ausgeübt, die ein einschlägiges Hochschulstudium und eine Zusatzausbildung absolviert haben. Die Leiter der deutschen Ausbildungsinstitute repräsentieren die Fachdisziplinen Theologie, Psychologie und Soziologie. Nach dem traditionellen Primat der Medizin (FRANKL ist ja Mediziner) - hinsichtlich der logotherapeutischen Praktizierung - halten sich heute die medizinischen und sozialwissenschaftlichen Berufe in etwa die Waage (Quelle: Mitgliederverzeichnis der Deutschen Gesellschaft für Logotherapie. Stand: Juli 1991)

Wer in einer Sinnkrise steckt, hat folglich die Möglichkeit, sich an verschiedene Professionen mit logotherapeutischer Qualifizierung (einige Kollegen nennen sich "Existenzanalytiker") zu wenden. Die Zugangswege zu einem Helfer sind auch hier zufällig und von unterschiedlichen Faktoren abhängig. Das gleiche gilt für die sogenannten Delegationswege, wie z.B. von einem Hausarzt zu einem Psychologen, Heilpädagogen etc. und umgekehrt. Im übrigen braucht die Erörterung der Sinnfrage genausowenig eine eigene fachliche Kompetenz wie die Erziehung. Über Sinn kann jeder

Mensch nachdenken und sprechen. Das entscheidende Kriterium für eine professionelle Hilfe läßt sich auch wieder nur in einer Relation bzw. in einer Tendenz ausdrücken: je mehr ein Mensch am Sinn seines Lebens zweifelt oder leidet, desto weniger wird er auf die professionelle Inanspruchnahme einer Hilfe von außen verzichten können oder wollen. Und während nun die Sinnproblematik immer auf anthropologisch-philosophisch-religiöse Themen verweist, ist andererseits der vordergründiger Anlaß, nämlich ein Symptom, nicht automatisch mit der Sinnfrage verknüpft. Genausowenig wie eine Behinderung generell mit "Leiden" in Verbindung gebracht werden kann, genausowenig ist ein beliebiges Symptom persé mit der Sinnfrage verknüpft. Allerdings steigt in beiden Konstellationen die Wahrscheinlichkeit der genannten Zusammenhänge proportional zu der subjektiv erlebten Intensität bzw. des Schweregrades einer Problematik.

Intensität
der Sinnfrage

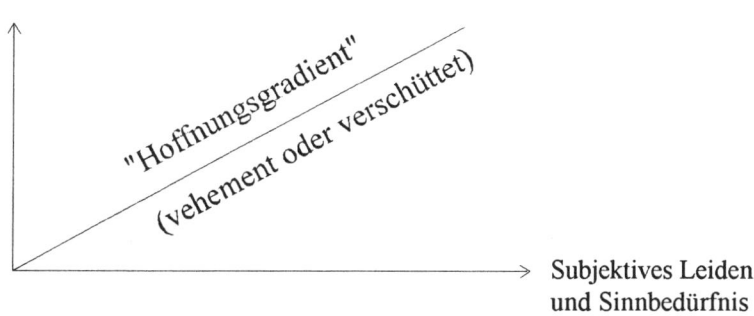

Subjektives Leiden
und Sinnbedürfnis

Die Subjektivierung von Leiden und Sinnbedürfnis ist von großer Wichtigkeit, um Stigmatisierungen oder Automatismen, wie z.B. als Gleichung: behindert = leidend , auszuschließen. Unter diesem Gesichtspunkt können wir zunächst zwei Voraussetzungen benennen, die zu der Indikation einer Logotherapie führen können. Zum einen muß es für den betroffenen Menschen einen Anlaß, ein Symptom, geben und zum anderen muß er in irgendeiner Weise eine Hilfe anmelden bzw. beanspruchen. Beide Bedingungen entsprechen den klassischen Therapievoraussetzungen: der Krankheitseinsicht sowie dem Leidensbeseitigungswunsch (womit hier nicht einem "medizinischen Modell" oder einer Pathologisierung unserer Klientel zugesprochen werden soll!).

131

Dem in Fallbeispielen so oft nachzulesenden Darstellungsbeginn ("es kommt jemand zum Arzt", "... in die Praxis" usf.) soll kritisch nachgegangen werden. Denn wenn jemand in eine Praxis oder zu einem Helfer kommt, so geht diesem "Schritt" bereits eine bestimmte Entscheidungs- und Handlungsvorphase voraus. Diese in Therapien meist übliche "Komm-Struktur" ist in der Heilpädagogik weniger verbreitet (zu heilpädagogisch bedürftigen Menschen muß man häufig hin-gehen und zudem auch einen verbalen nicht-formulierten Auftrag unterstellen).

Neben den beiden genannten Voraussetzungen ist noch eine dritte Bedingung zu nennen, die für die Logotherapie beinahe unumgänglich ist. Die Sprach- und Reflexionsfähigkeit eines Klienten ist gerade in einer dialogisch ausgerichteten Therapie vorauszusetzen. Von daher beginnt eine logotherapeutische Arbeit bei Menschen, die bereits grundsätzlich per Sprache zur Selbstdistanzierung befähigt sind, diese allerdings negativ-pessimistisch attribuieren. Die logotherapeutische Klientel kann ferner in der Regel auf gesunde oder intakte Erfahrungen in den früheren Lebensphasen zurückgreifen. FRANKLs KZ-Erfahrungen z.B. waren durch äußere Umstände bedingt; FRANKL selber war vor seiner Deportation (im März 1938) 33 Jahre alt und er praktizierte bereits als Arzt.

Oder: depressive Menschen sind nicht immer depressiv gewesen. Und die Zeit vor einem Schicksalsschlag oder vor einer Sinnkrise war für viele Menschen meist ohne größere psychische Beanstandungen. Wie immer dem auch im Einzelfall sei, es geht mir nicht um starre Klassifikationen. In der Heilpädagogik geht es tendenziell jedoch auch um Sinnstiftung, im Sinne von Sinnangeboten. Ein Kind, das weder geliebt noch angeregt würde, könnte wohl auch kaum Sinn finden. Es bedarf zumindest einer "Basisinformation", d.h. einem Gefühl und einem elementaren Wissen von "Welt", wie auch immer das konkret aussehen mag. Das Kind muß also erst etwas bekommen, bevor es dann später per Analogieschlüssen finden kann.

Während nun in der Existenzanalyse, je nach spezieller Indikation, in oft mühsamer und minutiöser Retrospektive nach diesen Grundgaben oder Grunderfahrungen gefahndet wird, stellen diese frühkindlichen rezeptiven Erlebnisse für die Heilpädagogik geradezu einen erzieherischen Impetus dar (prospektiv). Der bekannte FRANKL-Satz: "Sinn kann nicht gegeben, sondern nur gefunden werden" (FRANKL 1986, S. 72), setzt insofern positive Urerfahrungen oder auch ein "Urvertrauen" (ERIKSON 1964) voraus. Diese Faktoren bedingen die Sinnfindung - der Akt der Sinnfindung ist schließlich allein Sache des Subjekts selbst. Während in der Logotherapie der Blick eines Klienten für die positiv besetzten Sinnmöglichkeiten geschärft werden soll, besteht in der Heilpädagogik ein Teil der Arbeit darin, die Voraussetzungen und Rahmenbedingungen zu schaffen, in denen erst

Sinn gefunden werden kann. Als kleines Beispiel soll uns diesmal ein alter Mensch dienen, der stumpf vor seinem Fenster sitzt und keine Anstalten mehr macht, aus dem Haus zu wollen. Nun kann es sein, daß eine Rollstuhlfahrt durch den Stadtpark ihm gefällt, in ihm Erinnerungen wachruft, er den Duft der Blumen genießen kann usf. Zur jeweiligen Aktivität kann verbal (als Appell) oder in Form des aktiv-Mitmachens (als Mit-Handlung) animiert werden.

Logotherapie bewirkt Veränderungen primär über das Medium des Wortes, der Antizipation und nicht selten als Appell. Existenzanalytiker greifen aber kaum selbst in das Handlungsgeschehen ein, in die konkrete Organisation lebenspraktischer Voraussetzungen. Demgegenüber begleitet ein Heilpädagoge seinen "Schützling" häufig im Alltag, nimmt unmittelbar teil an seinem Leben und übt einen orientierenden und erzieherischen Einfluß aus. Logotherapeuten bzw. Existenzanalytiker arbeiten in der Regel mit Menschen, die selbst unter einem unerwünschten Schicksal leiden. Sie machen weniger "Angehörigenarbeit" oder "Elternarbeit" als Heilpädagogen. Auch diese Unterscheidung ist selbstverständlich nicht zu generalisieren. Im Gegenteil: Logotherapie wäre in diesem Arbeitsfeld nicht nur indiziert, sondern könnte zukünftig die heilpädagogische Arbeit durchaus involvieren.

Wenn Menschen Hilfe suchen, weil sie mit ihrem Leben oder ihrem Schicksal nicht zu Wege kommen, so stellen sie in sprachlich verschiedener Weise die Sinnfrage. Sie sind auf der Suche nach neuen Ein-sichten und Ein-stellungen, die es ermöglichen, in einer positiven Beziehung zu ihrem Leben zu stehen. FRANKL hat das Sinnlosigkeitsgefühl mehrfach ein "existentielles Vakuum" genannt (FRANKL 1974, S. 70; 1986, S. 21), und dieses äußert sich eben als Leere, als "Fehlen von Interessen" (FRANKL 1973 S. 11), "Mangel an Initiativen" (ebenda) oder als "Langeweile" (ebenda, S. 67). Psychologisch können wir von einem Motivationsverlust zu leben sprechen. Soziologisch erklärt FRANKL dieses "umsichgreifende" Sinnlosigkeitsgefühl mit dem Mangel an Instinkten ("im Gegensatz zum Tier sagen dem Menschen keine Instinkte, was er muß") und an Traditionen ("im Gegensatz zum Menschen früherer Zeiten sagen dem Menschen von heute keine Traditionen mehr, was er soll). Aufgrund dieser "soziogenen Neurose" wisse der Mensch oft gar nicht mehr, was er will (FRANKL 1974, S. 71). Aber: daß der Mensch wie kein anderes Lebewesen überhaupt nach Sinn fragt oder fragen kann, das ist "auch die Manifestation einer geistigen Mündigkeit" (FRANKL 1974, S. 71).

Das Sinnlosigkeitsgefühl, gedeutet als "existentielles Vakuum", ist ein weiterer Indikator für eine Existenzanalyse und Logotherapie. Nur müssen wir den physikalischen Begriff des Vakuums als Metapher verstehen: "ein absolutes Vakuum gibt es nicht", und ein "Raum, in dem schlechthin nichts ist, kann nicht sein" (KNIEBE 1991, S. 673 f.). Das Gefühl innerer Leere kann zwar subjektiv als absolut empfunden werden, aber schon durch die Darstellung und Beschreibung verweist der Mensch auf jene Beobachtungs- und Bewertungsinstanz in sich, die den leeren Innenraum - wie von außen - erkennt, wahrnimmt und ihm gegenüber Stellung bezieht. Diese geistige Fähigkeit muß gleichsam auch außerhalb des als leer empfundenen Raumes vorzustellen sein. Sie relativiert das als absolut empfundene Vakuum und verweist auf den einzig möglichen therapeutischen Zugang. Ein "völlig" entleerter Mensch wäre außer Stande, eine Therapie zu be-anspruchen; er würde reglos und teilnahmslos daliegen und un-ansprechbar sein. In diesen Fällen wäre zunächst eine Körpertherapie oder eine Pharmakotherapie indiziert.

Das Ziel einer Logotherapie ist immer die Einstellungsänderung eines sinnsuchenden Menschen gegenüber seinem als mißglückt attribuierten Schicksal. Insofern ist eine Logotherapie da indiziert, wo ein Mensch noch fähig ist, eine Einstellung bzw. eine Stellungnahme zu seinem Schicksal zu benennen. Diese für eine Logotherapie vorausgesetzte Befähigung ist nicht zu verwechseln mit kognitiven Fähigkeiten oder mit gewissen verbalen Ausdrucksfähigkeiten. Die Art und Weise der kommunikativen Vermittlung jener Selbstdistanzierungsfähigkeit ist keinen objektivierbaren Maßstäben unterzogen. Es bleibt vielmehr der therapeutischen Kunst überlassen, dem Sinnsuchenden zu helfen, Sprache zu finden, für das sogenannte existenzielle Vakuum, die Perspektivlosigkeit oder Sinnleere. Die Bemühung, Sprache zu finden, ist im Grunde eine Übersetzungshilfe von Gefühl in Sprache und von Ergriffenheit oder Besetztheit zur Distanz durch Wahrnehmung anderer Blickwinkel bzw. Sichtweisen. Ziel einer Logotherapie ist die Transformation destruktiver und negativer Energien und Einstellungen in lebensbejahende und kreative Kräfte. Und insofern können alle als subjektiv empfundenen, lebens-verhindernden Gedanken als Indikator für eine Logotherapie gelten.

Mit der Frage, "was der Mensch sucht, wenn er Sinn sucht" (LÄNGLE, S. 391) wollen wir uns im nächsten Kapitel befassen.

3. Die Frage nach dem Sinn

In aller Regel stellt ein Mensch die Sinnfrage nur, wenn er dazu einen Grund hat bzw. einen Anlaß. Nach FRANKL gehört es zum typisch Menschlichen, einen "Willen zum Sinn" (FRANKL 1982, S. 221) zu haben. Das, was ein Mensch tut und wofür er lebt, muß für ihn einen Sinn haben, eine Bedeutung. Diese scheinbare Trivialität bedarf keiner besonderen Leistung, keiner besonderen Vorbildung - noch nicht einmal einer besonderen Reflexionsfähigkeit. Schon das neugeborene Kind will sich erhalten: es schreit nach allem, was zu seiner Lebensfortsetzung notwendig ist. Das Kleinkind stellt die Sinnfrage zwar nicht, aber es strebt nach Sinnvollem, indem es beispielsweise exploriert, spielt - in die Welt schaut. Durch die Erfahrung der natürlichen "Begrenzungen" (essen und schlafen müssen usf. sowie alle Formen von Beendigungen) erspürt das Kind zunächst ein Pendant zum Sinn: es kann nicht permanent aktiv sein und luststrebig, sondern es wird mit der Notwendigkeit konfrontiert, auch passiv sein zu müssen. Daß auch die Passivität wie z.b. das Schlafen, das Abwarten, die Ruhepausen usw. einen Sinn haben, erfährt das Kind erst allmählich, nicht selten im Widerstand und schließlich in Gestalt des Vertrauens, daß es wohl so gut und richtig sei, auch ohne verbal-rationale Erklärungen. Gerade der Schlaf ist ja nicht nur eine biologische Notwendigkeit, sondern auch ein sich psychisch auswirkender Vorgang. Der Mensch muß sich den natürlichen Gesetzen anpassen, er muß sich dem Schlaf hingeben und der Dunkelheit und seinen Träumen als Phänomene des Mysteriösen, des nicht allein naturwissenschaftlich Erklärbaren.
Sämtliche Erlebnisse des Hinnehmen-Müssens ohne wesentlich aktive Beeinflussungsmöglichkeiten konfrontieren den Menschen bereits ab seiner Geburt mit Begrenzungen, hinter denen sich jeweils die Tatsache der Nicht-Ewigkeit sowie des nicht absolut Verfügbaren verbirgt. Der Tod, die Sterblichkeit und Vergänglichkeit ermöglichen erst die Sinnfrage. Würden wir ewig leben, wir würden die Begriffe Ewigkeit und Sinn höchstwahrscheinlich nicht kennen. Die Sinnfrage wird folglich erst im Kontext von Beendigung und Vergänglichkeit relevant. Diese kausale Bedingtheit bzw. Abhängigkeit ist kultur- und konfessions-unabhängig. Auch wenn Menschen an mehrere Leben oder Wiedergeburten glauben (wie z.B. im Hinduismus, in dem der Mensch keine historisch einmalige Individualität besitzt), so sind dies immer Deutungszusammenhänge, die den Tod eines Menschen realisieren und dann diesen erst zu interpretieren versuchen. Die Interpretation des Lebens angesichts des Todes ist i.w.S. identisch mit der Sinnfrage. Sie ist immer reflexiv, d.h. rück-bezüglich und verweist auf etwas bereits

Gegebenes. Insofern ist es dem Menschen unmöglich, Sinn zu schaffen bzw. zu schöpfen; er kann dem Vorfindlichen nur Sinn verleihen, zuschreiben oder zuerkennen. "Der Sinn des Lebens kann nicht erfunden, sondern muß entdeckt werden" (FRANKL 1972, S. 423). Durch diesen Entscheidungszwang selektiert ein Mensch Sinn von Unsinn - Attraktives von Unattraktivem usf..

Gleichermaßen wirkt das Subjekt normativ-wertend, indem es unterscheidend abwägt und sich mit den vorfindbaren Situationen auseinandersetzt: gedanklich-imaginativ und tatsächlich. Die Informationen, die ein Mensch benötigt, um sich in einer Situation entscheiden zu können, haben unterschiedliche und kaum klar ausfindig zu machende Quellflüsse. Wir könnten etwas polemisch anmerken, daß keine Sozialisation einer anderen gleicht.

Nun wird die therapeutische und besonders pädagogische Frage brisant, ob ein Helfer sich überhaupt einmischen darf hinsichtlich jener Informationsvermittlung, die das Material darstellt, aus dem ein Ratsuchender seinen Sinn finden kann. Oder ist die Sinnfindung der jeweiligen Informationsbeliebigkeit ausgesetzt, die also der Klientel biographisch bereits zur Verfügung steht? Versteht sich der Helfer als Mitsuchender oder als Suchhelfer? Die Frage läßt sich sicher nicht generell beantworten. Die Helfer mit eher therapeutischer Identität werden sich als Suchhelfer verstehen und jene mit pädagogischem Impetus wohl eher als Mitsuchende. Besonders im heilpädagogischen Bereich scheint eine Informationsvermittlung über Sinnmöglichkeiten, die ergriffen werden könnten, angezeigt zu sein. Diese Sinn-Offerten erweitern das Sinn-Repertoire und gleichermaßen den Handlungs- und Entscheidungsspielraum. Das pädagogische Ethos besteht nun darin, die offerierten Sinnmöglichkeiten im Falle einer Ablehnung der Betroffenen nicht einzuklagen oder negativ zu sanktionieren. Verfügungs- und Orientierungswissen (vgl. MITTELSTRAß 1989, S. 166) sind Voraussetzungen für Freiräume bzw. für eine Handlungskompetenz und müssen daher von außen zugetragen werden.

Eine sinnzentrierte Heilpädagogik gestaltet sich in einer dialogischen Form; möglicherweise auch als Streit oder gemeinsames Ringen um sinnvolle Lebenswege. Es bleibt der Verantwortung des Helfers überlassen, ob er die ihm bekanntwerdenden Sinnkrisen zurückführt auf Informationsdefizite, d.h. auf Blockaden "im" Anderen, oder auf sogenannte Transferprobleme, das Erkannte auch zu leben bzw. praktisch umzusetzen.

Der "Wille zum Sinn" korrespondiert in Situationen, in denen nicht bloß nur naturhafte Begrenzungen des Lebensverlaufes wahrgenommen werden, mit einem Sinn-Zweifel. Dieser Zweifel kann je nach subjektiv erlebter Ausweglosigkeit in Verzweiflung übergehen. Je mehr ein Mensch sich von der transsubjektiven Objektwelt (vgl. LÄNGLE 1991, S. 176) distanziert und sich identifiziert als Unbeteiligter, als seinem Schicksal Ausgelieferter, desto mehr zweifelt er am Sinn. Er attribuiert das objektiv Gegebene bzw. das Schicksalsereignis als sinnlos. Er gewinnt dem Leben nichts mehr Positives ab. Die als sinnlos definierte Objektwelt wird nun vom homo patiens übertragen auf das Subjekt selbst: Es zweifelt nicht nur über die ihm nichts mehr gebende und bedeutende Welt, sondern es verzweifelt an sich selbst, an seiner Person und an seiner Unfähigkeit, dieser negativen Welt positiv und konstruktiv gegenüberzutreten. Der Mensch gerät über den Weg der negativen Attribuierung zunächst von einer Distanz dann zu einer Identifikation: "Die Welt ist genauso schlecht, so trostlos usf. wie ich". Dieser Mensch ist zu einer Erfahrung mit einem Nicht-Sinn bzw. einem Nichtigkeits-Sinn gekommen, er erleidet einen Sinnverlust, er ist existenziell verunsichert und verzweifelt, er stellt sein eigenes Leben als "lebensunwert" dar. Ein weiteres Merkmal einer Sinnkrise ist die Perspektivlosigkeit, die fehlende Zukunftsperspektive. Trotz dieser finsteren Selbstbetrachtung und Selbstverurteilung bleibt die Sinnfrage, die Suche nach Sinn. Selbst bei suizidalen Menschen bleibt die Hoffnung, einen Sinn durch Selbsttötung herbeizuführen, indem sie sich gegen ihr eigenes, mit lauter Düsterheit verklärtes Leben entscheiden.

Und je mehr der Mensch seine Sinnproblematik verabsolutiert, je mehr sie Raum gewinnt und ihn "besetzt", desto weniger wird er Sinn finden können. Die passive Erwartungshaltung, der Sinn möge doch bitte an den Sinnsuchenden herangetragen werden, vereitelt jede Sinnfindung. Dieser infantile Status hat möglicherweise seine biographische Entsprechung in frühkindlichen Erlebnissen, in denen gerade keine Sinnangebote dem Kind dargebracht wurden. Später, als Erwachsener, wird diese Sinn-dar-bietung immer noch eingefordert bzw. eingeklagt. Falls nun dieser Deutungszusammenhang zutrifft, so handelt es sich bei jenen Menschen um bestimmte Reifungsversäumnisse, für die sie nicht unmittelbar verantwortlich sind. Dem Kind müssen Sinnerfahrungen ermöglicht werden. Das bedeutet zunächst die Befriedigung der Grundbedürfnisse (leibliche Versorgung; emotionales Angenommensein usf.). Zu den sogenannten Grundbedürfnissen sollten wir auch die Evokation der geistigen Dimension zählen. Eine geistige Erziehung hat etwas zu tun mit dem Zauber, mit dem Geheimnisvollen, Unerklärbaren - kurz: mit dem Transzendenten. Die Verpackung von Geschenken z.B. zu Weihnachten; das Vortragen von Märchen oder ein Besuch im Zirkus sind elementare Erfahrungen, in denen auf etwas hingewiesen wird, das im Grunde offensichtlich und doch irgendwie geheimnisvoll ist. Es sind zudem Erfahrungen, die von der Person des Wahrnehmenden in einem guten Sinne ablenken. Auf diese Weise erlebt ein Kind Glück und

Sinn in sich als Folge des von-sich-Absehens. Genau das ist die entscheidende Grunderfahrung, auf dessen Muster sich der leidende Erwachsene zurückbesinnen können müßte. Insofern kann die Existenzanalyse, hinsichtlich der frühkindlichen Erfahrungen wichtige Aufschlüsse geben. Die existenzanalytische Frage lautet: Was kann erinnert werden, das nicht unvermittelt mit der eigenen Person zu tun hatte? Was alles ist an den Menschen herangeführt worden, das ihn (damals) glücklich machte? Therapeutisches Ziel ist dabei die Erinnerung an das Hin-sehen, Hin-hören, Fühlen, an das sich-ein-lassen. Es geht um die Erinnerung früherer Kräfte mit der Absicht, diese Energien heute für andere Ziele und Aufgaben zu mobilisieren.

Es gehört zu einer gewissen heilpädagogischen Dialektik, bei jeder helfenden Überlegung eine gedankliche Gegenprobe zu machen: Was ist, wenn unsere therapeutischen Fragen, unsere Hilfestellungen, unsere Erkenntnis- und Lösungswege u.ä. nicht die erwünschte Wende bringen? Gerade bei der heilpädagogischen Klientel stoßen wir oft an Grenzen, z.b. hinsichtlich ihrer oft negativen frühkindlichen Erfahrungen. Häufig können sie nur kaum auf sinn-erfüllte Erinnerungen zurückgreifen. Oder ihre Fixierung auf die Sinnfrage bleibt unverändert und damit auch ihre subjektiv erlebte Unfähigkeit, sich zu transzendieren. Abgesehen von biochemischen bzw. organischen Erklärungszusammenhängen (z.B. als Ursache für Depressionen), stellt sich aus heilpädagogischer Sicht hier die Frage nach der sogenannten Handlungsebene (im Gegensatz zur eben diskutierten Einsichtsebene). Denn genau das gedanklich als notwendig Erkannte, bedarf entweder einer praktischen Umsetzung oder einer praktischen Vorerfahrung. Während also einmal die Sinnerfahrung über die Reflexion fühlbar werden kann (retrospektiv), wird sie im noch elementareren Bereich nicht erst planerisch entworfen, sondern per Handlung (und weitgehend unreflektiert) erfahren bzw. erfühlt. Sinnerlebnisse erfordern bisweilen ein Mittun eine "Mittäterschaft" des Heilpädagogen.

Möglichkeiten der Sinnerfahrung

A	Über den Weg der Handlung (konkret)	==>	Wahrnehmung von Sinn/Sinnerlebnis
B	Über den Weg der Erinnerung (reflexiv)	==>	Handlungsentwurf

Die Frage nach dem Sinn ist immer spannungsgeladen. Die Spannung, oder wie FRANKL sagt, der Hiatus, besteht zwischen Sein und Sollen. Und obwohl der homo patiens im konkreten Falle an dieser "Kluft" leidet, geht es weder um Koinzidenz noch um Kongruenz, im Sinne einer Homöostase, dieser Polarität. Die Sinnfrage kann und soll ja gar nicht geklärt werden, ein für alle Male und endgültig, sondern sie wird bei bleibender Spannung nur schrittweise und immer vorläufig beantwortet. Jede Harmonie, jeder status quo, jede Ent-spannung im Sinne einer "längeren Weile" kann die Sinnhaftigkeit gefährden. Sinnfindung setzt also bei Sinnsuchenden eine gewisse Lust am Provisorium, am Unfertigen und am Unvollkommenen voraus. "Die Spannung zwischen Sein und Sein-Sollen gehört eben zum Mensch-sein mit dazu. Und darum ist sie auch unabdingbare Bedingung seelischen Gesund-Seins." (FRANKL 1972, S. 417).

Interessant ist die Unbestimmbarkeit des Maßes bzw. des Spannungsmaßes. FRANKL spricht hier von einer "gesunden Dosis von Spannung" (ebenda, S. 419). Ein "guter Streß" (im Gegensatz zum "Distreß" nach H. SELYE) oder eine "dosierte Spannung" ist vom jeweiligen Menschen abhängig. Das Verhältnis von Über- und Unterforderung muß sowohl heilpädagogisch als auch logotherapeutisch ausgelotet werden. Gefühle der Unter- und Überforderung können sowohl intrapsychisch als auch von-außen-bedingt (z.B. Leistungsdruck oder andererseits Arbeitslosigkeit) verursacht sein.

Eine der heilpädagogischen und vielleicht auch logotherapeutischen Aufgaben besteht nun darin, die Be-gabungen des Einzelen zu ermitteln und diese in einen Zusammenhang mit Sinnmöglichkeiten zu bringen. Die Eruierung der individuellen und vielleicht noch unerschlossenen Fähigkeiten sowie deren Konkretisierungsvielfalt korrespondiert mit dem Faktischen und Fakultativen (FRANKL) sowie mit dem Gegebenen und Aufgegebenen (MOOR). "Der Mensch ist ein faktisch bedingter aber fakultativ unbedingter" (FRANKL 1990, S. 174).

Die Abhängigkeit von dem Schicksalhaften, dem irreversibel Existenten eröffnet dem nach Sinn suchenden Menschen eine Art Gestaltungs- oder Entwicklungsverantwortung. So ist der Mensch nicht verantwortlich für sein So-Sein und er ist auch nicht verantwortlich für sein Schicksal, das ihm widerfahren ist (Nicht-Intention von Leid), aber er ist verantwortlich gegenüber dem Vorfindlichen: Sowohl hinsichtlich seiner Einstellungen als auch in der Konsequenz seines Handelns.[2]

---

2 Übrigens unterliegen Einstellungen nicht der Irreversibilität. Sie sind im Gegensatz zum Psychophysikum unversehrt wandelbar, was dafür spricht, daß der Geist nicht krank sein kann. "Die geistige Person ist störbar, aber nicht zerstörbar - durch eine psychophysische Erkrankung" (FRANKL 1990, S. 173).

3.1 Das Gewissen als "Sinn-Organ"

Die Gebundenheit des Menschen an Zeit und Raum ermöglicht ihm nicht, sich außerhalb seiner Welt zu stellen bzw. zu denken, um von dort als einem fiktiven objektiven Standpunkt aus die Sinnhaftigkeit des Weltganzen zu erkennen. Aussagen über Sinn sind naturgemäß systemimmanent, der Aussagende ist ein Teil jenes Mikro- und Makrokosmos, den er zu erklären versucht. Ebenso können wir Menschen nicht über Raum und Zeit hinaus fragen, ohne bereits eine Vorstellung jener Begriffe ("Raum" und "Zeit") zu haben. Auch die Frage nach Sinn impliziert ein Vorwissen und eine Ahnung von "Sinn", das bzw. die jeweils nicht mehr hinterfragt werden kann (vgl. FRANKL 1991 S. 118). Daß das Weltganze einen Sinn, nach FRANKL einen "Über-Sinn" (FRANKL 1982, S. 43f.) haben müsse, das ist eine Deutung, eine Interpretation, die letztlich unbeweisbar ist. Aber dennoch ist für FRANKL die Unbeweisbarkeit von Sinn kein Grund, sie entweder als pathologisch abzuqualifizieren (so wie S. FREUD 1960, S. 429: "Im Moment, da man nach Sinn und Wert des Lebens fragt, ist man krank...")[3] noch jenen Über-Sinn wie im Existentialismus als absurd zu erklären. Aus logotherapeutischer wie auch aus heilpädagogischer Sicht ist der "Über-Sinn" nicht konkret zu deuten. Dies bleibt eine Glaubenssache bzw. eine "transzendentale Kategorie" (FRANKL 1991, S. 118). Gleichwohl fragt der Mensch - wie auch immer - nach Sinn und er fragt auch nach einem letzten Sinn bzw. nach einem "Über-Sinn". "Dieser Glaube an einen Sinn ist alles andere als eine Projektion unerfüllter menschlicher Wünsche oder Ausdruck neurotischen Fehlverhaltens..." (BÖSCHEMEYER 1977, S. 81). Vielmehr ist der "Wille zum Sinn" (FRANKL) das Grundmotiv menschlicher Existenz. Allerdings "darf die Idee eines Willens zum Sinn nicht in voluntaristischem Sinne mißverstanden und mißdeutet werden. An den Willen zum Sinn appellieren heißt vielmehr, den Sinn selbst aufleuchten lassen - und es dem Willen überlassen, ihn zu wollen." (FRANKL 1972, S. 415f.). Hier handelt es sich also um ein motivationstheoretisches Konzept: Der Mensch strebt vorrangig nicht nach Lust oder Macht, sondern nach Sinnerfüllung. Dieser Sinn ist immer sowohl ein konkreter (situativ) als auch ein individuell einzigartiger. D.h. es gibt nicht "den" Sinn oder "die" Lebensaufgabe, sondern eine situations- und zeitabhängige Wahrnehmung jener Forderungen, die das "Leben" an den jeweils einzelnen Menschen stellt. In dieser individuellen Sichtweise wird der Mensch verpflichtet, eine

---

3 Vgl. auch NIETZSCHE, der das Gewissen als Krankheitserscheinung betrachtet (NIETZSCHE 1887).

persönliche (im Gegensatz zu einer kollektiven) Verantwortung anzunehmen.

Über die bewußte Verantwortlichkeit hinaus gibt es für FRANKL eine unbewußte: das Gewissen. Es wird von FRANKL weiter charakterisiert als "unreflektiert", "irrational" und "praelogisch", weil der Mensch (in Anlehnung an SCHELERS Wertlehre (SCHELER 1954, S. 212) ein vor-moralisches Verständnis von dem habe, was er "eigentlich" tun sollte. Hier erinnern wir uns an die "sapientia cordis" (Herzensweisheit) aber auch an die im Sprachgebrauch bekannte "innere Stimme" (vgl. MIHAJLOV 1975).

Das Gewissen erschließt in 'Akten geistiger Schau' (FRANKL 1988, S. 26 ff.) die Fülle der Werte, stimmt dem einen zu, verwirft den anderen und erweist sich so als 'Sinn-Organ' (FRANKL 1991, S. 26), indem es den für die jeweilige Situation zu verwirklichenden Wert erkennt und dem Menschen anzeigt, wofür er verantwortlich ist. Das Gewissen ist der persönliche Gradmesser jener axiologischen Sinnfrage: wozu/wofür ist es gut, was ich da tue? Für FRANKL werden die meisten existentiellen Entscheidungen des Menschen nicht rational oder intellektuell getroffen, sondern unbewußt bzw. intuitiv (vgl. auch VOLLMER 1991, S. 1161). Dieses Unbewußte ist für FRANKL im Gegensatz zu FREUD nicht etwas Verdrängtes, das etwa über eine therapeutische Intervention ins Bewußtsein gebracht werden müßte, sondern es hat den Charakter des Verborgenen, weil der Mensch zu keiner Zeit imstande ist, sich eine letztgültige Vorstellung über sein eigenes Wesen zu machen. Jene Vorstellungen können immer nur aspekthaft und vorläufig sein und bedürfen in neuen Situationen der Korrektur und der Aktualisierung. In dieser Lebensdynamik, die sich niemals deterministisch antizipieren ließe, entscheidet der Mensch aus seinem personalen Grund, gemäß seinem "lebendigen personalen Sein" (KÜHN 1988, S. 180 f.).

Mit dem Gewissen ist dem Menschen eine Instanz gegeben, die sein Denken und Handeln sowie seine Einstellungen und Urteile beeinflußt. Die (unbewußte) Gewissensinstanz steht in kleinen wie auch in großen Lebensentscheidungen einer Werte-Vielfalt gegenüber. Die Schicksalsereignisse fordern die Person heraus, möglichst gute Entscheidungen zu treffen. Diese Entscheidungen werden meist intuitiv getroffen: "Glaube, Liebe, Hoffnungen usw. lassen sich nicht manipulieren oder fabrizieren. Niemand kann sie befehlen. "Selbst dem Zugriff des eigenen Willens entziehen sie sich" (FRANKL 1972, S. 415). Und dennoch: Wer beeinflußte ontogenetisch das "Prämoralische"? Können wir als Menschen Einfluß nehmen auf das "Unbewußte"? Sicher ist, "daß, wir nicht einmal auf unserem Sterbebett wissen werden, ob das Sinn-Organ, unser Gewissen, nicht am Ende einer Sinn-Täuschung unterlegen ist..." (FRANKL 1982, S. 56). FRANKL weist hier eindeutig auf die Fehlbarkeit des Gewissens hin - gleichwohl ist es aktiv, hörbar und fühlbar und nach N. HARTMANN das "primäre einem jeden im Gefühl liegende Wertbewußtsein" (N. HARTMANN, Kapitel 14h, S. 134).

Unabhängig von weiteren deskriptiven Interpretationen des Gewissens stellt sich aus heilpädagogischer Sicht die Frage nach der Intention, das Gewissen eines Menschen in irgendeiner Weise zu sensibilisieren ohne es moralisch zu manipulieren. Im sogenannten erzieherischen Alltag lassen sich eine Fülle von Werturteilen, von positiven wie negativen Sanktionen, vernehmen. Ob Erwachsene etwas gut oder schlecht finden, ob sie das eine oder andere favorisieren und in welcher Weise sie 'vorbildlich' leben - all das prägt das wahrnehmende Kind und beeinflußt sein Gewissen. So etwa wurde der Gewissensbegriff bereits in der Antike verstanden: das Mitwissen, das eigene Miterleben bildet das Gewissen.

Nun hat FRANKL schon 1968 festgestellt, daß wir u.a. im Zeitalter der Reizüberflutung leben. Umso wichtiger schien ihm eine "Erziehung zur Verantwortung" (FRANKL 1972, S. 430) und diese Verantwortlichkeit setzt voraus, selektiv zu sein und wählerisch. "... wir müssen unterscheiden lernen, was wesentlich ist und was nicht, was Sinn hat und was nicht, was sich verantworten läßt und was nicht" (FRANKL 1972, S. 430). Ähnlich wie J.G. FICHTE, der sagte: "Das Gewissen irrt nie und kann nie irren" (FICHTE 1798, III, § 15) drückt sich FRANKL aus, indem er behauptet, daß es Gewissenskonflikte in Wirklichkeit nicht gibt, "denn, was einem das Gewissen sagt, ist eindeutig" (FRANKL 1972, S. 425). In Wirklichkeit geht es um "Wertkonflikte". Hier genau ist der erzieherisch-dialogische Ansatz hervorzuheben. Und zwar nicht in einem Oktroi von Normen bzw. moralischen Gesetzen, sondern in einer geordneten Zusammenschau jener Werte, die in einer konkreten Lebenssituation gerade aktuell sind. Und da es nun keinen Werterelativismus gibt (zwei konkurrierende Werte lassen sich nicht gleichzeitig verwirklichen), ist der Mensch genötigt, sich verantwortlich zu entscheiden. Beim Abwägen relevanter Wertmöglichkeiten scheint die Thematisierung möglicher Konsequenzen bzw. Entscheidungsfolgen hilfreich zu sein (Handlungsprämissen). Hinsichtlich seiner Gewissensentscheidung ist der Mensch allein gefordert und verantwortlich.

Neben der Diskussion über potentielle Folgen bestimmter Entscheidungen kommt der Intuition, dem Gefühl, eine besondere Rolle zu. Sind die rational erwogenen Urteile und Handlungsabsichten mit dem Gefühl stimmig? Bin ich mit dem Grund meines Person-Seins identisch? Wodurch sind meine Zweifel zu reduzieren? Überlegungen dieser Art können das Gewissen sensibilieren und Urteile fundieren helfen. Es sind Fragen, die keine stellvertretenden Verantwortungen implizieren, diese aber qualifizieren.

3.2 Der Aufgabencharakter des Lebens (FRANKL)

Die theoretische Beschäftigung mit der Sinnfrage hat eine konkrete therapeutische Absicht. Sie soll ein hilfreiches Konzept entwickeln bzw. ein
durchdachtes Argumentationsraster, in dem kein Mensch aufgrund seiner
aussichtslos erscheinenden Symptomatik ausgegrenzt werden braucht.
Gleichzeitig - und das ist ein methodischer Aspekt - soll dieses Konzept
nicht in ideologisierter Weise irgendjemand aufoktroyiert werden.
In Forschungsergebnissen wurde nachgewiesen "daß sich im Leben Sinn
finden läßt grundsätzlich unabhängig von der Geschlechtszugehörigkeit eines Menschen und von seinem Alter, von seinem Intelligenzquotienten und
von seinem Bildungsgrad, von seiner Charakterstruktur und von seiner Umgebung, und schließlich hat sich nachweisen lassen, daß der Mensch Sinn
finden kann unabhängig davon, ob er religiös ist oder nicht, und für den
Fall, daß er religiös ist, wieder unabhängig davon, welcher Konfession auch
immer er angehören mag" (FRANKL 1991, S. 242). Diesen anthropolgi-
schen Anspruch können wir als Prinzip verstehen, als generelle Möglichkeit, Menschen zur Sinnfindung zu verhelfen. Es ist für mich die zentrale
Aussage des FRANKL'schen Menschenbildes: jeder Mensch kann unter
allen Umständen Sinn finden. Gleichwohl besagt jenes Axiom noch nichts
über die Mühsal, den Weg und die Hindernisse, einen Sinn auch tatsächlich
zu finden. Zunächst aber ist das logotherapeutische Konzept eine Art Hoff-
nungsträger für Therapeuten und Heilpädagogen, die mit leidenden Menschen in Beziehung leben. Sie sind insofern dem homo patiens voraus, als
sie ihm schon grundsätzlich bekannte und durchdachte Perspektiven einer
Lebensbewältigung aufzeigen können.
Eine dieser besonderen Sichtweisen äußert sich in der Metapher: "Das Leben selbst ist es, das dem Menschen Fragen stellt" (FRANKL 1982, S. 72).
Der Mensch ist ein Befragter, er hat dem Leben zu antworten, er hat das
Leben zu verantworten. "Das Leben ist in diesem Zusammenhang gleichbedeutend mit Logos" (BÖSCHEMEYER 1977, S. 85), also mit Sinn und
Geist und der Fähigkeit zur Selbstdistanzierung. In Wirklichkeit stellt der
Mensch sich selbst jene Lebensfragen oder er läßt sie sich - etwa durch
einen Mitmenschen oder aus der Literatur - vorstellen. Zumindest läßt er
sich berühren und ergreifen von der Frage, welche Aufgaben ihm wohl im
Leben zugedacht sind und welche Werte er in seinem Leben verwirklichen
will. Insofern erfährt sich der Mensch von dem Vorfindlichen geradezu herausgefordert. Er ist es, der Sinn entdecken und den Dingen zuschreiben
muß, weil er ihn nicht selbst schaffen kann. Eine umgekehrte Abfolge wäre
grotesk: Wenn der Mensch "das Leben" befragte, welchen Sinn es wohl habe

- es käme keine Antwort. "Verantwortlichsein", darin steckt das Wort Logos, der Sinn, der Geist. Der Mensch ist aufgefordert, Aufgaben wahrzunehmen und buchstäblich zu ergreifen", denn nur im Handeln lassen sich die Lebens-Fragen wahrhaft beantworten" (FRANKL 1988, S. 14). Nach der FRANKL'schen Anthropologie hat der Mensch, der Sinn suchen und Aufgaben erfüllen soll, folgende Merkmale: er ist einmalig und einzigartig und er hat deswegen ganz spezifische Aufgaben. Diese einmalige und einzigartige Person ist nun konfrontiert mit je einmaligen und einzigartigen Situationen. Nichts dabei ist statisch, weder der Mensch noch die Situation, nichts garantierte den Bestand eines Zustandes. Zwar ist die Irreversibilität bestimmter Leiden höchstwahrscheinlich, ihre Sinnbedeutung ist jedoch offen. Insofern hat der "Aufgabencharakter des Lebens" für den Menschen eine "Geltung solange und unter welchen Umständen auch immer er lebt" (BÖSCHEMEYER 1972, S. 86f.). Zwar kann der Sinn, z.B. einer Krankheit, und die damit zusammenhängende Aufgabe verborgen sein oder unerkannt bleiben, aber niemand weiß objektiv, was die Zukunft an Sinninterpretationen offenbart. Diese Vorstellung ist nun manchem homo patiens bewußt, obwohl er sie nur äußerst schwer mit seinen Gefühlen, seiner Befindlichkeit in Einklang zu bringen vermag. Es ist die zeitweilige Unfähigkeit des leidenden Menschen, angesichts der Wucht oder Mächtigkeit seiner Problematik, von sich abzusehen. Dies ist wie ein Figur-Grund-Problem. Die Figur als die sichtbare leidvolle Erscheinung, die die völlige Aufmerksamkeit erheischt, läßt den Grund, als den lebenstragenden und wesentlichen, verdeckt. Der Hinweis, wie auch immer er erfolgt, daß es einen Grund zum Leben gibt, sowie der Fühlbarkeit von Sinnerfüllung - das ist eine logotherapeutische und nicht selten auch eine heilpädagogische Aufgabe. Einen spezifisch heilpädagogischen Ansatz sehe ich in einem gewissen Umfang in der Informationsvermittlung möglicher Aufgaben und Sinnzusammenhänge. Denn wenn Sinn gefunden werden muß, dann braucht der Sinnsuchende auch Kenntnisse von Sinnmöglichkeiten. Diese Kenntnisse nehmen dem anderen Menschen seine freie Entscheidung nicht vorweg, sie können sich vielmehr als Repertoire erweisen, das den anderen in den Stand einer größeren Wahl versetzt. Denk- und Handlungsspielräume ermöglichen qualifiziertere Entscheidungen. Im Grunde ist dieser Gedanke ein Appell an eine heilpädagogische Verantwortlichkeit. Die Werte-Vermittlung ist nicht einer medialen Beliebigkeit ausgesetzt, sondern trägt zu jenem Orientierungswissen bei, in deren kulturellem Rahmen sich z.B. das Kind frei zu entscheiden lernt.

3.3 Das Gegebene, Aufgegebene, Verheißene (MOOR)

Ähnlich wie FRANKL benutzt auch MOOR das Modell einer Trias. Bei FRANKL ist es z.B. die tragische Trias von Leid, Schuld und Tod (FRANKL 1982, S. 236f,) oder hinsichtlich seiner Wertelehre: Erlebniswerte, schöpferische Werte und Einstellungswerte (ebenda, S. 60f.). Bei MOOR sind die drei heilpädagogischen Arbeitsgebiete bzw. die erzieherischen Grundregeln zu erwähnen:

a) erst verstehen, dann erziehen
b) nicht gegen den Fehler, sondern für das Fehlende
c) nicht nur das Kind, auch seine Umgebung ist zu erziehen (MOOR 1974).

MOORs pädagogisches Lehrbuch "Heilpädagogik" erschien in seiner ersten Auflage 1965, FRANKLs "Ärztliche Seelsorge" erschien erstmalig 1946. Aufgrund seiner Zitation ist es unwahrscheinlich, daß MOOR mit FRANKLs Schrifttum vertraut war. Umso mehr sind einige Analogien hinsichtlich der pädagogisch-therapeutischen und anthropologischen Sichtweise beider Autoren bemerkenswert.

MOOR versteht unter dem Gegebenen die "Begabung", so z.B. eine "affektive Ansprechbarkeit" oder eine "Phantasiebegabung" (MOOR 1974, S. 26), aber auch die "natürlichen, seelischen Regungen: ... unser gegebenes Wünschen und Begehren..." (MOOR 1974, S. 140f.) - kurz: alle dem einzelnen Menschen gegebenen Bedingungen (Anlage und Umwelt). Wichtiger als die Bedingungen ist jedoch für MOOR die Aufgabe und die Verheißung, die einander unmittelbar ergänzen: "Jede Aufgabe aber ist zugleich eine Verheißung. Es heißt nicht nur: du sollst es tun; sondern immer zugleich: es wird dir werden" (MOOR 1974, S. 449). Dieses in Aussicht gestellte "es" ist eine jeweils "reichere Innerlichkeit, der reichere Lebensinhalt" (MOOR 1974, S. 26). Die Lebenserfüllung ist also eine Art Sinneffekt, der verheißen ist, wenn der Mensch "den Aufgaben und Mühen nicht ausweicht" (MOOR 1974, S. 26). Die Analogie zum FRANKL'schen Gedankengut ist verblüffend. Auch hier ist der Mensch aufgerufen, sich den in ihm individuell möglichen Aufgaben zu stellen mit der begründeten Hoffnung, daß ihn das Ergebnis zufriedenstellt und ihm die Sinnhaftigkeit seines Tuns offenbar wird.

Dieser intrapsychische Effekt kann nur intendiert werden, er ist aber nicht aufgrund der Aufgabenannahme oder allein schon durch die Tätigkeit garantiert. Die Sinn-Erfüllung ist wie ein Geschenk, wie ein realisierter Wunsch. Darauf kann es keinen Rechtsanspruch geben, denn die Erfüllung ist nicht kausal-determinierbar! Ferner ist das Gefühl der Sinnhaftigkeit während oder nach einer Aufgabe kein ewiges Gut, es kann "uns allen immer wieder verlorengehen..." (MOOR 1974, S. 56). Hier deutet MOOR die Möglichkeit eines Schicksalsereignisses an, das den Menschen zu einer völlig neuen Sinnorientierung zwingt. Aber auch in weniger dramatischen Fällen hält das Gefühl der Erfüllung oft nur eine Weile an und es bedarf wieder einer neuen Aufgabenstellung. Dabei "ist der Wille Träger der Lebensführung, das Gemüt, das empfangende Organ für die Lebenserfüllung" (MOOR 1974, S. 323). Welch eine Analogie zu FRANKL: der "Wille zum Sinn" beeinflußt unmittelbar die Lebensführung und das "Gewissen als Sinn-Organ", erspürt, empfängt und erkennt die Sinnhaftigkeit als Gefühl der Erfüllung. Der "Wille zum Sinn" ist eine einzigartig humane Intention, ja ein urmenschliches Begehren ohne Gewißheit, ohne die Garantie seiner Erfüllung. MOOR schreibt, daß der Wille dem Gemüt zu dienen habe: "... dienen heißt, aus eigenem Entschluß erwählen, was das Herz bewegt. Das Herz aber soll nicht sich selbst genug sein, sondern sich an das tätige Leben verschenken. Daran ist echte Erfülltheit des Herzens zu erkennen, daß sie im Schenken reicher wird" (MOOR 1974, S. 323). Auch FRANKL spricht von "Herzensweisheit" (zit. n. BÖSCHEMEYER 1977, S. 63), welche die geistige Person letztlich charakterisiert. Ferner steckt in dem MOOR-Zitat der Gedanke der Selbsttranszendenz. Auch ihm geht es nicht unmittelbar und primär um Selbstbefriedigung oder Selbstverwirklichung - beides ist nur ein "verheißener" oder erwünschter Effekt, der sich von selbst ergibt (der Volksmund fügt hinzu "... so Gott will") über "den Umweg" der Hingabe an eine Person oder Aufgabe.

Interessanterweise macht es in diesen existentiellen Lebensfragen keinen Unterschied, um wen es geht: um den leidenden Menschen, den zu erziehenden Menschen oder den "Helfer-Menschen". Allen ist gemeinsam, ihre je spezifische Aufgabe wahrzunehmen und zu erfüllen. Schließlich ist das Ziel der (Fremd-)Erziehung doch die Selbsterziehung und d.h. nach MOOR, daß "dem Gegebenen, der Eignung und Neigung, das Aufgegebene gegenübertritt im Wollen des Erziehers" (MOOR 1977, S. 380).

Die Erziehung ist insofern von therapeutischen Interventionen zu unterscheiden, als sie längerfristig und kontinuierlich mit einem Kind realisiert wird: im Zusammenleben besteht ihr originärer Wirkungsraum.

In der Therapie geht es meist um kurzfristige Begegnungen (z.B. einmal wöchentlich). Im Zusammenleben kommt dem Erzieher naturgemäß eine wesentlich größere Vorbild-Funktion zu als dies bei Therapeuten der Fall ist. "Und einen Sinn können wir dem Leben des Anderen nicht geben - was wir ihm zu geben, mit auf den Weg zu geben vermöchten, ist vielmehr einzig und allein ein Beispiel: das Beispiel unseres ganzen Seins" (FRANKL 1991, S. 28). Die Rolle als Vorbild betrifft nun insbesondere die Absicht, Fähigkeit oder Haltung des Erziehers, von sich absehen und sich Aufgaben

146

zuwenden zu können. Erzieher mit einer ausgeprägten Narzißmus-Neigung sowie mit einer überzogenen Selbstverwirklichungstendenz scheinen zumindest in einer sinnzentrierten Heilpädagogik deplaziert zu sein. Vielmehr geht es in der heilpädagogischen Arbeit um die Konstruktion möglichst echter Aufgaben bzw. echter Spannungen. Analog zum Sinnfindungsprozeß sollte die sogenannte Erziehung genausowenig im Vordergrund stehen wie die Erfüllung. Beides ereignet sich über den "Umweg" der Selbsttranszendenz, d.h. durch die Konstruktion und Übernahme von Aufgaben. Ständige "erzieherische" Aufforderungen zur Selbstreflexion würden den Blick für das Transitive einschränken und in der Verbindung mit permanentem Spannungsabbau zu Langeweile und sogar zu Destruktionen führen können. Und so kommt MOOR zu dem Ergebnis, daß "das wesentlich Menschliche nicht in dem liegt, was uns gegeben ist, sondern erst in dem, was uns aufgegeben ist" (MOOR 1974, S. 449). Zu der analogen Dimension des "Spezifisch-Humanen" (FRANKL 1991, S. 138) gehört die Verantwortung, den persönlich gestellten Lebensaufgaben nicht auszuweichen. Auch MOOR appelliert, wie oben beschrieben, gegen eine Haltung des Ausweichens. Und wenn wir die Begriffe Sinn, Lebenserfüllung etc. sozusagen als termini technici verwenden, so konstruieren wir gleichzeitig auch eine Vorstellung vom Unsinn oder einer Sinnverfehlung. Dieses Phänomen läßt sich individuell nachfühlen im Hiatus zwischen Sein und Sollen, d.h. wenn der Mensch sich weigert, seine Begabungen unverrichteter Dinge zu lassen. Man könnte hier von einer Leistungsdeprivation sprechen: der Mensch beraubt sich seiner eigenen realisierbaren Möglichkeiten (im Gegensatz zum conj. irrealis). Viel wichtiger als die Frage, warum Menschen nicht das tun, was sie könnten, ist die therapeutische und heilpädagogische Aufgabe (die finale Frage), Menschen zu ermutigen, nicht vor sich selbst und ihren Lebensherausforderungen gegenüber auszuweichen. Der Appell und auch die direktive Methode lassen sich hier bedingt rechtfertigen, auch wenn sie im Zuge von laissez faire und scheinbarer Selbstbestimmung oft unpopulär sind. Befähigt zur Selbstbestimmung ist der Mensch erst, wenn er seine Bestimmung kennt und annimmt, d.h. im Grunde, wenn er sich Aufgaben stellt. Ein Mensch, der sich keiner Aufgabe stellt, gibt sich auf. Ein Mensch, der sich keiner Aufgabe stellt, ist aber nicht aufzugeben. Und diese Einstellung ist das Pendant zu jener Haltung, in der Menschen nicht beansprucht werden. Wobei wir wieder beim Logos sind: Beanspruchung zielt auf den Logos und bedeutet eine existenzielle Herausforderung.

In der folgenden Synopse sind die wesentlichen Aussagen des 2. Teils dieser Arbeit gegenübergestellt. Sie sind nicht als gegensätzliche Äquivalente zu verstehen, sondern eher als Komplemente.

	Heilpädagogik	Logotherapie / Existenzanalyse
Klientel (homo patiens)	Entwicklungsverzögerte, verhaltensauffällige und behinderte Menschen, sowie deren Angehörige Menschen, die nicht leicht zu integrieren oder zu reintegrieren sind	Menschen, mit einer "noogenen Neurose": existentiell erlebter Sinnmangel oder -verlust
Grundlagen (Menschenbild)	Heilpädagogik ist Individualpädagogik Auch der leidende Mensch hat eine spezifische Lebensaufgabe Auch dem geringsten Leben ist Sinn abzuringen. Der Sinn ist nicht immer evident Jeder Mensch lebt in der Spannung von Sein und Sollen Jedem Menschen ist etwas gegeben, aufgegeben und verheißen (MOOR)	Jeder Mensch ist dafür verantwortlich, Sinn in seinem Leben zu finden. Jeder Mensch ist - ebenso wie die Situation, in der er lebt - einmalig und einzigartig Sinn wird erfahren als Folge des von-sich-Absehens (transzendenter Umweg) Die Entscheidungs-Instanz des Menschen ist sein Gewissen Der Mensch ist ein faktisch Bedingter und ein fakultativ Unbedingter (FRANKL)
notwendige Voraussetzungen der Klientel	keine die "heilpädagogische Bedürftigkeit" bedarf zwar einer Begründung seitens des Heilpädagogen, nicht aber des betroffenen Menschen selbst	Sprach- und Reflexionsfähigkeit Der Klient verbalisiert seine Absicht, sich bzw. sein Leben zu ändern

Heilpädagogik

Logotherapie / Existenzanalyse

Methoden

Heilpädagogik	Logotherapie / Existenzanalyse
Praktisch und dialogisch (Handlungs- und Verbalebene)	Dialogisch (Sokratische Mäeutik) - Thematisierung der Sinnfrage
Schaffung von Voraussetzungen/Rahmenbedingungen für Sinnerfahrungen	Explikation der Existenz: - Wille zum Sinn? - Existentielle Frustration?
Wertschätzung durch die Art und Weise der Pflege und Begegnung	Der Geist, als Bewertungs-Instanz, soll ausgebildet werden, um gegenüber dem eigenen Psychophysikum sowie der "Welt" (als situativer Kontext) Stellung zu beziehen
Gewisse Vor-Auswahl der Werte durch den Heilpädagogen	
Ggf. direkte Wertvermittlung als Sinn-Offerte	
Fordern und be-anspruchen des homo patiens (ihn nicht einfach so belassen in seiner Hilflosigkeit)	
Mitwirkung des Heilpädagogen an dem Verfügungs- und Orientierungswissen (= Material, aus dem Sinn geschöpft werden kann)	
Thematisierung möglicher Entscheidungsfolgen (Handlungsprämissen)	

Ziele

Heilpädagogik

Sinn- und Werteverwirklichung
(trotz irreversibelen Schicksals)

"Ringen" um sinnvolle Lebenswege
(Handlungsorientierung)

Logotherapie / Existenzanalyse

Sinn- und Werteverwirklichung über
- Erlebniswerte
- schöpferische Werte
- Einstellungswerte

Einstellungsänderung bzw. Modifikation
der Werthaltungen

Transformation destruktiver und negativer
Energie in lebensbejahende und kreative
Energie

Kein Ausweichen vor existentiellen
Lebensfragen

III.
Zum Konzept der Heilpädagogischen Übungsbehandlung

III. Zum Konzept der Heilpädagogischen Übungsbehandlung

Einführung

Die bisherigen anthropologischen und methodologischen Überlegungen sind im Kontext eines realen Umgangs mit leidenden oder heilpädagogisch bedürftigen Menschen als Orientierungsraster zur verstehen sowie als eine Grundlage zum Handeln. Sie sind eine Voraussetzung des professionellen Handelns und stellen gleichzeitig eine Reflexionsebene dar zur Kontrolle aber auch Besinnung der praktischen Arbeit. Insofern sind die Adressaten meiner anthropologischen Aussagen in erster Linie die sogenannten Helfer. Sie müssen ihrer Klientel hinsichtlich der Zielperspektiven und Lebensbegründungen in gewisser Weise voraussein: gedanklich, theoretisch oder besser: auf einer abstrakten Ebene. Genau in diesem Voraus-Sein gründet sich der professionelle Anspruch. Lebensfragen müssen vom Helfer durchdacht und sie sollen vorbehaltlich auch beantwortet sein. Der Vorbehalt hängt mit einem natürlichen Grenzproblem zusammen, weil die Praxis sich zum einen nicht präzise voraussagen oder vorwegnehmen läßt, und zum anderen wäre eine deterministische Sichtweise des Helfers fragwürdig. So ist auch der Begriff "Erziehungsplan" bedenklich, besser als ein "Plan" ist eine grundsätzliche inhaltliche Vorbereitung und eine persönliche Einstimmmung auf die anstehende Begegnung. Verbunden ist mit dieser Haltung eine Offenheit, Flexibilität und vor allem die Bereitschaft für Überraschungen, als <u>ein</u> konstitutives Merkmal der Begegnung (vgl. BUBER 1990, S. 78). Wir können nicht wissen, was sich in der Praxis ereignen wird und dieses Nicht-Wissen klärt sich erst in der Praxis in Form reflexiven Erkennens. Und dennoch: Theorie und Praxis sind genauso vernetzt (d.h. sie sind keine Abfolge oder Polarität) wie die Beeinflussungsabsichten des Helfers mit den Reaktionen seiner Klientel. Insofern ist Erziehung und Therapie ein völlig chaotisches Paradigma. Jede Intention ist störbar, z.B. durch Verweigerung oder Uneinsichtigkeit, und jede Reaktion bzw. Gegenintention kann zu einer ganz neuen Bewertung, z.B. Umdeutung der Wahrnehmung und Abänderung der Handlungsabsicht, führen.

Die Heilpädagogische Übungsbehandlung ist im Berufsbild des Heilpädagogen ein feststehender und originärer Begriff (Berufsverb. d. Heilpädagogen 1988). Sie gehört ganz selbstverständlich zum Methodenrepertoire der Heilpädagogen. Gleichwohl gibt es zur Heilpädagogischen Übungsbehandlung kaum Literatur, und über das theoretische Konstrukt sind vermutlich nur sehr diffuse Vorstellungen unter Heilpädagogen vorhanden. Am wohl bekanntesten ist das 1975 in erster Auflage erschienene "Lehrbuch der Heilpädagogischen Übungsbehandlung" von C.M. von OY und A. SAGI. Die Autoren verstehen unter der Heilpädagogischen Übungsbehandlung "eine Methode der systematischen Hilfe für entwicklungsgestörte und geistigbehinderte Menschen, vor allem für Kinder und Jugendliche". Und weiter: "Die Heilpädagogische Übungsbehandlung ist grundsätzlich auf die Gesamtförderung, d.h. auf die Förderung der emotionalen, sensorischen, motorischen, sozialen und kognitiven Fähigkeiten ausgerichtet" (OY u.a. 1988, S. 67). Im Zentrum dieses Konzeptes steht das Spielen als gleichsam vorsprachliches Medium, um zunächst eine "partnerschaftliche und verläßliche Beziehung aufzubauen" (OY u.a. 1988, S. 116). Das Spielen wird unmittelbar und gleichzeitig durch ein zielgerichtetes Üben ergänzt und ist nach vorheriger Diagnostik bzw. Begutachtung jeweils am Entwicklungsstand des Kindes orientiert. Von OY und SAGI führen in ihrem Buch eine Reihe von konkreten Fallbeispielen und Behandlungsprotokollen auf, die ihrerseits ein System von Hilfen bzw. Hilfsmöglichkeiten repräsentieren. Allen gemeinsam ist die Erfolgsausrichtung sowohl für den behinderten Menschen, als auch für den Heilpädagogen. Ferner "muß die Heilpädagogische Übungsbehandlung zu festgesetzten Tageszeiten... durchgeführt werden" und zwar habe sich eine Zeit von "fünfmal 30 Minuten in der Woche als besonders günstig gezeigt" (OY u.a. 1988, S. 118).

Wir wollen im folgenden zwar an dem Begriff der Heilpädagogischen Übungsbehandlung festhalten, aber versuchen, sie als Alltagskonzept zu entwickeln. Das bedeutet im Unterschied zu OY/SAGI zunächst ihre zeitlich nicht festgelegte Integration in die sogenannte Lebenswelt heilpädagogisch bedürftiger Menschen. Damit würde die Zweckbestimmung etwa einer "Übungsstunde" wegfallen sowie eine planmäßige und "protokollgerechte" Spiel- oder Übungseinheit. Eine weitere konzeptionelle Offenheit betrifft den Adressatenkreis. Die hier zu entwickelnde Heilpädagogische Übungsbehandlung bezieht sich nicht ausschließlich auf behinderte oder entwicklungsverzögerte Kinder, sondern allgemein auf heilpädagogisch bedürftige Menschen. Damit werden keine spezifischen Merkmale bzw. Symptome eines Menschen hervorgehoben, die ihrerseits einem impliziten System von Normen gegenüberstehen im Sinne einer imaginären Devianz. Allein das subjektive Empfinden eines Menschen oder seiner sogenannten Bezugspersonen, ihre möglicherweise begründeten Gefühle der Unstimmigkeit oder des Leidens - sind Anlaß und Auftrag für eine professionelle Intervention. Diese vielleicht sehr allgemein anmutende, und vorläufige, Zielsetzung hat verschiedene Gründe. Die Heilpädagogische Übungsbehandlung eignet sich als institutionsunabhängiges Konzept, d.h. die "Schule" bzw. "das Lernen" stehen hier nicht modellhaft Pate (die Schule hat ihr eigenes, nämlich schul-didaktisches Konzept). Auch "die Familie" oder "das Heim" gelten heute nicht mehr als soziologisch eindeutig definierbare Einrichtungen, und schließlich gibt es "den geistig behinderten Menschen" oder "das entwicklungsgestörte Kind" genausowenig wie es "den Helfer" gibt. Die Beziehungsaspekte sind heute so vielseitig, differenziert und global vernetzt, daß induktive und deduktive Aussagen am realen Einzelfall scheitern würden. Die Heilpädagogische Übungsbehandlung stellt nach der hier implizierten Vorstellung ein handlungstheoretisches Konzept dar und hat damit den Vorzug, von Praktikern im Sinne einer Entscheidungshilfe benutzt werden zu können. Ein so verstandenes Strukturierungsmodell verzichtet bewußt auf Fallbeispiele oder Behandlungsanleitungen. So interessiert hier nicht die Frage, was und mit welchem didaktischen Material "man" mit dem Kind "XY" machen, spielen oder basteln könnte, sondern nach welchen Prinzipien Handlungsentscheidungen getroffen werden können. Das ganz konkrete Ereignis bleibt dem ganz konkreten Menschen in einer ganz konkreten Situation überlassen. "Im Normalfall fällt die Entscheidung intuitiv" (VOLLMER 1991, S. 1161) und sie ist von rational abgewogenen und irrationalen Faktoren mitbestimmt. Ein Beispiel ist der sogenannte Beziehungsaufbau zwischen einem Kind und einem Helfer: Ist der Helfer Arzt, Psychologe, Heilpädagoge? Welche Vorlieben hat er? (Singen, Märchen erzählen, Puppenspiel usf.)? Und das Kind: Ist es in seiner vertrauten Umgebung? Wie ist seine momentane Befindlichkeit? Will und kann es auf dieses eine Beziehungsangebot eingehen?

Die Vielfalt aller denkbaren Variationen besagt nichts über das einzigartige konkrete Ereignis. Diese Unbestimmtheit müssen wir ertragen. Jeder Plan ermöglicht seine Nichterfüllung und erhöht so die Gefahr seines Mißlingens. Die Heilpädagogische Übungsbehandlung ist in den Alltag zu integrieren und erfordert neben einem breiten Verfügungswissen eigentlich nur ein waches Auge bzw. die latente Bereitschaft des Helfers, Situationen für bestimmte Erfahrungen des Anderen zu nutzen.

Schließlich soll die Heilpädagogische Übungsbehandlung als Konzept für eine sinnzentrierte Heilpädagogik verstanden werden. Damit ist die finale Frage angesprochen: Wozu soll ein Kind z.B. Farben unterscheiden können, wozu soll ein Mensch denn mit anderen Menschen kooperieren usw.? Als Ausgangspunkt für eine handlungstheoretische Verwirklichung einer alltagsweltlich integrierten Heilpädagogischen Übungsbehandlung und sinnzentrierten Heilpädagogik dient uns das von KLENNER 1971 erstmalig vorgetragene Konzept der Heilpädagogischen Übungsbehandlung (KLENNER 1972, S. 28-35).

1. Die Darstellung der Heilpädagogischen Übungsbehandlung (nach W. KLENNER)

"Die Übungsbehandlung kann den Menschen, die mit einem Handicap unter uns leben müssen, eine Hilfe zur Ausdehnung ihres Erkenntnis- und Erlebnishorizontes sein, im Sinne des Wortes von Paul MOOR, dem Menschen doch noch zu einem sinnerfüllten Leben zu verhelfen" (KLENNER 1972, S. 34).

Mit diesen Worten verweist KLENNER in seiner ersten Veröffentlichung über die "Übungsbehandlung als heilpädagogische Praxis" auf die eigentliche Bedeutung der Heilpädagogischen Übungsbehandlung: sie soll den Erkenntnis- und Erlebnishorizont erweitern helfen - als Voraussetzung für ein sinnvolles Leben. Implizit gehören zu dieser Intention zwei Selbstverständlichkeiten: der Zugang und die Beanspruchung. Wir, als die Gesunden, die Helfer, die Professionellen müssen auf die - nicht näher bestimmten - Menschen "mit einem Handicap" zugehen. Wir dürfen sie nicht beiseite liegen lassen oder erwarten, daß sie sich in allen Fällen selber melden. Manchmal können sie nicht kommen, können sich nicht artikulieren, ja noch nicht einmal ihre Situation reflektieren, weil sie keine Vergleiche und keine Alternativen kennen. Wir unterstellen im allerersten Schritt jene nonverbale Erwartung ("komm' auf mich zu") und wir unterstellen eine entsprechende nicht-explizierte Notwendigkeit. Zweitens be-anspruchen wir den anderen, indem wir ihn fordern (vgl. auf-fordern, heraus-fordern, fördern) und ihm zu-trauen und zu-muten, eine von uns vorgegebene Aufgabe zu lösen. In diesem Sinne "verkörpern" wir teilweise das sogenannte Aufgegebene, eben aus der Sicht des heilpädagogisch bedürftigen Menschen. Ebenso, allerdings aus professioneller Sicht, be-handeln wir den anderen, indem wir ihn nicht so belassen, wie er ist und indem wir mit ihm etwas tun (handeln).

Der Begriff "Übung" wird von KLENNER vom Trainingsbegriff unterschieden. Während beim Training die bereits erlernten bzw. erworbenen Fertigkeiten bishin zu individuellen Höchstleistungen gesteigert werden sollen, wie z.B. im Sport, geht es beim Üben um das Ausbilden bestimmter Funktionen zu Fertigkeiten und im weiteren Übungsverlauf zu Fähigkeiten. Letztere sind eine Voraussetzung für den selbständigen und virtuosen Umgang im alltäglichen Leben. Praktisches Ziel der Heilpädagogischen

Übungsbehandlung ist somit der Transfer oder die Übungsübertragung. Das an einem beispielsweise bestimmten Schuh geübte Schleifenbinden kann nun übertragen werden auf alle anderen Schuhe mit Schnürsenkeln (nicht mit Klettverschluß).

Ein Kennzeichen der Übung ist die <u>Wiederholung</u> eines bestimmten Verhaltens. Die wiederholten Tätigkeiten sollen durch das Üben verinnerlicht, automatisiert oder gekonnt werden und brauchen später nicht mehr neu eingeübt zu werden. Ein weiteres Merkmal der Übung ist die <u>Kontrolle</u> des jeweiligen Übungseffektes entweder durch den Übenden selbst oder wie in der Regel bei der Heilpädagogischen Übungsbehandlung, auch durch den Heilpädagogen. Die Kontrolle setzt eine gewisse Zielgerichtetheit voraus oder anders ausgedrückt, eine konkrete Situations- bzw. Handlungserwartung. Damit sind Reaktionen gemeint auf bestimmte Anforderung (so z.B. die Bitte an ein Kind, ein zuvor undeutlich artikuliertes Wort gemäß dem richtig vorgesagten Wort zu wiederholen).

Eine wesentliche Bedeutung kommt dem <u>Übungsmaterial</u> zu. Am damaligen 'Institut für Heilpädagogik' in Bielefeld wurde didaktisches (Spiel-)Material hinsichtlich seiner Brauchbarkeit für die heilpädagogische Praxis überprüft. So z.B. die "Uhl'schen Legetafeln" (KILIAN und TREDE 1969), die "logischen Blöcke" nach DIENES, oder das Spiel "Farben und Formen" von Anne Dore SPELLENBERG (zit. n. KLENNER 1972, S. 31f.). Leider sind diese Untersuchungen nicht empirisch aufgearbeitet und publiziert worden.

Ein eigenes, nur für die Heilpädagogische Übungsbehandlung entwickeltes Übungsmaterial gibt es nicht. Vielmehr gilt der Grundgedanke, verfügbares adäquates und didaktisches Material dem Einzelfall angemessen zu adaptieren und einzusetzen.

Die <u>Übungsmethoden</u> sind vielfältig und sind meist psychologischer bzw. experimenteller Herkunft, wie z.B. die Konstanz-, Herstellungs- und Grenzmethode: "Bei der Konstanzmethode ist eine verändert dargebotene Reihe mit einer konstant bleibenden Darbietung zu vergleichen. Bei der Herstellungsmethode ist eine Darbietung gleich einer vorgegebenen zweiten herzustellen, wie es z.B. bei allen Nachahmungen der Fall ist. Bei der Grenzmethode ist die kontinuierliche Veränderung einer Darbietung anzuhalten, wenn sie genau einer vorgegebenen zweiten entspricht" (KLENNER 1972, S. 31). Die einzelnen Übungen sind nicht Selbstzweck und sie sollen auch keine eingeprägten Verhaltensmuster erzielen. Von daher steht die erforderliche Konstanz der Übungsbedingungen den sich verändernden Situationen gegenüber. So ist jedes Übungsziel die Voraussetzung für das eigene Entscheiden und Handeln. Die Heilpädagogische Übungsbehandlung nimmt Einfluß auf das Gegebene (Ungestaltete, Unausgeprägte, Unerschlossene usw.), um einen erweiterten Spielraum für das Aufgegebene zu gewinnen. Etwas poetisch könnten wir hier auch von einer basalen Virtuosität sprechen, die erzielt werden soll.

Die Heilpädagogische Übungsbehandlung ist ferner eine individuelle Methode, d.h. sie ist kein Gruppenangebot. Dieser Grundsatz hängt mit der Erfahrung zusammen, daß heilpädagogisch bedürftige Menschen in der Regel aus ihrer Peergroup herausgefallen sind oder aufgrund fehlender sozialer und anderer Kompetenzen erst gar nicht in einer Gruppe mithalten können. Insofern hat die Heilpädagogische Übungsbehandlung eine integrative bzw. reintegrative Absicht. Die Erfahrungen, die ein Kind in der Heilpädagogischen Übungsbehandlung machen kann, wie z.B. Ermutigung (bzw. positive Verstärkung), Fehlertoleranz, Wiederholungsmöglichkeiten ohne Scham und Blessur, Erprobungen, menschliche Zuneigung usw. entsprechen oft nicht ihren sonstigen Alltagserfahrungen. Daher stellt die Heilpädagogische Übungsbehandlung hinsichtlich ihrer Rahmenbedingungen einen fühlbaren Kontrast dar. Nun kann hier kritisch angemerkt werden, daß das einzelne Kind in der Heilpädagogischen Übungsbehandlung zwar positive Erlebnisse haben kann, die Peergroup sich aber wahrscheinlich nicht parallel bzw. zeitgleich ändert hinsichtlich einer neuen günstigeren Einstellung zu diesem Kind. In diesem Beispiel müßte also auch - im Sinne MOORs ("nicht nur das Kind, auch seine Umgebung ist zu erziehen") - Einfluß genommen werden auf jene Bezugspersonen des Kindes, die es ablehnen und von der es angenommen zu werden wünscht. Die Idee der Heilpädagogischen Übungsbehandlung, aber auch der von KIPHARD und HÜNNEKENS entwickelten Psychomotorischen Übungsbehandlung (E. KIPHARD, H. HÜNNEKENS 1966), ist es aber, durch den Erwerb einzelner Fertigkeiten, dem Kind mehr Ich-Stärke bzw. Selbstbewußtsein zu vermitteln, damit es quasi durch Eigenleistung Anerkennung und Integrität in der Gruppe erfährt.

Eine weitere Frage ist die der Diagnostik und Indikation. Was fehlt dem Kind/dem Jugendlichen/dem Erwachsenen? Warum soll ein Kind beispielsweise Farben unterscheiden lernen?

Wer gibt auf diese Fragen eine zuverlässige Antwort, und nach welchen Gesichtspunkten, nach welchen normativen Zielperspektiven erfolgt die Beeinflussung?

Ohne diese Frage schon jetzt konkret beantworten zu wollen, halten wir doch zwei Prinzipien fest:

a) Immer dann, wenn ein Mensch in einem professionellen Rahmen die eigene oder eine nahestehende Person zum Thema macht bzw. als Problem darstellt, sind die professionellen Fragen nach Diagnose und Indikation zu klären.

b) Jede Profession hat eine eigene Sichtweise des Menschen. Um nun dem ganzen Menschen möglichst gerecht zu werden, sollten unterschiedliche Professionen jeweils ihre zu begründende Sichtweise in einem Team darstellen. Dieses Team ist nun verantwortlich für die Festsetzung des Behandlungsziels (Soll-Bestimmung). Da jedoch "der eigentliche Behandlungsverlauf nicht vorherzusehen ist" (KLENNER 1972, S. 33 f.), ist der jeweilige Helfer selbstverantwortlich für die Wahl und den Einsatz der Mittel.

Die beiden Prinzipien verdeutlichen zum einen die Stringenz der Handlungsbegründung (durch Teamabklärung und Zielbestimmung), überlassen aber im Gegensatz zu einem "Behandlungsplan" die konkrete Durchführung demjenigen, der mit einem Kind lebt bzw. arbeitet. Somit ist im KLENNERschen Konzept der Heilpädagogischen Übungsbehandlung eine Behandlungszeit nicht festgeschrieben. Die Möglichkeit, eine Übung abzubrechen und eine andere durchzuführen, sowie die Absicht, sich an den momentanen Befindlichkeiten und Bedürfnissen des Kindes zu orientieren, entsprechen "den Merkmalen einer heilpädagogischen Strategie" (KLENNER 1972, S. 33). Diese ist gekennzeichnet durch die Vermeidung jeglicher Starrheit und in der methodischen Zubilligung, "Schritt für Schritt neue Entscheidungen zuzulassen" (KLENNER 1972, S. 33).

Im Jahr 1979 erfolgte die zweite Veröffentlichung KLENNERs zum Thema der Heilpädagogischen Übungsbehandlung (KLENNER 1979). Diese wird als Beispiel einer Handlungstheorie vorgestellt, "die zwischen den Wissenschaftstheorien und dem konkreten erzieherischen Handeln steht" (KLENNER 1979, S. 83). Der Versuch einer solchen Ortsbestimmung hat zunächst einen heuristischen Zweck. Sie bleibt zwar immer noch auf der Ebene der Anschaulichkeit und Verständlichkeit (im Gegensatz z.B. zu Algorithmen oder Kalkülen in der mathematischen Logik), bildet aber andererseits die Praxis nicht nur sprachlich (im Sinne einer Sprachprojektion) ab. Letzterer Darstellungsmodus würde jener "Logik des Mißlingens" nahekommen, von der D. DÖRNER (1989) in seinem gleichnamigen Buch spricht. Didaktisch lehrreicher als die Dokumentation von Fallbeispielen oder ganz konkreter Handlungsanweisungen ist die Darstellung struktureller Systeme und Schemen. Ihre jeweilige Brauchbarkeit erfordert interessanter Weise auch vom Heilpädagogen jene Transferleistung, wie sie auch von einem heilpädagogisch bedürftigen Menschen, allerdings auf einer viel elementareren Ebene, erwünscht bzw. erwartet wird. Die Übertragung eines handlungstheoretischen Schemas auf eine konkrete heilpädagogische Praxis verspricht eine Anwendungsmöglichkeit in sogenannten nicht-durchschaubaren Systemen (vgl. VOLLMER 1991, S. 1168).

Und unter diesem etwas kühl-distanziert anmutenden Begriff können wir in aller Regel all die heilpädagogisch und logotherapeutisch bedürftigen Menschen subsumieren, aber auch die ganze erzieherische Praxis sui generis. Insofern ist die Heilpädagogische Übungsbehandlung ein didaktisches Konzept, das geeignet ist für die praktisch-heilpädagogische Arbeit im Erziehungs-Chaos. Sie ist ein Raster, an dem der Heilpädagoge seine Handlungsstrategie orientieren kann.

"Die Heilpädagogische Übungsbehandlung gliedert sich in drei Phasen, in Phase der Kognition, in Phase der Aktion und Phase der Interaktion. Die Aufeinanderfolge dieser Phasen entspricht der Entfaltung psychischer Funktionen" (KLENNER 1979, S. 88).

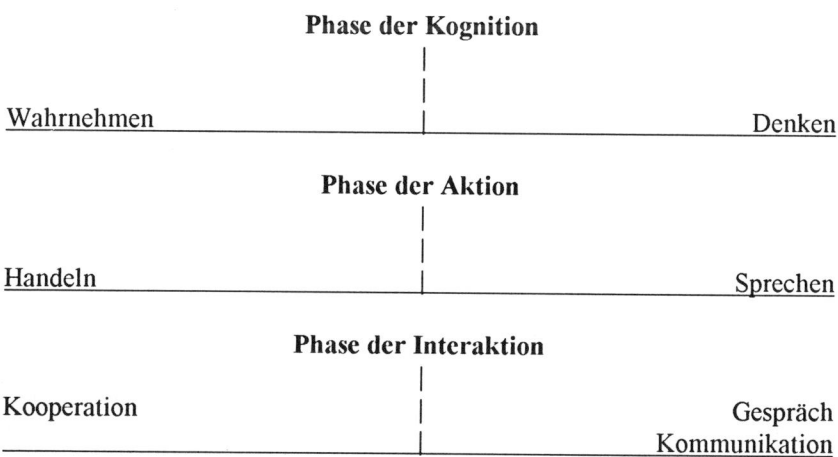

Die Abbildung zeigt den Aufbau der Heilpädagogischen Übungsbehandlung im Ganzen. Außer den drei vertikal aufeinanderfolgenden Phasen der Kognition, Aktion und Interaktion sind jeweils zwei horizontale Dimensionen zu erkennen, die jeder Phase zugeordnet sind. Dem Modell für diese Heilpädagogische Übungsbehandlung liegen entwicklungspsychologische Erkenntnisse zugrunde. Unter diesem Gesichtspunkt werden die einzelnen - normalen - Entwicklungsschritte sequentiert, d.h. in viele kleine Abfolgen geteilt, so daß analog dazu eine Hierarchie von Übungen entwickelt werden kann. Jede Übung entspricht einem bestimmten Entwicklungsstand. Sie kann nur ausgeführt werden, wenn die jeweils vorherige Stufe beherrscht wird. So kann z.B. ein Mensch erst aktiv an einem Gespräch teilnehmen, wenn er sprechen kann; sprechen kann er erst, wenn er Objekte mit Begriffen verbinden kann usf. Ein Vorteil dieser Heilpädagogogischen Übungsbehandlung besteht darin, daß der Übende im Prinzip nicht über- oder unterfordert werden kann, wenn sein jeweiliger Entwicklungsstand bekannt ist und beachtet wird. Wenn auch das Schema der Heilpädagogischen Übungsbehandlung "der Entfaltung psychischer Funktionen entspricht" (KLENNER 1979, S. 88), ist sie dennoch weder rein funktional noch rein leistungsbezogen aufzufassen. Dieser Gedanke wird deutlich, wenn wir den Kontext nicht aus den Augen verlieren, indem die Heilpädagogische Übungsbehandlung ihren Stellenwert hat. Anlaß für die Durchführung einer Heilpädagogischen Übungsbehandlung ist nämlich nicht ein Symptom oder ein "Fehler" eines Menschen, sondern sein "aktuelles und existentielles Problem" (KLENNER 1979, S. 94) bzw. eine nicht zu bewältigende Lebenssituation. Entsprechend ist das eigentliche Ziel der Heilpädagogischen Übungsbehandlung nicht irgendeine Leistung (z.B. Farbunterscheidung), sondern ein besseres, reicheres, sinnvolleres Leben. In diesem Sinne ist die Heilpädagogische Übungsbehandlung eine Voraussetzung für die Verwirklichung dieses Zieles.

1.1 Das Prinzip der Variation der Übungsanordnung

Die Interaktion bzw. das einfache Sich-Kennenlernen von einem heilpädagogisch bedürftigen Menschen und einem Helfer (sogenannte warming-up-Phase) ist zu vergleichen mit einem diffusen Suchverhalten, in dem gegenseitig erste Informationen ausgetauscht werden, die wiederum auf eine eigene, dynamische, unspezifische und eher zufällige Art und Weise erfolgen. Der Verlauf einer ersten Begegnung läßt sich nie vorhersagen. Die ersten Verhaltensweisen und Sprachäußerungen zwischen zwei Menschen werden nach den jeweiligen Vorverständnissen registriert und interpretiert. Aus der Sicht eines professionellen Helfers werden nun diese ersten Eindrücke bewußt gesammelt, irgendwie geordnet und vorläufig ausgewertet. Dieser Vorgang kann auf verschiedene Weise systematisiert (z.B. Protokolle; Video) und verifiziert (z.B. Diagnose; Erörterung im Team) werden. Der Einstieg in die Heilpädagogische Übungsbehandlung erfolgt also einmal aufgrund der bereits vorliegenden Informationen (Eindrücke und diagnostische Befunde), aber auch als intuitiver Schritt, eben als "Versuch". Die Treffsicherheit der vorgesehenen Übung hinsichtlich der Übungsannahme durch das Kind ist sozusagen relativ offen. Sie bedarf folglich einer unmittelbaren "Kontrolle des bereits oder noch nicht Erreichten" (KLENNER 1979, S. 92). Die Kontrolle ist gleichbedeutend mit einem reflexiven Erkennen der gerade erlebten Situation. Als Voraussetzung einer annähernd gültigen Beurteilung stellt sie gleichzeitig ein diagnostisches Ergebnis dar. Dieser Befund oder diese Auswertung dient wiederum einer neuen Handlungshypothese, bereitet also eine neue Handlung vor.

Während die Heilpädagogische Übungsbehandlung als Modell einen hierarchischen Aufbau hat (analog der Entfaltung psychischer Funktionen), ist ihr praktischer Zugang beliebig und variabel. Was bedeutet das? Der Heilpädagoge orientiert sein "Handlungsangebot" (i.S.d. Übungsanordnung) an der jeweiligen Individuallage seines Gegenüber. Er kann also an einem beliebigen "Ort" innerhalb der Heilpädagogischen Übungsbehandlung "einsteigen", und er kann ferner seine Handlungsschritte flexibel ändern, um sich bzw. die Übung der veränderten Lage (z.B. als Widerstand des Kindes) anzupassen. "Hierbei gibt der heilpädagogisch bedürftige Mensch den Weg und das Tempo an" (KLENNER 1979, S. 93). Mit anderen Worten: Der Heilpädagoge orientiert sich, im Sinne des "klientenzentrierten Verfahrens" (vgl. C. ROGERS, V.M. AXLINE und R. TAUSCH), nicht an einem festgesetzten Programm, das es unbedingt durchzuführen gilt, sondern an dem einzelnen Menschen und der jeweils einzigartigen Situation. In diesem Zusammenhang ist noch einmal an FRANKL zu erinnern, wenn wir die Heilpädagogische Übungsbehandlung mit "Aufgabe" übersetzen: "Denn die Aufgabe wechselt nicht nur von Mensch zu Mensch - entsprechend der Einzigartigkeit jeder Person -, sondern auch von Stunde zu Stunde, gemäß der Einmaligkeit jeder Situation (FRANKL 1982, S. 68).

Ferner sollten die Übungen korrelieren mit den von Maria MONTESSORI so benannten "sensitiven Perioden" eines Kindes[4].

Das in einer Heilpädagogischen Übungsbehandlung dargebotene Material sollte einen entwicklungsentsprechenden "Aufforderungscharakter" (LEWIN) haben, d.h. der jeweiligen Interessenslage des Kindes angemessen sein. Die erwünschte konzentrierte Aufmerksamkeit kann durch andere Impulsträger bzw. Reizquellen beeinträchtigt werden, wenn der Heilpäd-

---

[4]   Diese Bezeichnung geht zurück auf den holländischen Biologen Hugo de VRIES, der "sensitive Entwicklungsperioden" bei Schmetterlingslarven bei ihrer Nahrungssuche beschrieb: "Am besten definiert man die sensitive Periode als eine besondere Empfindlichkeit und Empfänglichkeit, die in der Entwicklung periodisch auftritt und die an bestimmte Umweltreize gebunden ist, auf die der Organismus spontan reagiert. Diese Perioden haben den biologischen Sinn, in einem Lebewesen bestimmte Funktionen und Eigenschaften auszubilden. Ist das erreicht, verliert sich die Empfänglichkeit und häufig tritt eine neue, völlig andere an ihre Stelle" (STANDING 1959, S. 118 f).

agoge diese nicht kennt oder sie nicht beachtet. Mit anderen Worten: Wenn ein Kind in einer bestimmten Entwicklungsphase am liebsten nur mit Puppen spielen will, so ist der Aufforderungscharakter anderer Spielsachen entsprechend gering. Ähnlich mag es Erwachsenen gehen, die z.B. eine Trauerphase zu bewältigen haben. Auch sie sind zeitweilig wenig offen für die schöneren Seiten des Lebens.

Hat er einmal die Vielseitigkeit der einzelnen Phasen und Dimensionen der Heilpädagogischen Übungsbehandlung verinnerlicht, so kann der Heilpädagoge virtuos mit ihnen umgehen und die "Übungen" je nach Individuallage und situationsbedingt variieren.

Eine Variationsnotwendigkeit ergibt sich auch aus folgendem Gesichtspunkt. Es können nämlich bei einem Menschen sehr wohl Fähigkeiten in einer höheren Dimension (z.B. sprechen) vorhanden sein, gleichzeitig aber Defizite z.B. in bestimmten Wahrnehmungsbereichen. Hier soll nicht vom "Teilleistungsschwächen" die Rede sein, sondern es wird vielmehr auf die Vernetzung der einzelnen Bereiche im Modell der Heilpädagogischen Übungsbehandlung hingewiesen. KLENNER gibt allerdings zu Recht zu bedenken, daß "die Heilpädagogische Übungsbehandlung auf der Ebene elementarer Fertigkeiten, der Basis- oder Grundfunktionen einsetzen muß, um von da an zu immer komplexeren Fertigkeiten zu führen, wie sie z.B. in der Kommunikation erforderlich sind" (KLENNER 1979, S. 92).

Das Prinzip der Variation bzw. der flexiblen Handhabung der Heilpädagogischen Übungsbehandlung bezieht sich nicht nur auf die interne Struktur, sondern auch auf ihre zeitliche Dimension.

Zum einen gibt der heilpädagogisch bedürftige Mensch das Tempo an. Die Übung selbst ist also nicht an eine bestimmte Geschwindigkeit gebunden; der Mensch steht unter keinem Zeitdruck. So läßt sich auch hier im Vergleich zu anderen Institutionen, wie z.B. zur Schule oder zum Arbeitsplatz ("Leistungsdruck") und zu Gruppensituationen ("Gruppendruck") ein Kontrast arrangieren, der einen ermutigenden und emotional wohltuenden Effekt haben soll. Übungen können abgebrochen und zu einem späteren Zeitpunkt wieder aufgenommen werden.

Zum anderen lassen sich einzelne oder verschiedene Übungen in den Alltag verstreuen bzw. integrieren. Je mehr dies gelingt, desto weniger ist von heilpädagogisch bedürftigen Menschen eine Transferleistung zu erbringen. Ein Beispiel: ein Kind balanciert in der Turnhalle über eine Bank. Bei einem späteren Spaziergang im Wald muß oder kann es nun die erworbene Fähigkeit übertragen, indem es über einen Baumstamm balanciert.

Die "Bank in der Turnhalle" soll hier exemplarisch die künstlichen Übungsmittel symbolisieren, während der "Baum im Wald" die natürlichen und alltäglichen Dinge zum Erfahrungen-sammeln charakterisiert.

Die zeitliche Variationsmöglichkeit setzt immer die Disponibilität des Helfers voraus. Der Gedanke der Alltagsintegration der Heilpädagogischen Übungsbehandlung verlangt ein gewisses Umdenken: Raum und Zeit der Übungen orientieren sich am Lebensalltag und sind nicht mehr ausschließlich an Übungsräume, Übungszeiten und Übungsmaterialien gebunden. Das Kind erfährt sich folglich nicht mehr in einer Art exklusiven Übungssituation, sondern läßt sich von den "Reizquellen", die es selbst im täglichen Leben vorfindet, inspirieren. So ist es beispielsweise ein Unterschied, ob wir mit Kindern Farbunterscheidungsübungen mit den MONTESSORI-Farbtäfelchen durchführen, oder diegleichen Sehübungen etwa an Haushaltsgegenständen machen. Im Zusammenhang des Variationsprinzips geht es bei der Beantwortung der Frage künstliche oder natürliche Übungsgegenstände nicht um eine entweder-oder-Entscheidung! Beide Zugänge können sinnvoll sein - je nach Arbeitskontext und Intention -, obgleich ich in dem hier vorgestellten Konzept der Heilpädagogischen Übungsbehandlung eine alltags-integrative Sichtweise bevorzuge.

2. Die Phasen der Übungsbehandlung

Ausgehend von dem KLENNERschen Modell der Heilpädagogischen Übungsbehandlung, das aufgrund der psychologischen Herkunft seines Autors, die psychogenetische Entwicklung des Kindes repräsentiert, will ich im Folgenden sowohl die Phasen als auch die Dimensionen der Heilpädagogischen Übungsbehandlung in Gestalt einer phänomenologischen Erweiterung vorstellen und diskutieren. Ich betrachte die einzelnen Elemente der Übungsbehandlung in ihrer Begrifflichkeit als Phänomene des Menschlichen und frage neben ihrer psychisch-funktionalen Bedeutung auch nach der jeweils anthropologisch-grundsätzlichen Bestimmung. Diese unterschiedlichen Sichtweisen beanspruchen weder methodische Exaktheit noch Vollständigkeit. Es geht mir vielmehr um den Versuch, die einzelnen Entwicklungsstufen, die ja eine allgemeine normativ-gültige Bedeutung haben, auf das Seins- oder Wirklichkeitserleben i.w.S. behinderter Menschen zu übertragen und zu verstehen. Nirgends sonst scheint der Andere als "Ich-Fremder" (E. HUSSERL) so gravierend wahrgenommen zu werden als in der Relation behinderter und nicht-behinderter Menschen. In Fällen, wo selbst ein sprachliches Feedback an Grenzen stößt, sind wir auf Spekulationen, auf nicht-messende Methoden des Erkennens und Verstehens angewiesen.

Die Phänomenologie hat heute keine spezifische Bedeutung mehr; unterschiedliche Autoren benutzen den Begriff in teils widersprüchlicher Auslegung (vgl. die Darstellung des Begriffs Phänomenologie im Historischen Wörterbuch der Philosophie, Bd. 7, S. 486-506). Es ist daher angebracht, das hier zugrundeliegende Verständnis des Begriffs Phänomenologie, den Ausführungen zu den Phasen (und Dimensionen) der Heilpädagogischen Übungsbehandlung als kleinen Exkurs voranzustellen.

Der Begriff "Phänomenologie" wird 1764 erstmalig von J.H. LAMBERT (1728-1777) in seinem Hauptwerk "Neues Organon" verwendet und als Terminus fixiert. LAMBERT beschreibt u.a. den Schein als Mittler zwischen dem Wahren und dem Falschen.

Somit ist das von uns Wahrgenommene noch nicht das Eigentliche, die Sache selbst, sondern nur Erscheinung, die im Hinblick auf ihren Wahrheitsgehalt aus sich selbst gesehen und interpretiert werden muß. Dieser Erkenntnisvorgang erfolgt mittels der Intention, ein anderes Subjekt in seiner Daseinsbedeutung zu verstehen. Die Gewissheit vom Dasein des Anderen ermöglicht mir - als jeweils Betrachter - die Erfahrung einer Selbstgewißheit. Darüber hinaus zielt die Intention auf Evidenz, auf Erfüllung. Die eigentliche Bewegung bzw. Entwicklung erfolgt durch die Reflexion von Intention und Erfüllung. Neben dieser teleologischen Ausrichtung ist das in-der-Welt-sein bemerkenswert: sowohl der Betrachter als auch sein "Gegenstand" (der Andere als Subjekt) haben dieselbe Lebenswelt. Wenn wir uns also Gedanken machen über beispielsweise "Wahrnehmen" und "Denken", so tun wir das als Wahrnehmende, als Denkende - unfähig, diesen eigenen Vorgang als Außenstehende zu analysieren. So kann die geistige Person, da sie "nur existiert und lebt im Vollzug intentionaler Akte" (SCHELER 1954, S. 401), "nie selbst Gegenstand eigener oder fremder empirischer Forschung sein, sie ist dem naturwissenschaftlichen Blick entzogen" (BÖSCHEMEYER 1977, S. 24).

Im Kontext unserer heilpädagogischen Zielsetzung, "die Welt" des behinderten Menschen zu verstehen, kommen wir in die Nähe von Karl JASPERS (1883-1969). Er versucht phänomenologisch mittels "Versenkung in Ausdrucksbewegungen", Exploration und vor allem durch Selbstschilderungen der Kranken (JASPERS 1963) ein Verständnis psychopathologischer Erscheinungen zu gewinnen. Auch BINSWANGER (1881-1966) bemühte sich in seinen Beschreibungen schizophrener Patienten, Einblicke in die "Welten" (hinsichtlich Räumlichkeit, Zeitlichkeit, Materialität usw.) Geisteskranker zu gewinnen (BINSWANGER 1960, 1965).

Hermann RÖHRS schließlich gibt einen kurzen Überblick über die phänomenologische Methode als eine (neben Hermeneutik, Dialektik und Empirie) Forschungsmethode der Erziehungswissenschaft (RÖHRS 1969). Die Phänomenologie ist danach bestrebt, sich vorbehaltlos der Erziehungswirklichkeit hinzuwenden, sich mit ihr auseinanderzusetzen ohne sekundäre Quellen oder theoretische Ableitungen zuhilfe zu nehmen. "Das beschreibend deutende Verfahren, das in steter methodischer Selbstkontrolle nicht nur das Phänomen in seiner jeweiligen Erscheinungsform sichert, sondern es auch in seinem Ordnungsgefüge durchsichtig werden läßt, zeigt eine natürliche Nähe zur Erziehungswirklichkeit, in der sie wie keine zweite Methode ihr eigentliches Bewährungsfeld erblickt" (RÖHRS 1969, S. 319). Was sind nun "Phänomene", die in der Erziehungswirklichkeit relevant sind? Während Phänomene gleichsam das Eigentliche sind, repräsentieren Begriffe dieses jeweils Eigentliche. Phänomenologie ist folglich ein Versuch, sich mit bestimmten Begriffen auseinanderzusetzen (Begriffsbildung) und diesen Vorgang sprachlich (deskriptiv) darzustellen. Bevor es nun zu sprachlichen Abbildungen von Phänomenen kommen kann, ist eine Art kontemplative Begriffsversenkung notwendig. In diesem Sinne versteht KLENNER Handlungstheorien, nämlich "als eine Art Wesensschau vorweggenommenen konkreten Lebensgeschehen" (KLENNER 1979 S. 83). Es entspricht tatsächlich meiner Erfahrung, daß es einen bedeutenden Zusammenhang gibt zwischen intensiver Begriffsarbeit und Handlungskompetenz. Genau "dazwischen" (zwischen Kontemplation und Handlung) liegt der intuitive Schritt. Jenes intentionale Gerichtetsein (im Gegensatz zur sogenannten Leerintention, dem leeren Vermeinen) setzt ein Bewußtsein voraus, ein tiefes Begriffsverständnis oder anders ausgedrückt: Evidenzerfahrungen. Erkennen (Versenkung in Phänomene) und Handeln (intuitiver Schritt in die Erziehungswirklichkeit hinein) erfolgen in einer eigenen, unvorhersehbaren Dynamik, in der weder Anfang und Ende, noch Dauer und Intensität ausfindig bzw. nachweisbar zu machen ist. Das Wechselspiel zwischen Erkennen und Handeln unterliegt im Grunde chaotischen Gesetzmäßigkeiten. Kein "Plan" könnte die Intuition in der Praxis ersetzen.

Aufgrund dieser Vorbemerkungen wollen wir uns jetzt mit den Begriffen, wie sie im Modell der Heilpädagogischen Übungsbehandlung genannt sind, auseinandersetzen. Der phänomenologische Anspruch einer möglichst vielseitigen bzw. umfassenden Sichtweise ist jedoch nicht gleichbedeutend mit dem Anspruch auf Vollständigkeit!

2.1 Die Phase der Kognition

Die kognitive Phase ist die basale bzw. elementare Entwicklungstufe eines Kindes, in der die ersten Funktionen zum Wahrnehmen von Personen und Gegenständen entwickelt werden.

Ich will diese Phase (wie auch die beiden anderen) im Folgenden weniger unter psychologischen als mehr unter heilpädagogischen und existenzanalytischen Gesichtspunkten betrachten. Damit akzentuiere ich eine eher pädagogische Interpretation der einzelnen Elemente der Heilpädagogischen Übungsbehandlung.

Eine ganz wesentliche Bedeutung der Heilpädagogischen Übungsbehandlung für die Heilpädagogik liegt in ihrer konzeptionellen Möglichkeit, sozusagen "nach unten hin zu variieren". D.h. wir können Menschen auf ihrer untersten, ersten, elementarsten usw. Entwicklungsstufe "abholen", um von dort aus an ihrer Weiterentwicklung mitzuhelfen. Von Seiten des heilpädagogisch bedürftigen Menschen muß also keinerlei Vorleistung oder Vorbedingung erbracht werden (wie z.B. Sprachfähigkeit, Reflexionsfähigkeit, Leidensdruck). Dem Menschenbild der Heilpädagogik entsprechend ist der Mensch voraussetzungslos annehmbar. Dieser Grundsatz gewinnt insbesondere bei behinderten Menschen im Hinblick auf ihre kognitiven Grundausstattungen an Bedeutung. Wenn jemand z.B. nicht sehen kann, so ist er dennoch ansprechbar; wenn jemand nicht hören kann, so ist er dennoch anschaubar usf.

Jeder Mensch hat also individuell gegebene "Sinneskanäle", über die eine ganz spezifische kognitive Entwicklung erfolgen kann. Insofern sind diese Gegebenheiten wohl schon Voraussetzungen, an die fördernd angeknüft werden kann, sie unterscheiden sich aber von Voraussetzungen, für die bereits eine Eigenleistung z.B. des Kindes, erbracht wurde. Seitens der heilpädagogischen Interventionsmöglichkeiten brauchen keine Vorbedingungen im Sinne jener Eigenleistungen erfüllt sein.

Nun werden manche Menschen heilpädagogisch bedürftig, weil sie bestimmten Erwartungen oder Anforderungen ihrer Mitmenschen nicht entsprechen. Sie erbringen die "normalerweise" üblichen Funktionsleistungen nicht und geraten über diesen Weg ins soziale Abseits. Im Rahmen der Heilpädagogischen Übungsbehandlung ist nun zu überlegen und herauszufinden, welche Voraussetzungen erforderlich sind, um die noch fehlenden Fertigkeiten zu erwerben oder zu kompensieren. Die gesuchten Voraussetzungen entsprechen den bereits vorhandenen oder erworbenen Fähigkeiten. So ermitteln und konstruieren wir einen "Raum" des schon Erreichten und des noch nicht Verfügbaren. Der methodische Ansatz, Menschen bei ihren bereits vorhandenen Fähigkeiten zu beanspruchen, bewirkt Ermutigung und soll das Selbstvertrauen stärken.

Selbstvertrauen als nicht-reflexives Erleben ist ein Gefühl, welches in Sprache übersetzt meint: es ist gut, daß ich bin; es ist gut, daß ich werde. Diese elementare Bewußtheit kennzeichnet den Beginn der kognitiven Phase in der Weise, wie sie heilpädagogisch intendiert ist[5].

Die kognitive Phase ist ferner (wie auch die beiden anderen Phasen) lebenslänglich, d.h. sie ist nicht mit Beginn der zweiten Phase beendet. Sie ist andauernd, jedoch von unterschiedlicher Intensität (chaotische Dynamik).

Ein weiteres formales Merkmal der kognitiven Phase ist die Tatsache, daß Helfer und homo patiens sich beide mit ihren jeweils kognitiven Anteilen begegnen. Die kognitiven Selbstverständnisse des Helfers wirken sich entscheidend auf die Heilpädagogische Übungsbehandlung aus, ebenso wie auch diejenigen Kognitionen des Anderen. Was meint das? Übungsziel und Übungsmittel werden von einem Übungsleiter nach Maßgabe seines meist soziokulturellen Selbstverständnisses ausgewählt. Insbesondere im außerschulischen Bereich sind die Inhalte kognitiven Lernens und Übens nicht festgelegt (im Gegensatz zum Lehrplan an Schulen).

Auch die verschiedenen Entwicklungsbögen wie z.B. die "Münchener Funktionelle Entwicklungsdiagnostik" oder das "Entwicklungsgitter von Kiphard" stellen im Grunde nur fest, was ein Kind in einem bestimmten Alter kann und was nicht. Das Problem kognitiver Förderung ist aber viel komplexer. Denn vielleicht erlernt das Kind X die Fähigkeit Y auch, nur später und evtl. auch ohne Anleitung. Oder: warum sollte ein Kind gerade das lernen, was in den Entwicklungsbögen aufgelistet ist? Eine andere Frage ist, warum überhaupt eine bestimmte Leistung oder eine bestimmte Fähigkeit erworben werden soll.

Diese Fragen lassen sich nicht eindeutig beantworten. Es gibt eben nicht das Kind, den Helfer, die Übung, das Übungsmittel und das Entwicklungsziel. Das mag banal klingen, hat aber zur Konsequenz, keine konkreten und generalisierenden Aussagen über ganz bestimmte Übungen etwa im kognitiven Bereich anführen zu können. Die einzelnen Übungen hängend entscheidend ab von der individuellen Fähigkeit des homo patiens und dem Selbstverständnis des Heilpädagogen. Wenn ein Heilpädagoge z.B. gerne musiziert, so wird er wahrscheinlich die Musik als ein Medium seiner Übungen einsetzen; wenn ein Heilpädagoge gerne spielt, so wird er auch mit Kindern authentisch spielen usf.. Oder auch eine persönliche Vorliebe für Übungen

---

5 Nicht alle Menschen fühlen ihr existentielles Gut-Sein; ich unterstelle aber einen "Hunger" danach.

experimenteller psychologischer Art spielt für die konkrete, d.h. nicht nur theoretisch-antizipierte, Praxis eine wichtige Rolle. Erziehung und Förderung hängen also wesentlich mit den Einstellungen und Vorlieben des Helfers zusammen und haben keine allgemeingültige, verbindliche Bedeutung.

Die kognitive Entwicklung eines Menschen wird nicht nur von seinem Helfer beeinflußt, sondern auch von seinen jeweiligen Mitmenschen sowie von den jeweiligen Medien. Übungsleiter, die diese Zusammenhänge unbeachtet lassen, laufen Gefahr, zwei Irrtümern zu erliegen: der erste Irrtum wäre die Ansicht, die eigene Übung sei das effektive Nonplusultra für das Kind (Vorrang der Übung gegenüber dem Kind) - der zweite Irrtum wäre die Nichtbeachtung des Kontextes bzw. der Mitwelt des Kindes. Artikulationsübungen etwa haben nur Sinn, wenn sich die Bezugsperson des Kindes ebenfalls um eine richtige Artikulation bemüht. Weil die Bezugspersonen eines Menschen zeitlich einen fast andauernden Einfluß haben, müssen sie unbedingt mit einbezogen werden[6]. Die eine Übung kennzeichnenden Wiederholungen sollten ferner in das alltägliche Lebensgeschehen integriert sein.

Was heißt nun Kognition? Unter Kognition verstehen wir einen Bewußtseins- bzw. Erkenntnisvorgang, der in unmittelbarem Zusammenhang mit emotionalen Reaktionen steht. Dieser Prozeß beginnt bereits beim Ungeborenen in unbewußter, d.h. in nicht-reflektierender Weise (vgl. NILSSON 1990). Voraussetzung des kognitiven Prozesses sind in dieser frühen Phase sogenannte Beziehungsereignisse wie z.B. die emotionale Befindlichkeit der Mutter oder ihre sprachliche Enflußnahme auf den Embryo. Ereignisse, die allesamt von außen auf das Kind einwirken, werden kognitiv "gespeichert" oder besser: behalten. Die ersten Aufnahmen von Sinneseindrücken erfolgen physiologisch zwar aktiv, sind aber re-aktiv bezüglich der Reiz- oder Ereignisquellen. So ist etwa eine rationale Wahl oder Auswertung der erlebten "Ereignisse" dem Ungeborenen sowie dem Säugling unmöglich. In dieser Phase ist der Mensch einerseits völlig perzeptiv, d.h. nach außen hin

---

6 Folgendes "Rechenexempel" soll diesen Gedanken verdeutlichen: Ein Erziehungsberater hat auf seinen Klienten einen persönlichen Einfluß von etwa 45-60 Minuten pro Woche. Der Klient hat pro Woche 168 Stunden total zur Verfügung. Davon schläft er etwa 60 Stunden, sodaß er ungefähr 100-120 Stunden pro Woche wach ist.
Der zeitliche Einfluß des Beraters auf seinen Klienten beträgt also ca. 1% seiner "Wachzeit". Die verbleibenden 99% an Zeit ist der Klient auf sich selbst und "Alltagsmenschen" angewiesen.

ausgerichtet bzw. auf Außenreize angewiesen - andererseits völlig mit sich "prälogisch, animistisch-anthropomorphisierend, magisch..." (ZULLIGER 1990), "autotelisch" (HASSENSTEIN 1972, S. 289).

In existenzanalytischer Terminologie hat das Kind in seiner frühesten Lebensphase noch keine Selbst-distanz. Zwar ist die Fähigkeit zur Selbstdistanz schon vorhanden, sie ist aber ontogenetisch noch nicht verfügbar. Insofern ist "eine Bewußtheit über die kognitive Aktivität nicht notwendig" (TAUSCH 1987, S. 29). Mit anderen Worten: Kognition ist Bewußtsein, aber nicht Bewußtheit über den kognitiven Vorgang. Wenn also die Sinnestätigkeit schon längst auf "Hochtouren" läuft, bleibt die reflektierende Rationalität (Selbstdistanz) noch aus. Der Organismus sowie Gedächtnisleistungen entwickeln sich selbsttätig und reflexiv in Abhängigkeit von äußeren Einflüssen. Denn ohne Außeneinflüsse könnte sich der Mensch, der homo sapiens, nicht entwickeln. Diese leib-seelische Bedingheit rechtfertigt in einem existentiellen Sinne Einflüsse (sui generis). Einflüsse aller Art (!) auf einen Menschen subsumiere ich unter den Begriff Erziehung. Die Reflexion über Erziehungsinhalte und -ziele bedingt die Qualität der Erziehung - hier beginnt pädagogisches Denken. Der Einflußbereich auf ein Kind soll nun nicht der Beliebigkeit und Zufälligkeit überlassen sein, sondern er steht im Kontext konkreter Intentionen (z.B. Interessen, die über Medien verfolgt werden). Die Intention, die ein Erzieher (oder allgemeiner: ein Helfer) vertritt, obliegt seiner Verantwortung: Was ist mir (als "Einflußnehmender") wichtig; welche normativen Vergleiche stelle ich an; was soll das Kind von mir lernen? Die Entscheidung dieser Fragen - als Verantwortung - ist jedem nicht-professionellen wie professionellen Erzieher überlassen. Wir können der Erziehung keine kollektiv gültigen Normen zugrundelegen.

Die kognitive Phase beginnt also auf nicht-reflektierende Weise, und sie bereitet die Reflexion, als die Fähigkeit zur Stellungnahme, vor. Unter dieser Perspektive gewinnt die Notwendigkeit emotionaler und kognitiver Einflußnahme eine immense Bedeutung.

Hier bildet sich im Kind ein Werte-Fundus, und es prägt sich ihm sozusagen ein Maßstab für spätere Erkenntnisse und Vergleiche ein. Es sind diese ersten basalen Informationen, die in der weiteren Entwicklung bewußt verstärkt, modifiziert oder völlig umgeworfen werden können. In einer existenzanalytischen Exploration kann u.a. auf diese frühkindlichen Bilder - imaginativ - Bezug genommen werden: Wie werden sie erinnert; wann sind welche Einstellungen oder Haltungen entstanden? Will ich an ihnen festhalten?

Die frühe kognitive Phase ist mit einsetzender Reflexionsfähigkeit zunächst abgeschlossen: die erste Lebenszeit ist biographisch einmalig und nicht mehr wiederherstellbar - die kognitive Phase ist darüber hinaus lebenslänglich, weil die Kognition nicht statisch, sondern "bewegt" ist. Wahrnehmen und Denken, bewußte und unbewußte Informationsaufnahmen und -verarbeitungen, Übernahme und Korrektur tradierter und internalisierter Auffassungen usw. beeinflussen unsere Kognitionen in zeitlich unterschiedlichen Intervallen und Intensitäten.

Der Übungseffekt entsteht durch eine externe (durch einen Helfer) oder interne (als Selbstbestärkung) Wiederholung bzw. Ausprägung von Bedeutungsinhalten. Dies meint auf elementarer bzw. noch sprach-loser Ebene das Wohlbefinden, das Gefühl der Geborgenheit, Annahme usw. Meist werden diese Botschaften über körperliche Berührungen (Liebkosungen) geäußert und stimmlich begleitet.

Im Folgenden setze ich mich mit dem Wahrnehmen auseinander als einer besonderen Dimension der Kognition.

2.1.1 Wahrnehmen

Der Beziehungsaspekt der "Wahrnehmung" wird in der Frage deutlich: Wie nimmt mein Gegenüber sich selbst wahr? und: Wie nehme ich mein Gegenüber wahr? - Wie nehme ich mich wahr? Und: Wie nimmt mich mein Gegenüber wahr?

(P = Person)

Wahrnehmung hat immer etwas mit Bewegung zu tun, und Bewegung ist immer in Beziehungen zwischen Subjekten und Objekten vorhanden. Eine unbewegte Welt wäre nicht wahrnehmbar. So können wir z.B. das Wort "groß" nicht erfassen, sondern nur den relativen Begriff "größer als". Alles was wir wahrnehmen, beziehen wir also auf etwas bereits vorher Wahrgenommenes. Der Vergleich, auch auf noch unreflektierter Ebene, ist die Voraussetzung für Wahrnehmung. Laut und leise, hell und dunkel, warm und kalt sind wohl eine der ersten Vergleiche, die ein Mensch sprach-los wahrnimmt. Mit unserer Sprache versuchen wir später dann jene frühkindliche sprach-lose Entwicklungsphase zu erklären, zu deuten. Dieser Wahrnehmungsprozeß ist lebenslänglich, denn wir beschreiben per Sprache immer erst im Nachhinein das von uns Wahrgenommene. Um dies zu können, brauchen wir Begriffe, die uns zugetragen und erschlossen werden. Und schon sind wir wieder bei der "Beziehung" zwischen Wahrnehmung und Sprache. Das Kind nimmt etwas wahr, und der Helfer kommentiert (sprachlich bzw. stimmlich) diese Wahrnehmung. Hierdurch wird "dem Ding" eine Be-deutung zuge-sprochen. Währenddessen bleibt das Kind noch sprach-los, aber nicht stimm-los: es reagiert mit Geräuschen der Mißbilligung, der Zufriedenheit, des Entzückens usf.

Interkulturell unabhängig werden unterschiedliche "Reize" während der Kleinkindphase wiederholt (von Eltern, von Verwandten und anderen Bezugspersonen), so daß hinsichtlich der Wahrnehmung jene Sinneseindrücke eingeprägt, erinnert und wiedererkannt werden können (Übungseffekt).

Die erlebbaren "Reize" lassen sich grob in zwei Gruppen unterteilen: einmal sind es objektive Sinneseindrücke, wie z.B. eine Geräuschkulisse, Düfte, Materialerfahrungen oder Helligkeitsunterschiede, und zum anderen sind es personenbezogene Wahrnehmungen wie z.B. körperliche Berührungen oder andere persönliche Zuwendungen. Im Kontext der allgemeinen, nicht-professionellen Erziehung erfolgen die Reizangebote und Reizaufnahmen nach einer jeweils soziokulturell mitbedingten und nicht per se reflektierten Abfolge. Im Unterschied hierzu ist eine professionell begründete Beziehung zwar auch von persönlichen Vorlieben und soziokulturellen Faktoren des Helfers mitbestimmt, sie erfolgt aber aufgrund von Kenntnissen intentional bzw. zielgerichtet. Diese Kenntnisse betreffen die Wahrnehmungssinne sowie die Verhaltensbeobachtung hinsichtlich der "sensitiven Perioden" (MONTESSORI). Bevor wir nun das Spektrum der einzelnen Sinne vorstellen, wollen wir uns den Begriff der Intention vergegenwärtigen. Es besteht ein unmittelbarer Zusammenhang zwischen der Notwendigkeit, einem Kind bzw. einem behinderten Menschen Reizqualitäten nahezubringen (ansonsten würde der Mensch verwahrlosen) - und der Absicht des Erwachsenen, Wahrnehmungen durch Reizdarbietungen zu ermöglichen. Der professionelle Helfer bestimmt also die "Soll-Werte", d.h. die wahrzunehmenden Inhalte mit. Dieser Zielwille des Helfers ist identisch mit dem Begriff der Intention. Völlig offen und freibleibend ist demgegenüber die Wahrnehmung des Anderen: ob und wie ein Anderer die Darbietungen verinnerlicht - die Wahrnehmung läßt sich nicht erzwingen. So erfolgen Intention und Internalisation je nach individuellem Vermögen in einem freien Kräftespiel.

Zur Professionalität gehört einerseits die Begründung der jeweiligen Intention (warum soll das Kind Farben unterscheiden können?) und ferner ihre Kontrolle (ist das Ziel erreicht worden?). In Anlehnung an HUSSERL können wir hier von einer "Intentionalanalyse" sprechen (s. CLAESGES 1976, S. 474).

Wahrnehmung ist die Konstruktion von Wirklichkeit, denn was wir mit den uns zur Verfügung stehenden Sinnen als wahr annehmen, hat für uns einen Realitätswert. Es ist zu vermuten, daß Kinder und einige hirnorganisch geschädigte Menschen dazu neigen, ihre Wahrnehmungen zu objektivieren und zu generalisieren: so wie sie die Welt sehen, ist die Welt. Dieses Welt-Bild mag aus philosophischer und naturwissenschaftlicher Sicht unbedeutend sein, dem einzelnen Menschen dient es als existentiell wichtige Orientierung. Kennzeichnend für diese infantile Sichtweise ist die weitgehend fehlende Reflexions-, Abstraktions- und Relationfähigkeit. Im Hinblick auf das Orientierungsbedürfnis während dieser Entwicklungsphase wäre eine zu frühe Relativierung der Wahrnehmungsobjekte möglicherweise schädlich (ebenso wie eine zu frühe Desillusionierung). Wahrnehmungsübungen haben folglich indikative Eigenschaften: "Dies ist ein Arm...", oder "Du bist traurig...". Alle Zweifel oder Relationen sind für eine spätere Entwicklungsstufe vorgesehen. Die Indikativ-Form oder die Realitätsebene ist übrigens auch bei sogenannten psychotischen Menschen angezeigt, weil ihre Wahrnehmung völlig desorientiert ist. Dieser Hinweis macht deutlich, daß Wahrnehmungsübungen (wie auch die Heilpädagogische Übungsbehandlung insgesamt) nicht nur für "kleine Kinder" vorbehalten sind.

Für das Konzept einer sinnzentrierten Heilpädagogik interessiert die Frage, wie wir auf elementarster (Wahrnehmungs-)Ebene Selbstdistanz und Selbsttranszendenz evozieren können. Und wenn wir uns dann vorstellen, daß z.B. ein kleines Kind mit allen Sinnen in seine Welt "schaut", dann haben wir es hier mit dem Phänomen einer absoluten Selbsttranszendenz zu tun. Bevor das Kind sich selbst als personales Ich entdeckt, entdeckt es seine unmittelbare Umwelt (einschließlich seiner eigenen Gliedmaßen, Personen, Gegenstände usf.).

Diese Umwelt braucht dem Kind nur vor-gestellt zu werden, damit sich das Kind eine Vor-stellung machen kann! Mit diesem Wortspiel identifiziere ich das Phänomen der "Vorstellung" als ein erstes existenzanalytisch bedeutsames Indiz zur Sinnerfahrung. Nicht das Selbst des Kleinkindes steht im

Vordergrund seiner Wahrnehmung, sondern die Dingwelt und die Fühlwelt (Korrelation von Kognition und Emotion). Das Kind erfühlt seine Welt. Heilpädagogisch bedeutsam ist folglich die Weckung und Förderung möglichst aller Sinneskanäle und zwar nicht in einem quantitativen Sinne, sondern unter der Maßgabe, möglichst keinen Sinneskanal zu vernachlässigen. Wenn ein Kind nur das wahrnehmen kann, was ihm vor-gestellt wird, so kommt dem Heilpädagogen (wie auch jedem Erzieher) die Verantwortung zu, für die Vielfalt und Qualität der diversen Sinneseindrücke zu sorgen. Die Sinne sind mit dem Geist vergleichbar: beide kommen erst dann und nur dann zur Geltung, wenn sie von außen hervorgelockt bzw. be-ansprucht werden. In diesem Sinne verstehe ich "Förderung".

Es mag beinahe von allein klar werden, daß eine Wahrnehmungsförderung in einem existentiellen Verständnis nicht reduziert werden kann auf festgesetzte Übungszeiten. Die Gefahr, daß der Mensch in seiner übrigen Zeit weitestgehend unbe-ansprucht bleibt, ist viel zu groß. Außerdem kommt einer zeitlich befristeten Übung schlechterdings zu viel Bedeutung zu. Wesentlich sinnvoller und förderlicher ist eine Haltung aller Bezugspersonen, die ihnen anvertrauten Menschen einzubeziehen in den sogenannten Alltag. Die Aufwertung des Alltags ist an sich keine Besonderheit; sie bezweckt vielmehr eine globalere Sichtweise im Gegensatz zu sonst üblichen Reduktionen der Förderung auf eine bestimmte Tages- oder Wochensequenz.

Im Kontext einer Handlungstheorie verzichte ich bewußt auf konkrete Beispiele nach dem Motto, was man so alles machen könnte...
Vielmehr ist mir daran gelegen, einige Sinne exemplarisch zu vergegenwärtigen. Abgesehen von den physiologischen Voraussetzungen zur Sinneswahrnehmung gibt es kein einheitliches System der dem Menschen verfügbaren Sinne.

Ich möchte hier drei Einteilungen vorstellen:

A. Nach BROCKHAUS (1990, Bd. 17, S. 35)

1) Gesichtssinn (Sehen)
2) Mechanischer Sinn der Haut (Tastsinn)
3) Statischer Sinn (Gleichgewichtssinn)
4) Gehörsinn
5) Temperatursinn
6) Chemischer Sinn (Geruch und Geschmack)
7) Schmerzsinn

B. Nach J. GIBSON (GIBSON 1982)

Auge (Gesichtssinn, visueller Sinn)
   1. Farbensinn (Zapfen)
   2. Hell/Dunkel-Sinn (Stäbchen)

Ohr (Gehörsinn, auditiver Sinn)
   3. Gehör

Chemische Sinne
   4. Geschmack
   5. Geruch

Hautsinne
   6. Tastsinn (Haptischer Sinn)

   7. Wärmesinn $\Big\}$ Thermo-
   8. Kältesinn   rezeptoren
   9. Schmerzsinn
   10. Lustsinn

Gleichgewicht
   11. Sinn für Gleichgewichts- und Lageempfindung
      (Vestibularapparat)
   12. Kinästhetischer Sinn (Stellung und Bewegung der
      Körperglieder)
   13. Sinn für Organempfindungen
      (z.B. Hunger und Durst)
   14. Orientierungssinn

C. Nach Rudolf STEINER (STEINER 1986; KÖNIG 1986; LAUER 1953)

	Wirklichkeit	Seele	Bewußtsein
Tastsinn Lebenssinn Eigenbewegungssinn Gleichgewichtssinn	Leib	Wollen Zahl	Raum Bewegung
Geruchssinn Geschmackssinn Gesichtssinn (Sehen) Wärmesinn	Natur	Fühlen	Vorstellungs- kraft
Gehörsinn Sprachsinn Gedankensinn Ich-Sinn	Mitmensch	Erkennen (Denken)	Wahrnehmen

Fast alle hier vorgestellten Sinne verweisen auf bestimmte organische Funktionen, d.h. auf den Zusammenhang zwischen Organ und Sinneskanal. So werden die Organe zu einer "Brücke zur Welt". Jeder einzelne Sinn läßt sich nun wieder unterteilen in verschiedene Nuancen. Ein Höchstmaß an jeweiliger Differenzierungsfähigkeit ist das Ziel der Heilpädagogischen Übungsbehandlung. Je mehr Merkmale ein Kind von einem Gegenstand erfährt, desto vollständiger ist er definiert. Das Kind lernt zu operationalisieren, seine Bedürfnisse exakt zu benennen, sich aktiv und angemessen in Situationen zu verhalten und es erlebt die wahrnehmbaren Dinge seiner Umwelt bewußter und reichhaltiger. Der Erwerb einzelner Wahrnehmungsfähigkeiten ist ferner eine Voraussetzung für die Teilnahme an manchen sozialen Aktivitäten und - auf die Heilpädagogische Übungsbehandlung bezogen - eine Vorbereitung für die Phase der Aktion. Der methodisch-didaktischen Phantasie des Heilpädagogen bei der praktischen Anwendung der jeweiligen Unterscheidungsübungen sind keine (theoretischen) Grenzen gesetzt. Meine Anregung, die einzelnen Übungen im Alltag zu integrieren, ist allerdings eine Erweiterung des traditionellen Verständnisses von Übungssequenzen.

Nun fällt es schwer, die menschliche Wahrnehmung auf die genannten Sinne bzw. die Sinnesfunktionen zu reduzieren. Wenn die Schätzung stimmt, "daß der Mensch pro Sekunde 10.000 exterozeptive und propriozeptive Sinneswahrnehmungen aufnimmt" (WATZLAWICK 1990, S. 92), dann scheint unsere Wahrnehmung unbeschreiblich komplex zu sein. Eine Reduktion einzelner Funktionsübungen auf die, wenn man so will, klassischen Sinne, wäre aus heilpädagogischer Sicht unzureichend. Daher suchen wir eine kongeniale Verbindung zu einem holistischen Sinnesverständnis. Die Wahrnehmung ist eigentlich eine spezifisch-menschliche Fähigkeit. Umgangssprachlich kommen die eigentlich menschlichen "Sinne" so zum Ausdruck:

Der Mensch hat einen Sinn für

...den Sinn
...das Fremde
Ästhetik
Besinnung
Das "Pathische"   (= das Leiden an dem, was nicht sein soll)
Das In-der-Welt-sein
Das Keusche
Das Transzendente (Religiösität)
Freiheit und Verantwortlichkeit
Freude
Geduld, Langmut und Ausdauer
Geschichte
Gesundheit
Gewissen (... als "Sinn-Organ" FRANKL)
Glück
Hoffnung und Zuversicht
Humor
Kunst (musischer Sinn)
Liebe
Mitleid und Trauer
Reue
Scham
Sympathie
Toleranz
Trost
Tugend
Versöhnung/Verzeihen
Zeit
usf.

All diese geistigen Phänomene lassen sich wahrnehmen, erfahren und erwerben. Der Sinn für Wahrnehmung ("jetzt sehe ich die Sonne") übersteigt die funktionale Ebene: der Mensch entdeckt sich selbst, seinen Ich-Sinn (STEINER 1981, S. 11) oder sein personales Ich: das, was ihn wesentlich bestimmt.

Trifft bei diesen urmenschlichen Sinnesbeispielen noch das Wort "Übung" zu? Antwort: Es kommt auf unsere Sichtweise an! Wir können Zeitempfinden üben, oder uns in Toleranz üben usf. - alles Intendierte kann in verschiedenen Kontexten gepflegt, wiederholt, vertieft oder erprobt werden. Letztlich entscheidend ist die Einstellung des Heilpädagogen (bzw. des Helfers): Welchen Zugang hat er zum Humor, zum Lachen, zur Freude usf.? Sind dies nicht geradezu exponierte Beispiele für Selbstdistanz und Selbsttranszendenz?!

Wahrnehmung ist das Wissen vom Sein und sie ist eine Bewertung der (subjektiven) Wirklichkeit. Als Einflußnehmende sind wir gleichzeitig selbst Wahrnehmende und bewerten (immer selektiv) das Wahrgenommene. Als Wahrnehmende beeinflussen wir somit die Wahrnehmung eines Anderen mit, wobei dies ein gegenseitig freibleibender Vorgang ist. Wie und was ein anderer Mensch wahrnimmt und für was er seine "Daten" verwendet, bleibt ihm allein vorbehalten.

2.1.2 Denken

Im Kontext der kognitiven Phase innerhalb der Heilpädagogischen Übungsbehandlung steht die Dimension "Denken" in unmittelbarer Beziehung zur Dimensionen des "Wahrnehmens". Während die Wahrnehmung eine relativ unstrukturierte Ansammlung von Einzeldaten ist bzw. ein Gewahrwerden der dinglichen Welt, so ist das Denken ein Prozeß der Kombination jener Einzeldaten. Gleichzeitig wird aus der unwillkürlichen Selektion von unzähligen Sinneseindrücken ein mehr und mehr bewußtes, willkürliches oder gerichtetes Selektieren. Der Mensch unterscheidet in dieser früheren Phase zwar noch nicht in Form einer abstrakten Reflexion, aber seine Auswahl wird konkreter. "Die Entscheidung jedoch, was wesentlich und was unwesentlich ist, ist offensichtlich von Mensch zu Mensch sehr verschieden und scheint von Kriterien abzuhängen, die weitgehend außerbewußt sind" (WATZLAWICK 1990, S. 92). WATZLAWICK bezieht diese Feststellung nicht nur auf Kinder. Und schon sind wir wieder beim Beziehungsaspekt: Zwei Menschen (z.B. ein heilpädagogisch bedürftiger Mensch und ein Heilpädagoge) nehmen sich gegenseitig auf je eigene Weise wahr. Als Denkende, als Fühlende, als Erfahrene sind wir immer auch Bewertende. Es scheint sehr fraglich, ob professionelle Helfer ihre eigenen Denk- und Deutungsmuster vollständig kennen, mit welchen sie Anderen begegnen. Die Kenntnis der eigenen Denkschemen setzt natürlich die Kenntnis anderer möglichen Denkweisen voraus. In seinem Buch 'Denken, Lernen, Vergessen' führt Frederic VESTER hierzu einige Beispiele an:

das auditive Verstehen
(über Hören und Sprechen),

das optisch/visuelle Lernen
(durch Beobachtung und Experiment),

die haptische Erfahrung

oder

das Lernen
anhand abstrakter Formeln oder Definitionen

(VESTER 1991, S. 41).

Eine andere Vierteilung der Denkweisen versuchte HERRMANN in einem "metaphorischen Modell":

A) begriffliches Denken
(logisch, analytisch, rational)

B) bildhaftes Denken
(einfallsreich, intuitiv, konzeptionell)

C) kontrolliert, konservativ, organisiert,
strukturiert

D) zwischenmenschlich, emotional,
musikalisch, mitteilsam

(HERRMANN 1991)

Jedes Gehirn ist nun vorstellbar als "Netzwerk" (VESTER 1991) aller möglichen Komponenten, allerdings mit unterschiedlich ausgeprägter Gewichtung. In einer zwischenmenschlichen Begegnung treffen also "zwei Netzwerke" aufeinander, wobei der professionelle Helfer darauf ausgerichtet ist, das jeweils andere "Netzwerk" zu verstehen. Entscheidend ist jedoch die Erkenntnis, daß dieser Verstehensvorgang nicht unabhängig ist von dem eigenen Denkmuster.

Die Arbeit mit Kindern oder geistig-behinderten Menschen ist meist dadurch gekennzeichnet, daß eine deutliche Diskrepanz der logischen und abstrakten Denkkonzepte feststellbar ist. Sprachliche Erklärungen und Schlußfolgerungen, die Konstruktion von Zusammenhängen oder die Interpretation von Erlebnissen heilpädagogisch bedürftiger Menschen, sind "im Gehirn" des Helfers nicht immer nachvollziehbar. Dieser Umstand erfordert häufig Richtig- oder Klarstellungen, die dann wiederum - vielleicht wegen der Abstraktionsebene - Unverständnis auf Seiten der Kinder oder anderer Menschen hervorrufen können.

Neben der Respektierung der jeweils anderen Denkmuster kommt es darauf an, Verständigungsübungen zu ermöglichen, indem z.B. ein Kind aufgefordert wird, sich in seiner Sprache oder mit seinen Ausdrucksmitteln verständlicher zu machen.

Der Versuch, Menschen in ihren ersten oder basalen Denkvorgängen zu verstehen, geschieht in einer meist noch sprach-losen Art und Weise. Wir können zunächst kaum Informationen bekommen über eine Frage, weil eine Antwort schon etliche Denkprozesses voraussetzen würde. Die uns (Helfern) so naheliegende und geübte sprachliche Form der Kommunkation bleibt auf der elementaren Denkebene noch aus. Dennoch sind wir neugierig und wollen wissen, was das Kind/der behinderte Mensch meint und welche Klarheit, Struktur oder "Bildung" er bereits inne-hat. Unser Augenmerk richtet sich zunächst auf die "Polarisation der Aufmerksamkeit" (MONTESSORI) des Kindes: Wofür zeigt es aktuell ein Inter-esse? Zeigt es irgendwelche Suchbewegungen (Auge; Ohr)? Sind schon Vergleiche zu beobachten?

Das Wiedererkennen eines Gegenstandes ist eines der ersten Anzeichen des Denkens. Das Kind erfaßt somit eine Relation in Bezug auf einen anderen Gegenstand oder eine Person. Es ist ferner bemüht, neue Erfahrungen zu sammeln durch Operationen des Einordnens, Vergleichens, Kombinierens, Rückschließens, Folgerns und durch erste Hypothesenbildungen. Diese Denkleistungen werden allerdings im Gedächtnis nicht statisch konserviert, sondern werden je nach Zeitpunkt und Kontext des Abrufens der jeweils aktuellen Situation angepaßt. Eine heilpädagogische Frage bzw. Beobachtung ist nun, inwieweit ein Kind/ein behinderter Mensch seine Erinnerungen auf eine für ihn neue und unbekannte Situation übertragen kann (Transfer). Während wir nun selber vergleichend beobachten und den Assimilationsvorgang kontrollieren, suchen und intendieren wir bereits eine Unterscheidungsfähigkeit. Eine Unterscheidungskompetenz schließlich ist die Voraussetzung zum Entscheiden. Aus dieser Erkenntnis leiten wir entsprechende Übungsziele (des Unterscheidens) ab und fördern gleichzeitig freie Entscheidungen. Methodisch verbinden sich hier zwei Vorgehensweisen: der direktive Teil bezieht sich auf die Vorgaben, die jeweils zu unterscheiden sind - der non-direktive Teil (die pädagogische Zurückhaltung) betrifft "das Prinzip der freien Wahl" (MONTESSORI). Freie Entscheidungen sind also immer gebunden an die tat-sächlich vorgegebenen bzw. vorgefundenen Bedingungen. Ebenso ist der Selektionsvorgang ein Unterscheidungsprozeß, der abhängig ist von der jeweils aktuellen Präsenz (z.B. der Erinnerung, der Reizqualität, des kognitiven Vermögens, der situativen Darbietung, der emotionalen Befindlichkeit usf.). Der heilpädagogische Einfluß auf Denkprozesse bei einem anderen Menschen ist naturgemäß beschränkt auf die verschiedenen Reizangebote bzw. Übungsmaterialien sowie auf die Art und Weise der Aufforderung (z.B. als "stummer Impuls" oder in Form einer verbalen Anweisung).

Wer ist der größte Unsicherheitsfaktor einer jeden Handlungstheorie? Der Mensch! Denn wie er sich verhält, wie er auf uns und unser Angebot reagiert, ist deterministisch unvorhersagbar. Wir haben diesen Gedanken nicht zufällig aus der Spieltheorie übernommen: "So ist denn auch der größte Unsicherheitsfaktor in der praktischen Anwendung der Spieltheorie die tatsächliche Verhaltensweise der Spieler" (EIGEN 1990. 32). Entsprechend zufällig und chaotisch sind Denken und Erinnern auch im Hinblick auf ihre retrospektive Deskription (vgl. HERKNER 1983, S. 226f.). Spontane und intuitive Prozesse lassen sich nur selten als logische Schlußfolgerung in Form einer linearen Kausalkette rekonstruieren.

Unser professioneller Einfluß auf Denkprozesse bezieht sich vor allem auf Unterscheidungsübungen, in denen nicht nur verschiedene Materialien (wie z.B. Spielzeug) sondern auch alternierende Denkinhalte dargeboten und gleichsam zur freien Disposition gestellt werden. Dabei verfolgen wir das Ziel, immer differenzierter wahrnehmen und denken zu können, um somit die Entscheidungskompetenz zu erhöhen und zu qualifizieren. Methodisch ist hier auf die pädagogisch bekannnten Prinzipien - vom Groben zum Feinen, vom Diffusen zum Konkreten, vom Konkreten zum Abstrakten, vom Allgemeinen zum Einzelnen und Besonderen, von der Anschauung zum Begriff, vom Labilen zum Stabilen usf. - zurückzugreifen.

Existenzanalytisch geht es um den Weg von der Vor-stellung zur Stellungnahme (wahr-nehmen ==> stellung-nehmen). In diesem

Zusammenhang erfährt die bloße Unterscheidung eine qualitative Erweiterung. Wir verbinden nämlich Unterscheidungen mit Be-deutungen, Be-wertungen und Be-stimmungen. So sind die bloßen Farbabstufungen wie z.b. bei den MONTESSORI-Farbtäfelchen möglicherweise nicht so attraktiv, als wenn dieselben Farbtäfelchen auch als "Haus" oder "Schlange" o.ä. fungieren dürften (diese Bedeutungserweiterung ist in der MONTESSORI-Didaktik allerdings unerwünscht!).

Unterscheidungsübungen, die konzeptionell von der dualen Vorstellung ja/nein oder wahr/falsch ausgehen, verfahren im gewissen Sinne dysfunktional und reduktionistisch. Ihnen liegt die sogenannte Bit-Definition von Information zugrunde, wie wir sie von Computern (Prozessoren) kennen: es sind Unterschiede zwischen 0 und 1 oder "Schalter offen" und "Schalter geschlossen". Im Gegensatz zur Maschine vermag der Mensch der bloßen Unterscheidung eine bestimmte Bedeutung zu-zuschreiben. "Was wir dementsprechend entwickeln oder verbessern müssen, sind Denkqualitäten, über die die Computer nicht verfügen" (ZIMMERLI 1991, S. 1156). ZIMMERLI plädiert für ein "neues Denken", für ein kreatives Denken. Als Beispiel führt er "Metaphern" und "Analogien" an (ebenda, S. 1157).

Es hat allen Anschein, daß sich der Mensch über den Umweg der exakten Maschine (hinsichtlich Geschwindigkeit, Präzision und Vollständigkeit) wieder besinnt auf seine ureigenen spezifischen Fähigkeiten! Hierbei geht es keinesfalls um die Konstruktion einer neuen Polarität (entweder exakt oder ungenau), es geht ausdrücklich um ein "Denken in offenen Systemen und Netzwerken" (ZIMMERLI 1991, S. 1157).

Welche Auswirkungen haben diese Überlegungen auf die Dimension "Denken" in der Heilpädagogischen Übungsbehandlung?

Zunächst einmal geht es uns um die Beziehung zwischen Wissen und Nichtwissen. Der Abfolge von Nicht-wissen zum Wissen in der Vorstellung eines linearen Kausalsystems steht ein unüberschaubar wechselwirksames und komplexes System gegenüber. So können wir gar nicht wissen, was ein anderer Mensch nicht weiß oder weiß. Wir setzen vielmehr irgendwo - zufällig - (diagnostisch) an, indem wir z.B. herausfinden, ob ein Kind Rot von Blau unterscheiden kann. Vielleicht kann es aber, aufgrund einer ausgeprägten Interessenslage, viel eher verschiedene Vögel unterscheiden. Letztere Fähigkeit wurde aber gar nicht erkundet. Würden wir nun beide Feststellungen verbinden, so könnte dieses eine Kind lernen, Farben zu unterscheiden anhand jener Vogelarten, die dem Kind bereits bekannt sind. Wenn wir nun dieses Beispiel vervielfachen und verknüpfen mit bekannten Analogien aus dem Alltag des Kindes, so entsteht eine Art Lernmilieu (analog zum "therapeutischen Milieu"), indem einerseits Informationen über Wissen und Nichtwissen offenkundig werden und andererseits Denk- und Lernprozesse in Gang kommen, die sich orientieren an der kognitiven Offenheit (entwicklungs- und begabungsbedingt) sowie an den jeweils offerierten "Reizqualitäten". Dieser Denkmodus auf interaktioneller Ebene zielt nun nicht monadisch auf reinen Kenntniszuwachs, sondern schlicht auf Lebensqualität. Ein Be-wußtsein des eigenen Nicht-Wissens bedeutet eine Ahnung und eine Neu-"gier", sich dem anzueignenden Wissen hinzuwenden. Der Gegenstand des Nicht-Wissens muß aber schon Anlehnungspunkte haben, die nicht ganz unbekannt sein dürfen.

Wissen und Nicht-Wissen sind wie Teilmengen eines Ganzen voller Bewegung (Perpetuum mobile!). Wissen und Nicht-Wissen sind - mit anderen Worten - eine nicht statische Einheit..

Aus heilpädagogischer und existenzanalytischer Sicht wird in der kognitiven Phase die Begriffsbildung intendiert. Die Sprache ist der Übungsweg zur Selbstdistanz und Selbsttranszendenz. Konkrete Objekte werden benannt, indem ihnen ein Name zu-gesprochen wird. Gleichzeitig bekommen die Dinge eine Bedeutung, einen Sinn. Sie stehen nicht mehr nur so in der Welt, sie müssen vielmehr begriffen werden. Andere Dinge müssen geschmeckt, angeschaut, erhört und erdacht werden. Alle Erfahrungen mit Dingen und Denken streben nach Sättigung und Wiederholung, nach Beendigung und Wiederaufnahme, nach Beruhigung und Aktivierung. Wiederholungen haben einen metamorphosischen Sinn, d.h dieselben Dinge werden jeweils neu gedeutet und definiert; das Behaltene und Erinnerte ist in immer neuen Erfahrungen einem ständigen Wandel unterworfen. Kenntnisse haben eine finale Bestimmung, d.h. sie haben eine Funktion, eine Aufgabe. Ein Ding wird geradezu konstituiert - so wie ein Mensch belebt oder vitalisiert wird - durch seine Aufgabe.

So hat auch das Denken selbst eine Aufgabe: es richtet sich aus, es hat eine Gesinnung, es kann wünschen usf. Aus der bloßen Beachtung der Gegenstände folgt die Entwicklung von Ab-sichten. Der Aufforderungscharakter der Dinge läßt sich vielleicht so beschreiben: begreife mich, greife mich auf, be-nutze mich. In einer späteren Entwicklungsphase wird das existenzanalytisch so bedeutende Thema der "Aufgabe" von der reinen Dingwelt transformiert in die personale Ebene. Wie be-stimme ich mein Denken, welche Prämissen lege ich meinem Denken/meiner Gesinnung zugrunde, was will ich wollen? So gewinnt auch das Denken eine bestimmte Gestalt; aus dem diffusen Vermeinen wird später eine konkrete Absicht.

2.2 Die Phase der Aktion

Bevor wir uns um eine Klärung des Begriffes "Aktion" bemühen, soll zunächst einem möglichen Mißverständnis vorgebeugt werden. Denn nicht erst in dieser zweiten Phase wird das Kind aktiv, und es war auch vorher nicht passiv. Das Gegensatzpaar aktiv und passiv ist für die Beschreibung der drei Phasen weitgehend ungeeignet.

Während die kognitive Phase eher mit den Begriffen Extraversion und Perzeption zu kennzeichnen ist, so sind die Merkmale der aktionalen Phase: Introspektion und Apperzeption. Wahrnehmen und Handeln, Denken und Sprechen bilden jetzt eine Art Beziehungsgeflecht und keinesfalls mehr eine monokausale Abfolge. Das Handeln erhält eine neue Qualität durch ein bewußtes, zielgerichtetes Vorgehen. Das Kind erfährt mittels Selbstbeobachtung seinen eigenen Willen. Gleichzeitig wird die Handlung intentional.

Aufgrund der Vorgaben des materialen Umfeldes erprobt das Kind das Greifbare (im Gegensatz zum späteren Un-begreifbaren!) - es macht Erfahrungen in einem bestimmten Handlungsspielraum. Die sogenannte Aktion bzw. das Verhalten ist also geprägt durch seine Gerichtetheit oder Selektivität, sowie durch eine Stärke oder Intensität. Der "Akt der ontologischen Affirmation" (U. HOMMES 1970, S. 228) ist gleichbedeutend mit jener Hin- oder Zuwendung des Menschen zum Seienden und zum Sein. Dieser Vorgang entspricht der eigentlich natürlichen Entwicklung des Menschen.

Heilpädagogisch und existenzanalytisch bedeutsam sind dagegen Erscheinungen, in denen Hemmungen, Störungen, Blockaden o.ä. dieser aktionalen Phase zugrundeliegen. Insofern ist es ein professionelles Anliegen, etwa einen heilpädagogisch bedürftigen Menschen zu aktivieren durch Forderungen, Animation, Appell usf.

Das Heraus-locken der vermuteten Kräfte oder Energien ist durchaus ein direktiver Vorgang, der zu rechtfertigen ist bei sogenannten antriebsschwachen, "lebens-müden" oder sehr deprivierten bzw. verarmten Menschen. Sie hungern geradezu nach "Aktionen", d.h. nach Menschen, die sie hinaus-führen und hin-weisen auf Lebens-werte. Im Grunde genommen intendieren wir als Helfer Intentionalität! Denn in der Ab-sicht eines Menschen liegt der Ursprung des Handelns - und Ab-sicht bedeutet: von sich absehen, auf etwas von mir Fremdes hinsehen. Wer ein Ziel verfolgt, sieht in erster Linie nicht sich selbst, sondern eben das Ziel. Heilpädagogisch und existenzanalytisch ist also die Konzentration auf Ziele, Aufgaben, Projekte etc. entscheidend. Über diesen aktionalen Umweg erfährt der Mensch sich selbst.

Im Rahmen der Heilpädagogischen Übungsbehandlung beginnt mit der Phase der Aktion die Fähigkeit der Selbstdistanz, der Stellungnahme (Begriffsbildung) und des Bewußt-seins. Alle diese ontologischen Fähigkeiten hängen eng miteinander zusammen. Dem Menschen wird jetzt be-wußt (Wissen und Wollen), daß er ist, daß er eine Umwelt hat und daß er einen Handlungsspielraum besitzt. Dieser vortreffliche Begriff "Handlungsspielraum" besagt mehreres: der Raum bezeichnet das objektiv verfügbare Repertoire (wie z.b. ein Zimmer, Gegenstände, Natur). Der Raum wäre aber ohne Zeit unvorstellbar. D.h. eine Handlungsabsicht ist immer mit einer Zeitperspektive verbunden. Raum und Zeit sind die natürlichen Grenzen bzw. Bedingungen, mit denen ein Mensch konfrontiert ist. Und schließlich haben wir es mit einem "Spiel" zu tun, dessen Merkmale der Zufall, die Überraschung oder das Unvorhergesehene ist. Die eigentlich aktionale Spannung liegt in der Zeit zwischen Absicht (Plan, Vorhaben, Wunsch o.ä.) und Effekt (Erfüllung, Sättigung, Ziel ö.ä.).

Zur Phase der Aktion gehört neben dem Handeln die Dimension des "Sprechens" bzw. die verbale Ebene. Ein Verb ist grammatikalisch ein Zeitwort und ein Tätigkeitswort, ein "transitives Verb" hat ferner eine zielende Bestimmung. Nun haben wir es in der Heilpädagogischen Übungsbehandlung natürlich nicht mit Grammatik zu tun, aber doch mit dem entsprechenden Wortsinn. Handeln und Sprechen hängen unmittelbar zusammen. Beide Bereiche werden auf der aktionalen Ebene gleichzeitig erfahren: "Ich gehe", bezeichnet den motorischen Vorgang (die Handlung) und ist gleichzeitig seine sprachliche Kennzeichnung. Schon auf dieser elementaren Stufe (wie z.B. "ich gehe") erweist sich das Phänomen der Selbstdistanz. Ein Mensch weiß von sich, daß er "geht", und er sagt, was er gerade tut... Ein Tier dagegen "geht" ohne zu wissen, daß es geht. Das menschliche Bewußtsein entwickelt sich fortwährend als Selbstdistanz, wenn Handeln und Sprechen aufeinander bezogen bzw. rückgekoppelt werden. Der Mensch vermag, zu sich "ich" zu sagen. So z.B. in der Formulierung "ich will..." oder "ich will nicht...".

Nun bezieht sich heilpädagogisches Denken nicht primär auf Messen und Zählen; ein evtl. zu evoierendes 'Distanz-Maß' oder ein Maß im Hinblick auf Zeitperspektiven ist für die Heilpädagogik ziemlich unbedeutend:

A.

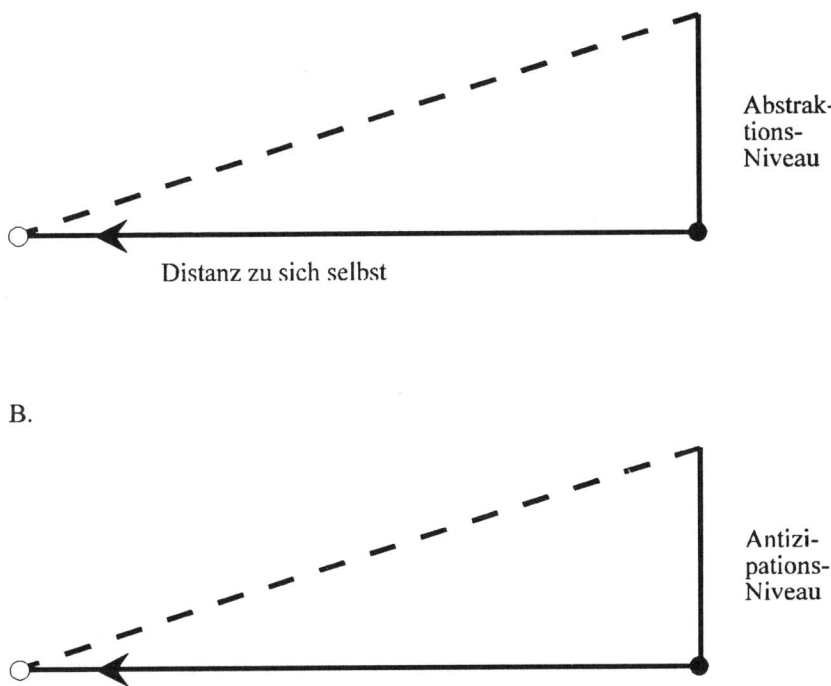

Abstrak-
tions-
Niveau

Distanz zu sich selbst

B.

Antizi-
pations-
Niveau

Zeitperspektive

Allerdings ist die Rückkoppelungshäufigkeit der Selbstdistanz (Stellungnah-
men zu sich) sowie der Zeitperspektiven (Wiederholung von Absichten)
wesentlich präsenter in der aktionalen Phase als dies in den anderen beiden
Phasen (Kognition und Interaktion) der Fall ist.
Im Mittelpunkt der "Aktion" steht die Selbsterfahrung des Kindes durch
Beziehungsaufnahme (zu Personen und zur Dingwelt). Infolgedessen hat der
Helfer nicht nur eine bedeutsame Vorbildfunktion, sondern auch eine prä-
gende Orientierungsaufgabe. So strukturiert er z.b. den Tagesablauf, nimmt
Einfluß auf den Tagesrhythmus des Kindes, er gestaltet das Umfeld
(Weckung des ästhetischen Sinnes) oder er wählt Spielmaterial aus. Der
Erzieher/Helfer bestimmt global den Handlungsspielraum des Kindes oder
er nimmt Einfluß (etwa durch kritische Fragen) auf den Handlungsradius
eines Jugendlichen oder Erwachsenen. Aus dem bloßen Augenschein soll
ein Blick, ein Augen-merk, eine An-schauung er-wachsen. Aus dem Bedeuten wird ein Be-nennen und aus dem flüchtigen Hören wird ein Hin-

horchen usf. Auf diesem Wege erfolgt aus der Sinnesschulung eine Art Lebensschule oder, wie KOBI sagt, eine "Daseinsgestaltung" (KOBI 1988). Die zentrale Frage der Heilpädagogik lautet: **Wie kann der Mensch mit seinem belasteten Schicksal leben?** Wodurch erlangt er die Kompetenz, in seinem Leben zurechtzukommen? Diese grundsätzliche Frage betrifft ausnahmslos alle Menschen, die mit einem heilpädagogisch bedürftigen Menschen zusammenleben (nicht nur zusammenwohnen!) sowie ihn selbst. Die Alltags- oder Lebensfrage ist umfassender als eine zeitlich befristete Förderfrage. Dem existenzanalytisch ausgerichteten Heilpädagogen kommt folglich die Aufgabe zu, Bezugspersonen zu gewinnen, sich dieser Frage zu stellen. Ferner ist er eine Art Ideenträger oder Animator mit dem Ziel, die Lebensfrage verschiedentlich zu thematisieren und zu aktualisieren. Die traditionelle Vorstellung, ein Kind zu einer bestimmten Zeit zu fördern und es im übrigen bestens zu versorgen, müßte angesichts eines Alltagskonzeptes als überholt angesehen werden. Fördern und leben werden wieder integriert und stehen nicht mehr getrennt nebeneinander.

Selbstverständlich kann im heilpädagogischen Bereich nicht von Aktionismus bzw. von einer bloßen Geschäftigkeit die Rede sein. Ebensowenig geht es hier um eine "Beschäftigungstherapie". Unsere Überlegung zielt vielmehr auf die Konstruktion bzw. Er-findung von Aufgaben mit Sinnbezug. Die Attraktivität von Aufgaben steigt durch die Erkenntnis ihrer Sinnhaftigkeit. Es ist längst nicht damit getan, einen heilpädagogisch bedürftigen Jugendlichen zu fragen, was er beruflich oder was er in seiner Freizeit machen wolle. Bevor er das nämlich entscheiden kann, ist er auf Erlebnis- oder Erprobungsepochen angewiesen, die ihm - von außen/von einem Helfer - offeriert werden müssen. So könnte sich z.B. niemand dafür oder dagegen entscheiden, den Beruf des Pferdewirts in Aussicht zu nehmen, wenn er davon gar keine Kenntnisse hat. An dieser Stelle sehe ich ein professionelles Manko: Wie kann ein psychosozial ausgebildeter Mensch Kenntnisse oder sogar selbst Erfahrungen haben in - aus seiner Sicht - fremden Berufen, die aber für seine Klientel lohnenswert und attraktiv sein könnten? Die aufgeworfene Frage ließe sich vielleicht in der Zusammenarbeit mit einem Berufsberater klären. Aber wir haben ja nicht nur das zur Verdeutlichung herangezogene Beispiel der Berufswahl, sondern auch das Problem einer sinnvollen Freizeitgestaltung (etwa im stationären Bereich). Erinnern wir in dieser Hinsicht an den musisch-schöpferischen Bereich. Gerade hier können sich Menschen entfalten und Sinnerfahrungen machen.

Es mag eine Binsenweisheit sein, daß jeder Mensch Anerkennung braucht. Im Wort Anerkennung steckt "erkennen", also das Bemühen, die jeweils individuellen Potentiale wahrzunehmen - vielleicht schon per Intuition - und sie zur Geltung zu bringen. Je schwächer uns ein Mensch scheint, desto mühsamer ist es, Aufgaben zu (er-)finden, die ihm zusagen und ihm gemäß sind. Förderung in einem existenzanalytischen Sinne ist gleichbedeutend mit Anforderung, Anspruch oder Aufgabe/Auftrag. Menschen erfahren Sinn, wenn sie gebraucht werden. Man denke nur an den positiven Sinn von Arbeit oder die zu beobachtende Freude bei Kindern, wenn sie um einem Gefallen gebeten werden.

Der Mensch ist auf Aktion, auf Handeln sozusagen prädisponiert. In ihm ist eine ständige Bereitschaft zu reagieren. Dieses Reagieren ist eine Stellungnahme auf der Handlungsebene, während die Reflexion eine Stellungnahme auf der gedanklich-bewußten Ebene darstellt. Diese Unterscheidung hat eine ganz praktische Bedeutung. Denn mit vielen heilpädagogisch bedürftigen Menschen können wir nicht in dem uns so gewohnten und favorisierten (!) Stil reden und reflektieren - dann sind wir geradezu auf ein gemeinsames Handeln angewiesen.

Im Folgenden werden die beiden Dimensionen Handeln und Sprechen zwar getrennt diskutiert, jedoch im Wissen um ihre Zusammengehörigkeit. Ferner ist die Phase der Aktion in mancher Hinsicht eine Vorbereitung der nächsten Phase (Interaktion).

2.2.1 Handeln

Handeln und Sprechen hängen zwar unmittelbar zusammen, die heilpädagogische Praxis aber zeigt, daß es vielen Menschen an sprachlichen Ausdrucksmöglichkeiten mangelt. Für den Praktiker scheint daher eine Theorie des Handelns hilfreich zu sein. Eine solche Theorie bedient sich selbst der Sprache und steht in einer Art analytischer und kritischer Distanz zum eigentlichen Handlungsgeschehen. Eine sprachlich formulierte Handlungstheorie stellt dem Praktiker Prämissen zur Verfügung, an denen er sein eigenes professionelles Handeln orientieren kann. Zudem kann eine heilpädagogisch relevante Handlungstheorie das Phänomen "Handeln" verständlich zu machen versuchen und Anleitung sein für Erlebnis- und Verhaltensänderungen. Unserem heilpädagogischen Anliegen entsprechend suchen und brauchen wir eine Handlungstheorie für den Umgang mit sogenannten einfach-strukturierten Menschen. Eine heilpädagogische Handlungstheorie ist geradezu an dem Anspruch zu messen, inwieweit sie sich übertragen läßt auf den Komplex elementaren Handelns. Auf diesen

Aspekt des im übrigen sehr umfangreichen Themas reduzieren wir unsere folgenden Überlegungen.

Würde man ein Kind oder einige behinderte Menschen fragen, warum und wozu sie sich gerade so verhalten haben, man würde nur erstaunte, perplexe Gesichter sehen. Eine derart intendierte Reflexion mit der zusätzlichen Erwartung einer sprachlichen Erklärung, wäre in vielen Fällen völlig unangebracht. Gerade beim Spielen ist jenes Versunkensein zu beobachten, das noch keine Sprache hat. Wir können diese prälogischen Stadien nur deuten - wir können sie nicht (sprachlich) ex-plorieren lassen. Gleichzeitig drängt es uns zu der uns so vertrauten und als kulturell höchststehend bewerteten Sprachform. Aus professionell begleitender Sicht sind hier drei kommunikative Reaktionsweisen zu · unterscheiden. Die vielleicht elementarste Weise ist die der teilnehmenden, nonverbalen Beobachtung oder Mit-Handlung. Die zweite und damit erste Sprachebene ist die der einfachen Deskription (der Helfer sagt in einfachen Sätzen, was er sieht; Verzicht auf Deutungen). Und schließlich gibt es drittens die Möglichkeit, das gerade beobachtete Verhalten zu erklären bzw. mit Deutungsangeboten zu verbinden.

Die Entscheidung der jeweiligen Reaktionsweise auf ein Verhalten erfolgt primär intuitiv und ist abhängig z.B. vom Alter eines Menschen, von seinem Entwicklungsstand, von seiner sprachlichen Reflexionsfähigkeit, von der momentanen Situation usf.

Grundsätzlich kommt es heilpädagogisch darauf an, nur insoweit Sprache zu evozieren, wie auch eine Bewußtheit (kognitive Distanzierungsfähigkeit) vermutet wird. Wir können z.B. einen Menschen nicht fragen, wie er sich fühlt, wenn er keine sprachlichen Begriffe kennt, um seine Gefühle in Sprache zu übersetzen. Hier käme es auf verbale Deutungsangebote an (z.B. "Ich sehe, Du bist traurig"), die wiederum mimisch, gestisch oder auch stimmlich bestätigt oder abgelehnt werden können. Gerade die Begriffe Zustimmung und Ab-lehnung stellen ja eine noch sprachfreie Bewertungsmöglichkeit dar.

Eine weitgehend non-verbale Mit-Handlung ist gekennzeichnet für viele heilpädagogische Praxisfelder. Spielen, Werken, der musische und motorische Bereich oder auch andere Freizeitbereiche werden während gewissen Zeitphasen sprachlich nur wenig angereichert. Die Erfahrung bzw. das Erlebnis stehen im Mittelpunkt. Gemeinsames Handeln ist immer dann indiziert, wenn sprachliche Reflexionen zu wünschen übriglassen. Später dann in der Retrospektive, kann ggf. mittels sprachlicher Deskription das aktuell Erinnerte erläutert werden. Handeln, Rückschau und aktueller, d.h. zeitnaher Bezug bilden die Abfolge der Reflexion in Form einer sprachlichen Darstellung. Das gemeinsame Erlebnis bietet die Möglichkeit für den Helfer, die Beschreibung zu kontrollieren (Realitätsbezug?) und zu komplettieren. Ferner kann die Beschreibung analysiert werden, wie z.b. im Hinblick auf konkrete oder abstrakte Begriffe; ob eine starke Ich-Bezogenheit oder eine soziale Komponente referiert wird; ob Zeitintervalle beachtet wurden; ob aufgrund der vergangenen Erfahrungen unmittelbare Zukunftsperspektiven abgeleitet werden usf.

Die Dynamik des Handelns ist in einem frühen bzw. elementaren Stadium in ihrem Bedingungszusammenhang, d.h. während der Handlungsvorphase, noch sehr impulsiv oder diffus. Von planenden, vorbereitenden oder antizipierenden Überlegungen kann noch nicht gesprochen werden. Mit anderen Worten: Vor jeder begründeten und beabsichtigten Handlung steht eine Vielzahl einfacher Handlungen bzw. Verhaltensweisen. Nach DÖRNER haben solche einfachen Handlungen folgende Merkmale: Sie sind global unüberschaubar, situativ intransparent, im Verlauf dynamisch, als Handlungskomplex vernetzt und in ihrer jeweiligen Folgewirkung unsicher bzw. offen (DÖRNER 1975, S. 49). Entsprechend dieser Aufzählung wissen wir nicht,

- welche Erfahrungen (des Handelns) ein Mensch in seinem bisherigen Leben oder auch nur an einem einzigen Tag gemacht hat;
- warum ein Mensch jetzt gerade dieses und nichts anderes tut (Irrationalität der Selektion);
- was und warum ein Mensch im Verlauf seiner Handlung wirklich tun wird (prognostische Unsicherheit);
- wie die einzelnen Handlungssequenzen in Beziehung stehen (Ungewißheit der inneren und äußeren Einflußfaktoren);
- welche Folgewirkungen die einzelnen Handlungen haben werden.

Einfache Handlungen sind beispielsweise der Umgang mit Gegenständen (z.B. Spielzeug), also manuelle Vorgänge oder Hantierungen. Dabei macht das Kind globale Selbsterfahrungen, die von außen nur bedingt beobachtet bzw. erkannt werden können. Alle intrapsychischen Erlebnisse etwa oder Internalisationen bleiben dem Beobachter weitgehend verborgen. Selbst ein sichtbarer Übungseffekt kann zu einem späteren Zeitpunkt verlorengehen; andere können erst viel später manifest werden. Die Korrelation zwischen Übung (oder Handlung) und Übungseffekt ist zeitlich unbestimmbar. Wir wissen nicht, wann welche Übungen welche Wirkungen haben. Unter bestimmten experimentellen Rahmenbedingungen sind zwar sogenannte Ergebnis- oder Verlaufskontrollen möglich, sie sind jedoch nicht zu generalisieren. Im heilpädagogischen Bereich bestehen hier im Vergleich zu psychologisch-experimentellen Übungsanordnungen grundsätzliche Unterschiede.

Wenn wir uns der aus Produktionsbetrieben stammenden Begriffe Input und Output bedienen, so haben wir zwar einen pädagogischen Einfluß auf den Input - der Output aber ist relativ offen. Wirkung und Erfolg einer intendierten Handlung sind nicht unmittelbar ersichtlich. Sie sind aus heilpädagogischer Sicht sogar ziemlich unbedeutend, weil der Mensch hinsichtlich seiner Selbstbestimmung und seiner "Ein-verleibung" frei ist. Unser theoretisches Interesse bzw. unser Augenmerk richtet sich folglich auf die Voraussetzungen und Inputs, aufgrund derer Handlungen oder Übungen sich ereignen können.

Da ist zunächst die "vorbereitete Umgebung" (MONTESSORI) zu nennen: das Bereitstellen von Materialien in einem Raum und während einer Zeit. Es scheint hier überflüssig zu sein, Materialien aufzuzählen, weil die Kenntnis und Auswahl von der Person des Helfers und seinen "Schützlingen" abhängt.

Neben den äußeren gegenständlichen Bedingungen, auf die wir Einfluß zu nehmen haben, gehören Handlungsvorschläge und die schon erwähnten Mit-Handlungen und Nachahmungen zu den von professioneller Seite initiierten Aktivitäten. Gleichzeitig werden sog. Eigeninitiativen begünstigt bzw. unterstützt. Dieses Wechselspiel von Handlungsangeboten, Mit-Handlungen und Eigen-Handlungen begünstigt bei heilpädagogisch bedürftigen Menschen jene elementare Erfahrung, überhaupt ein zur Handlung Befähigter zu sein. Im täglichen Leben erlebt der Mensch sich selbst als Handelnder, als Tatsächlicher und in Bezug zur Dingwelt als Wirklicher - seine Handlungen haben eine Wirkung und eine Auswirkung. Dabei spürt der Mensch in einem noch vor-bewußten Stadium eine tiefe Verbundenheit sowie ein inneres Zusammenwirken von Körper, Seele und Geist. Ziel ist ein bewußtes Wahrnehmen der eigenen, alltäglichen Tätigkeiten.

Eigentümlicherweise zielt die Erziehung mit ihrer grundsätzlichen Differenzierungsabsicht auf bestimmte Trennungen etwa von Subjekt und Objekt ("Ich" und die "Dingwelt", mit der ich Umgang habe etc.) oder im Paradigma der Selbst-Distanz, der Reflexion, im Erkenntnisprozeß etc. So vermitteln wir dem Kind zunächst eine Welt der Vielfalt und Gegensätze, der Polaritäten, um dieselbe "Welt" später und auf abstraktem Niveau wieder zu einer gewissen Einheit zu formen. Vielleicht können wir die Einheit, den Zusammenhang aller "Dinge" erst über den Umweg der Trennungen, Abspaltungen, Polaritäten etc. erfassen? -

Wenn wir uns nun wieder zurückbesinnen auf das heilpädagogische Anliegen, einem Menschen zu helfen, von einfachen bzw. alltäglichen Handlungserfahrungen zu Handlungsabsichten usw. zu kommen, so müssen wir die einzelnen <u>Handlungsschritte</u> genauer als bisher analysieren. Wenn wir einen handelnden Menschen beobachten, so können wir die sichtbare Handlung von der un-sichtbaren Erlebnisweise des Kindes unterscheiden. Wie es dem Kind zumute ist, welche Einstellungen, Gefühle, Haltungen usw. sich in ihm während der Handlung abspielen, können wir nur vermuten. Um entsprechende Deutungen kommen wir nicht umhin, weil <u>diese</u> uns selbst zu weiteren Handlungsschritten veranlassen. So kann es z.b. sein, daß ein Kind trotz größter Angst o.ä. weiterspielt (...handelt), weil es sich vielleicht vor Mißbilligung, Ausgrenzung, Versagungen etc. fürchtet. Interpretationen von inneren Befindlichkeiten sind also unerläßlich für evtl. Handlungskorrekturen.

Eine Handlung selbst läßt sich unterteilen in eine Vorphase, eine Vollzugsphase und eine Nachphase (nach HECKHAUSEN 1965, S. 602-702).

<u>Zur Vorphase:</u>
Bevor es zu sichtbaren Handlungen kommt, wirken mehrere Faktoren im und auf das Kind. Da sind zunächst die die sog. Motivation beeinflussenden Dinge/Gegenstände zu nennen. Sie sind "Impulsfiguren" (von ALLESCH, aus einem unveröffentlichen Skript), denen sich ein Aufforderungscharakter zuschreiben läßt. Von ihnen geht eine Kraft, eine Valenz oder ein Reiz aus, der einen Menschen veranlaßt zur Hinwendung, zur Wahr-nehmung und zum Be-greifen. Dieser Aufforderungscharakter kann nicht nur von Dingen, sondern auch von Personen oder Situationen ausgehen und er kann ihnen jeweils von der handelnden Person verliehen bzw. zugesprochen werden. So hat eine Handlung schon bevor sie sich sichtbar ereignet einen Bedeutungswert, also einen zumindest diffusen und noch unerschlossenen intentionalen Sinn.

Neben dem Aufforderungscharakter gehört in die Vorphase einer Handlung weiterhin die Antizipation. Darunter ist die Konstruktion einer subjektiven Zeitperspektive sowie die Projektion eines Handlungszieles zu verstehen. Ferner zählt zur Vorphase eine gewisse Leistungsmotivation ("Furcht vor Mißerfolg" und "Hoffnung auf Erfolg" nach HECKHAUSEN) sowie ein Anspruchsniveau. Das Anspruchsniveau ist ein Konstrukt für den Güte-bzw. Qualitätsmeßstab, den sich eine handelnde Person selbst setzt. Eine Kontrolle seitens des Helfers über die Impulskraft von Personen, Situationen oder Dingen, über die Antizipation, die Leistungsmotivation sowie über das Anspruchsniveau ist naturgemäß sprachlich-reflexiv zum Zeitpunkt einer

Handlungsvorphase kaum abklärbar. Andererseits sind Mitteilungen jedweder Art zu den genannten Faktoren diagnostisch und therapeutisch wertvoll.

Handlungsabsichten, die sprachlich angekündigt werden, korrelieren immer mit Zeitvorstellungen (Zeit-bewußtsein). Wenn z.B. jemand sagt, "morgen werde ich ein Miniatur-Häuschen basteln", so beweist diese Aussage eine Menge internalisierter Vorstellungen und Begriffe.

Zur Vollzugsphase:
Jetzt ist das Handeln sichtbar, es wäre audiovisuell dokumentierbar (z.B. auf Videoband) und später auswertbar. Die eigentliche Handlungsphase stellt ein Kontinuum dar bzw. einen Verlauf, welcher gekennzeichnet ist von Anfang und Ende sowie von einer Handlungsrichtung. Es läßt sich beobachten, wie ein Kind etwa mit einem neuen Material umgeht (Hantierung) und diese Erprobung zu einer sicheren Anwendung bringt und wie es schließlich virtuos mit den gewonnenen Fertigkeiten operiert. Interessant ist die Beobachtung, ob ein Kind eher auf das ihm bereits Bekannte zurückgreift oder ob es offen ist für neue Erfahrungen (Neugier- und Explorationsverhalten). Ferner lenken wir unsere Aufmerksamkeit auf die Dauer einer Handlung und den Umstand ihrer Beendigung. Jede Handlungssequenz hat sozusagen ihre eigene Dauer bzw. ein relativ festgeschriebenes Zeitmaß. Nehmen wir als beliebiges Beispiel das Tischdecken. Dieser Vorgang beansprucht eine Zeit von etwa fünf Minuten; ein schön dekorierter Tisch bedarf mehr Zeitaufwendung, vielleicht 30 Minuten. Für die Relation zwischen Zeit und Handlung haben wir ein normatives Empfinden: in der Regel schätzen wir den Zeitaufwand für eine bestimmte Verrichtung ungefähr ab. *Zu wenig Zeit* korrespondiert häufig mit Oberflächlichkeit und mit mangelnder Sorgfalt - *zuviel Zeit* deutet auf hohe Ablenkbarkeit oder "Traurigkeit" usf. hin.

Unabhängig von der normativen Zeitzuschreibung (des Erwachsenen, des Helfers) hat das Kind oder der behinderte Mensch ein eigenes Zeitempfinden für die Erfahrungsintensität und -dauer. Neben der Zeiteinschätzung (Zeit-Handlungs-Relation) gehört zur professionellen heilpädagogischen Aufgabe auch die Abschätzung oder "Abspürung" der Einflußnahme auf die gerade ablaufende Handlung. So kann es von immenser Bedeutung sein, ein Kind "arbeiten" zu lassen, auch wenn es "über" die Zeit ist (Priorität der Erfahrung). Bei anderer Gelegenheit kann eine Handlungsforcierung angebracht sein (Priorität der Situation) oder sogar ein Handlungsabbruch (Priorität der handelnden Person), wenn es zum Beispiel um Überforderungen geht.

Handlungs-Dauer	Handlungs-Forcierung	Handlungs-Abbruch
Erfahrungsgewinn (keine Einflußnahme auf den Handlungsprozeß)	Ökonomie der Situation (das Tischdecken z.B. soll nicht 2 Stunden dauern)	Priorität der Person (z.b. bei drohender Überforderung

Der Vielfalt von Handlungskomplexen entspricht die Notwendigkeit für den Helfer, intuitiv zu handeln bzw. auf die momentan aktuelle Befindlichkeit eines handelnden Menschen sowie seine Situation zu reagieren.

Von Beobachtungswert ist schließlich die Handlungsbeendigung. Hier lassen sich folgende Unterschiede benennen. Neben dem natürlichen Abschluß einer Handlung kann Sättigung, Streß oder ein Konflikt der Anlaß sein, einen Handlungsvollzug abzubrechen.

Zu den *Sättigungssymptomen* gehören kleine oder große Variationen der Handlung, Zerfall der Handlungseinheit in kleinere Fehler, sowie affektive Ausbrüche. Eine Sättigung tritt dann ein, wenn die Situation nichts Neues mehr an Erfahrung hergibt.

Streß bedeutet die Mobilisierung aller Reserven bis hin zum Widerstand bzw. zur Resistenz und zur Eschöpfung. Hier kommt es darauf an, ein Nicht-mehr-können zu unterscheiden vom Nicht-mehr-wollen. Das Kind braucht jetzt Erholung und Zuspruch, weil es sich entmutigt fühlen kann. Übrigens ist die streßbedingte Erschöpfung von der Ermüdung bei Sättigung zu unterscheiden. Ein gesättigtes Kind ist im Gegensatz zum gestreßten Kind offen für eine neue Handlungssequenz.

Konflikte schließlich ereignen sich während Handlungen, wenn diese nicht oder nur unbefriedigend vollzogen werden können. So kann es z.B. zu Frustrationen kommen, wenn ein Kind sich zwischen zwei Handlungsalternativen entscheiden muß, weil es nicht zwei positiven Reizen gleichzeitig folgen kann usf. Der Umgang mit Frustrationen ist ein häufig notwendiges Erziehungsziel in der heilpädagogischen Praxis.

Zur Nachphase:
Eine Handlung ist nach ihrem Abschluß noch nicht - intrapsychisch - beendet. Sie wirkt in irgendeiner Weise nach. Emotionale und kognitive Reflexionen bedeuten aus existenzanalytischer Sicht erste Stellungnahmen bzw. Bewertungen. So z.B. über Erfolg oder Mißerfolg, über Gefühle der Bedürfnisbefriedigung, Enttäuschungen usf. Sämtliche Eindrücke vergangener Handlungserlebnisse können sich auf kommende Handlungen auswirken. So entsteht eine multikausale und multifinale Handlungsvernetzung von mehr oder weniger bewußten Erinnerungen, aktuellen

"Impulsfiguren" und projezierten Handlungsentwürfen. Der Mensch steht nun vor der Aufgabe, diese biographischen und biologischen Bedingungsfaktoren zu koordinieren, abzustimmen und in ein reales Handlungskonzept zu integrieren. Nicht selten erlebt der Mensch Diskrepanzen zwischen Wunschvorstellung (Zielperspek-tive) und Handlungsspielraum (Realitätsindex). Vergangene Handlungen bilden die Grundrate der Selbsterfahrung und als Reflexion tragen sie zur Selbsterkenntnis bei. Selbsterfahrung und Selbsterkenntnis beeinflussen die Wiederaufnahme unerlediger Handlungen und sie bestimmen die Konstruktionsmöglichkeiten von Ersatzzielen.

Die dargestellte Abfolge von Vor-, Vollzugs- und Nachphase ist ein wechselwirksamer Prozeß, ein Kontinuum in vivo. Handlungen sind mikrokomplexe Entscheidungssequenzen auf deren "Synapsen" die professionellen Einflüsse zielen. Handlungen werden im Grunde genommen von Einstellungen beeinflußt, die ihrerseits nicht irreversibel sind, sondern veränderbar.

2.2.2. Sprechen

Heilpädagogik und Logotherapie haben auf der Ebene des Sprechens ihre eigentliche Gemeinsamkeit. Während die Heilpädagogik schon in den vorsprachlichen Bereichen ihre Zuständigkeit erklärt, setzt die Logotherapie erst bei einer gewissen Sprachkompetenz ein. Für die Logotherapie ist die Sprache eine wesentliche Voraussetzung, die ein Klient mitbringen muß - für die Heilpädagogik ist die Sprache zunächst ein wesentliches Ziel. Ist dieses Ziel erreicht, so beginnen Sprachoperationen und Sprachübungen, die in verschiedenen Kontexten im Alltag integriert sind. Davon wird jetzt die Rede sein. Dabei grenzen wir die Logotherapie und Heilpädagogik von der Logopädie und von der heilpädagogischen Sprachbehandlung ab, um ganz der phänomenologischen Sichtweise Raum zu geben.

Kinder und manche behinderte Menschen sind anderen Menschen gegenübergestellt (z.B. Helfern), die ihnen mit Sprache begegnen, während sie selbst noch weitgehend sprach-los sind. Sie werden angesprochen, sie erfahren Zu-spruch ohne selbst ant-worten zu können. In dieser Zeit geschieht ein Zuordnungsprozeß im Kind zwischen Objekt und sprachlichen Symbolen. Das Wort ist nicht die Sache selbst, sondern ein Zeichen, ein Begriffsbild, das also zu der Sache in einer Distanz steht. Mit dem

Spracherwerb geht gleichermaßen eine Distanzerfahrung einher. Insofern hängen Sprechen und Denken unmittelbar zusammen: ein Wort ist eine Vorstellung von einem Ding. Nachdem ein Kind mit einem Ball gespielt hat und den Begriff "Ball" mit dem tatsächlichen Ball verknüpft hat, kann es sich unter dem Begriff "Ball" auch einen Ball vorstellen, ohne ihn nunmehr sehen und fühlen zu müssen. Dieser Vorgang, der sich auf den Symbolcharakter der Sprache bezieht, ist nicht nur auf die sogenannte Objektwelt zu übertragen, sondern auch auf die Vorstellung von Raum und Zeit sowie auf situative Zusammenhänge. Die sprachliche Entwicklung vom Konkreten zum Abstrakten ist mit einem komplexen Kontinuum vergleichbar, indem zwar der Gebrauch abstrakter Begriffe erkennbar ist, aber nicht im Sinne einer Polarität (entweder konkret oder abstrakt). Wenn also ein Kind sagt: "Gleich spiele ich mit dem Ball", so muß es schon eine gewisse Zeitvorstellung ("gleich") haben; es benutzt aber weiterhin _auch_ konkrete Begriffe.

Aus heilpädagogischer Sicht gilt die diagnostische Aufmerksamkeit der Sprachanwendung, und zwar im Hinblick auf konkrete und abstrakte Sprachbenutzung. Eine entsprechende Sprachanalyse gibt dem Heilpädagogen Hinweise zu seinem eigenen Sprachgebrauch, d.h. zur Denk- und Sprachförderung.

Beispiel:

Gib' mir den Ball!	(Objekt-Ebene)
Hol' mir den Löffel aus der Küche!	(Objekt- und Raum-Ebene)
Womit hast du gestern gespielt?	(Zeit-Ebene)

Jede sprachliche Anforderung läßt sich nun genau analysieren unter dem Gesichtspunkt der immanenten Voraussetzung, die ein Kind erfüllen muß, um die entsprechende Anforderung ausführen zu können. In unserem Kontext interessiert die Verständnisschwelle bzw. interessieren jene Begriffe, die noch nicht verstanden werden. So ist die Begriffsbildung ein elementares Ziel der Heilpädagogischen Übungsbehandlung. Dabei geht es um die Abklärung des Bekannten und die Abschätzung des Zumutbaren bzw. des An-spruchs. Dieser heilpädagogisch auditiv-verbale Vorgang sollte erstens bewußt - aufmerksam beachtet werden, er kann zweitens nur ungefähr sein, weil der Sprachschatz und das Sprachvermögen generell nicht vollständig zu erfassen ist und drittens sollte der Vorgang des Hörens und Sprechens in das Alltagsgeschehen integriert sein. _Erkennen_ als Sprachwahrnehmung und _Sprechen_ als Verständnisförderung ist ein heilpädagogischer Bedingungs- bzw. Rückkoppelungsprozeß. Verbale Aufforderungen oder Mitteilungen hängen also unmittelbar mit dem Erkennen, dem Einschätzen oder dem Eindruck zusammen, den ein Heilpädagoge von dem Verständnis- und Sprachvermögen seines Gegenüber hat. Ein Sprecher hört und kontrolliert, was er sagt. Auch diese Rückkoppelung ist eine biologisch-physiologische Fähigkeit mit der Folge, Informationen internalisieren zu können. Dieser Verinnerlichungsvorgang ermöglicht die Entwicklung von Bedeutungen und Bewertungen. Der Begriff "Be-merkung" verweist sowohl auf eine sprachliche Äußerung, als auch auf etwas Aufgefallenes, das ge-merkt wurde oder ge-merkt werden soll.

Aus existenzanalytischer bzw. logotherapeutischer Sicht kann die Sprache selbst objektiviert bzw. beurteilt werden und zwar nicht nur im Sinne einer sprachlogischen Analyse (vgl. VOLLMER 1990, S. 138ff.), sondern als geistiger Akt. Der Mensch vermag, sprachlich zu seinem eigenen Sprechen und Denken Stellung zu beziehen - er ist nicht Opfer seiner Funktionen, er ist ihnen nicht unterworfen oder ausgeliefert. Er kann seinen Gedanken (vgl. Gewissen) und seinem Sprechen eine Bestimmung verleihen! Es handelt sich hier um eine einfache oder begrenzte Möglichkeit zur Metareflexion der eigenen Sprache. Aus existenzanalytischer Sicht vermittelt Sprache folglich nicht nur Informationen über die subjektiv erlebte Welt, sondern sie vermittelt vor allem Einstellungen. Einstellungsänderungen werden ebenfalls sprachlich dokumentiert. Die Sicht- und Erlebnisweise eines Menschen wird ihm selbst am deutlichsten, wenn er sie in Sprache fassen kann. Demgegenüber sind alle vor- und nichtsprachlichen Phasen Zustände, die durch "Nicht-Distanz" gekennzeichnet sind (z.B. Wut, Ekstase, Gier, Sexualität, Depression, Angst). Nun geht es weder in der Heilpädagogik noch in der Logotherapie darum, Gefühle zu unterbinden oder ausschließlich verbal-kognitive "Stellungnahmen" zu präferieren. Die Sprache allerdings ist ein Medium, zuständliche Gefühle in gerichtete Gefühle zu transformieren, etwa Wut in Zorn, Ekstase in Freude, Gier in Lust oder Depression in Trauer. Wenn Sprache Einstellungen repräsentiert, so sind Sprachübungen ein wesentlicher Beitrag zur Enkulturation. Die Übungen, integriert im Alltag, sind Wiederholungen und Variationen desselben Mediums (hier: der Sprache). Dem Kind muß zunächst Gelegenheit gegeben werden zu sprechen. Dazu braucht es einen Zuhörer, der bereit ist, das Gesagte verstehen zu wollen. Der Zuhörer animiert zu diesem Zweck den Redner, präzise Begriffe zu verwenden und prägnante Aussagen zu machen. Im Unterschied zur Logopädie, bei der es u.a. um Artikulation und Phonation geht, haben Sprachübungen im alltäglich heilpädagogischen Bereich den Sinn, sich selbst, d.h. Gedanken und Einstellungen, transparent zu machen. Hier soll die Sprache als Medium der Mitteilung und Selbstklärung ausgebildet werden.

Die genannte Abfolge Animation (Zu-spruch) zum Reden, wirkliches und geduldiges Zuhören, um den Sprecher zu verstehen, und die Reduzierung auf Verständnisfragen (Prägnanzappell) - fördert nicht nur das Sprechen oder die Begriffsbildung im engeren Sinne, sondern gleichzeitig ein distanziertes und differenziertes Denken.

Der Zuhörer nimmt über das Medium Sprache Informationen auf, die ein Abbild der subjektiv wahrgenommenen Wirklichkeit darstellen.

Im heilpädagogischen aber auch logotherapeutischen Bereich werden wir häufig mit Aussagen konfrontiert, die unlogisch, widersprüchlich, falsch, unvollständig, uneindeutig, mehrdeutig, ungenau, illusionär, unstrukturiert usf. anmuten. Die Diskrepanz zwischen der Ausdrucksweise eines heilpädagogisch bedürftigen Menschen und dem sprachlogischen Selbstverständnis eines etwa akademisch vorgebildeten professionellen Helfers erschwert die Kommunikation und erfordern ein besonderes Einfühlungsvermögen und besondere Strukturierungsbemühungen.

Neben der Informationsvermittlung ist die Aufmerksamkeit des Helfers auf die Intendierung des Sprechens zu richten. So läßt die Sprechmelodie, die stimmliche Lautstärke und der sprachliche Klang Rückschlüsse auf die emotionale Befindlichkeit zu (in diesem Zusammenhang ist auf den Aufsatz von Jürgen ABRESCH: Stimmstörung als Krisenvertonung. In: Integrative Therapie 1/81, S. 40-62, zu verweisen).

Die Sprachinhalte sind analog zu den von FRANKL aufgezählten drei Wertekategorien (FRANKL 1982, S. 60f.) zu beurteilen:

1) Berichtet der Sprecher von Erlebnissen der sogenannten realen Welt, über das Sichtbare und Hörbare? Die **Erlebniswerte** repräsentieren z.B. die Schönheit der Natur und Kunst; sie können über verschiedene Sinne aufgenommen und wertgeschätzt werden.

2) Berichtet der Sprecher von Handlungen, die er "geschafft" hat z.B. in einer Arbeit oder im Spiel? FRANKL spricht hier von **schöpferischen Werten**.

3) Oder berichtet ein Mensch von seinen Gedanken, Vorstellungen, Erkenntnissen usf.? Hier handelt es sich um die sogenannten **Einstellungswerte**.

Alle in der Heilpädagogischen Übungsbehandlung bisher erörterten Ebenen spiegeln sich hier unter einem existenzanalytischen Blickwinkel wieder:

das Wahrnehmen als Erlebniswert,
das Handeln als schöpferischer Wert und
das Denken als Einstellungswert.

Die Sprache schließlich referiert die jeweiligen Wertekategorien analog der kognitiven Kompetenz des Menschen. Damit ist gleichzeitig das Spektrum menschlicher Ausdrucksmöglichkeiten ausgelotet. Alle weiteren Differenzierungen lassen sich ausschließlich innerhalb der drei genannten Kategorien variieren. Die Verknüpfung der drei Wertekategorien (A) mit dem Modell der Heilpädagogischen Übungsbehandlung (B) kann den Anschein der Linearität erwecken. Die Abfolge oder der ontologische Aufbau beider Konstrukte (A + B) hat aber nur einen pragmatischen bzw. epistemologischen Sinn. Nach dem Abschluß der frühkindlichen Entwicklung und spätestens mit Beginn des Sprechens "mutiert" die lineare Abfolge der Entwicklungsphasen zu einer komplexen und synergetischen Gestalt. Wahrnehmen, Denken und Handeln bedingen und beeinflussen sich ebenso wechselwirklich wie die drei genannten Wertekategorien. Während die "Sprache ein wesentlich linearer (serieller) Ablauf von Sprechakten" (VOLLMER 1990, S. 138) bleibt - es geht gar nicht anders - wirken die einzelnen Werte einschließlich der kognitiven und aktionalen Dimensionen (der Heilpädagogischen Übungsbehandlung) kreuz und quer, unsystematisch und mit unterschiedlicher Intensität aufeinander ein und bestimmen global das menschliche Verhalten. Nun liegt die Vorstellung nahe, daß Menschen allgemein und insbesondere heilpädagogisch bedürftige Menschen ein jeweils unterschiedliches Begriffsrepertoire besitzen für die "Objekte" ihres Wahrnehmens, Handelns und Denkens. Da sie aber aus allen Bereichen etwas mitteilen wollen, kann es zu diffusen Aussagen kommen, wenn beispielsweise Erklärungsbegriffe fehlen oder die Chronologie des Berichteten nicht mehr genau reproduziert werden kann. Während also die Sprache linear bleibt, werden Ereignisse aller Art komplex erlebt. Dieser Umstand zwingt zu einem gewissen Ordnungsanspruch, bei dem professionelle Helfer sprachliche Strukturierungsangebote machen können. Der Wunsch nach Klarheit läßt sich aber nicht im Sinne einer sprachlich vollständigen Reproduktion des Erlebten einlösen. So "spiegelt die Wirklichkeit der Sprache ihre Nichtabgeschlossenheit wider" (EIGEN 1990, S. 303). Mitunter müssen (wir) Menschen lernen, nicht alles sagen zu können, was wir erfahren haben und was wir wissen. Die daraus folgende Selektionsnotwendigkeit betrifft auch die sprachlichen Mitteilungen: Welche Botschaften sind wesentlich, welche Mitteilungen sichern die Aufmerksamkeit des Zuhörers, welche Informationen sind neu usf.? Die jeweiligen Antworten haben eine unmittelbar soziale Relevanz, weil sie Auswirkungen haben auf Beziehungen und Beziehungsabbrüche. Wer will schon mit einem Menschen zu tun haben, der immer dasselbe erzählt oder "Nichtssagendes" von sich gibt? Hier kommt der Heilpädagogik eine metasprachliche Aufklärungsaufgabe zu. Der aufgrund seiner Sprach- bzw. Mitteilungsprobleme gemiedene Mensch braucht u.U. selbst Informationen und Einübungsmöglichkeiten, um sein Kommunikationsrepertoire zu erweitern. Eine wesentliche Voraussetzung für Mitteilungen sind Erlebnisse und Kontakte zu anderen Menschen, Dingen oder Tieren. Es wäre interessant, einmal das Verhältnis zu untersuchen zwischen Erlebnissen und sprachlicher Reproduktion: Wieviel Raum bzw. Gelegenheit hat ein Mensch, etwa seine audio-visuellen Eindrücke einem anderen Menschen mitzuteilen? Es ist zu vermuten, daß oft ein Mißverhältnis zwischen Mitteilungsbedürfnis und Zuhör-Bereitschaft besteht (jeder will lieber reden als zuhören). Überall da, wo diese Hypothese sich zu bewahrheiten scheint, kommt der Heilpädagogik und Logotherapie eine Art kompensatorische Aufgabe zu. Sie besteht im Zuhören und in der Begriffsbildung.

Das Sprechen oder die Kompetenz, Begriffe zu haben und sie in verstehbare Mitteilungen ("Ver-lautbarungen") zu transformieren, ist eine Voraussetzung zur Kommunikation. Zwar ist die Lautsprache nicht die einzige Kommunikationsweise, die dem Menschen möglich ist, sie ist aber am differenzierbarsten.

2.3 Die Phase der Interaktion

Die letzte Phase der Heilpädagogischen Übungsbehandlung ist dadurch gekennzeichnet, daß Grunderfahrungen und Grundkenntnisse im Wahrnehmen, Denken, Handeln und Sprechen vorausgesetzt werden können und nunmehr mit diesen erworbenen Fähigkeiten operiert und experimentiert werden kann. Allerdings treten besonders in dieser Phase auch Schwierigkeiten zutage, die einige Mitmenschen heilpädagogisch oder logotherapeutisch bedürftig machen. Gerade weil die Interaktion eine hervorragende soziale Bedeutung hat, können hier Menschen ausgegrenzt, diskriminiert oder stigmatisiert werden. Ein Mensch, der auffällig geworden ist, unterlag eigendynamischen Gruppenprozessen, d.h. er wurde von nicht-professionellen Mitmenschen abgelehnt (kollektiver Bewertungskonsenz). Als Umkehrschluß formuliert, ist es das professionelle Ziel, Menschen in nicht-professionelle Gruppen zu (re-)integrieren, wie z.B. Kindergarten, Schule, Familie, Freundeskreis usf.

Wenn wir uns noch einmal einige professionelle Rahmenbedingungen vergegenwärtigen:

- Geduld (Zeit)
- Verständnis (Zuhören)
- Ordnungs- bzw. Strukturierungshilfen, Vermeidung von negativen Sanktionen und von extremen Frustrationen
- ermutigende Haltungen
- sensibilisierende Wahrnehmung des Anderen
- Gewährung von Freiräumen; Beeinflussung der Umgebung (Raum und Materialien)
- Kenntnisse und Erfahrungen des Helfers (so auch die Rücksprache im Team und Supervision) usf.

So wird der Kontrast deutlich zwischen einer nicht-professionellen Gruppe und einem "therapeutischen Setting". Soweit ein Mensch in seiner Peergroup nicht mehr zurechtkommt und heilpädagogische bzw. therapeutische Hilfe beansprucht, lanciert er sich in ein Kontrastereignis sowie in ein Kontrastfeld als erwünschten Unterschied zu seinen bisherigen Erfahrungen. Die Tatsache, daß ein homo patiens zu Recht einen Anspruch auf Kontrasterfahrungen hat, scheint unbestreitbar zu sein. Die Absicht der hier entwickelten Heilpädagogischen Übungsbehandlung ist jedoch eine Konzeption, in der eine Trennung von Kind bzw. homo patiens und seiner Peergroup wenn möglich vermieden werden soll. Das heilpädagogische Ziel ist somit nicht die exklusive Arbeit mit dem Kind allein und isoliert, sondern mit allen Bezugspersonen, die mit dem Kind oder dem leidenden Menschen zu tun haben. Jene sollen ihre Einstellungen und Verhaltensweisen so ändern, daß das Kind wieder unter ihnen zurechtkommt. Erst bei Renitenz der Peergroup oder des Einzelnen ist an eine Trennung von unterschiedlicher Dauer zu denken.

In meiner Beratungspraxis benutze ich das Symbol eines Wagenrades:

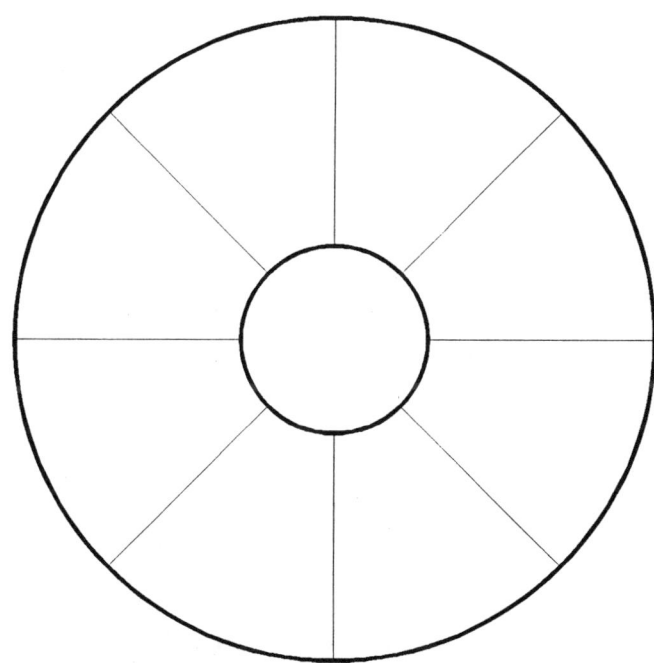

Alle an einem Problem Beteiligten erhalten ein Feld im Rad (einschließlich des sogenannten Symptomträgers und des Helfers). Die gestellte Frage lautet: Was muß jeder <u>tun</u> zur Verbesserung der Gesamtsituation? Welche Erwartungen hat der "Symptomträger" an die Anderen **und** an sich selbst? Ziel ist, daß das Rad wieder einen guten Drive bekommt. Es soll sichtbar werden, daß alle "Felder" aktiviert werden müssen, d.h. eine Verbesserung oder Veränderung ist nicht Sache eines Einzelnen allein.

Die Mitglieder einer Peergroup sind sich gegenseitig verantwortlich. Daraus folgt die Notwendigkeit einer Existenzanalyse des Einzelnen sowie der Gruppe (Gruppenmitglieder und Geschichte dieser Gruppe als Gruppe: Systemanalyse).
Unter dem Gesichtspunkt der Ökonomie, d.h. dem Anspruch einer schnellen Hilfe, müssen Strategien entwickelt werden, die die <u>wesentlichen</u> Störfaktoren aufzuklären versuchen. So hat jede Existenzanalyse eine

selektive Ausrichtung (eine Existenz kann nie vollkommen analysiert werden).

Die Existenzanalyse vermittelt Informationen über festgesetzte Urteile im Bereich des Wahrnehmens, Denkens und Handelns. Da jedes Urteil aufgrund seiner Revidierbarkeit ein Vor-Urteil ist, ist das Ziel logotherapeutischer und heilpädagogischer Bemühungen nicht in erster Linie eine Verhaltensmodfikation, sondern eine Einstellungsmodfikation.

Der professionelle Helfer kann intern oder extern, ambulant oder stationär, Einfluß nehmen auf solche Veränderungen. Das angestrebte Kontrasterlebnis wird nun auf der interaktionellen Ebene nicht über den Einzelnen außerhalb der Gruppe angestrebt, sondern mit ihm und der Gruppe. Dieser Gedanke schließt Einzelarbeit nicht aus; das Ziel ist die Integration des Einzelnen in eine Gruppe, sowie die Integration der Gruppe um jeden Einzelnen. Jede notwendig gewordene Einzelarbeit mit einem homo patiens läßt zugleich eine Inkompetenz seiner Peergroup vermuten. Und eigentlich wechselt der homo patiens nur die Bezugspersonen: ein Kind wird aus der Familie genommen und kommt in ein Heim. Ein Kind ist in einer Schulklasse "untragbar" und kommt in eine andere Schule/Schulklasse. Oder es kommt ein Kind während zwei Wochenstunden zum Therapeuten/zur Erziehungsberatung usf. Jedem Wechsel liegt die Hoffnung zugrunde, die jeweils anderen Menschen oder Gruppen seien (fachlich; menschlich) besser oder die neuen "Strukturen" seien günstiger. Nicht selten werden diese Erwartungen unterstützt von Therapeuten oder anderen "neuen" Einrichtungen. Die Ausdifferenzierung psychosozialer Dienste ist gleichzeitig zu einem Delegationssystem expandiert, in dem die Verantwortung der sogenannten Peergroup relativiert werden konnte.

Heilpädagogik und Logotherapie sind jedoch bemüht, die Sachkompetenz und Verantwortung der Peergroup zu stärken, damit längerfristige Fremdbetreuungen oder Entfremdungen abgebaut werden. Insofern kommt dem professionellen Helfer eine Aufklärungsaufgabe zu (im Gegensatz zu der Etablierung von Geheimwissenschaften). Es gibt nämlich kein Meta-Wissen oder kein Mehr-Wissen des Therapeuten, welches anderen Menschen (z.B. Ratsuchenden) prinzipiell verborgen bleiben müßte. Die natürlichen Unterschiede zwischen Menschen sollen dabei nicht verkannt oder egalisiert werden - sie rechtfertigen jedoch keine "natürlichen" Ausgrenzungen bzw. Verschiebspraktiken.

Die Phase der Interaktion mit ihren Dimensionen Kooperation und Kommunikation soll dazu beitragen, eine Problemlösungskompetenz zu erwerben, in der die Frage des Lebens, des Alltags oder, wie KOBI sagt, der "Daseinsgestaltung" im Mittelpunkt steht: wie lebe ich als Eltern, als

Heimerzieher, als Lehrer usf. mit "schwierigen" Kindern, mit behinderten Menschen usf.?

Alle anthropologischen Gedanken können hier in angemessener Weise thematisiert werden. Eine Heilpädagogische Anthropologie soll doch eine lebenspraktische, konkrete, ermutigende Bedeutung und Auswirkung haben, d.h. sie muß im Alltag übersetzt, diskutiert und angewandt werden. Heilpädagogik kann als eine Lebensschule angesehen werden für Menschen, die mit ihrem Leben nicht zuwege kommen.

Kooperation und Kommunikation sind Begriffe, deren vielfältige Ausdifferenzierung den konkreten Lebensalltag ausmachen. Gleichzeitig beeinflussen zwischenmenschliche Wechselbeziehungen (Interaktionen) die Entwicklung der individuellen Persönlichkeit. Diese Tatsache verweist auf die Notwendigkeit, möglichst alle Interaktionspersonen zu kennen, um deren Einflüsse auf das Kind oder andere Personen abschätzen zu können. Dann lassen sich gemeinsame Zielperspektiven abstimmen und kontradiktorische Vorgehensweisen vermeiden. Während der Dauer der Verwirklichung eines Zieles sind interaktionelle Rückmeldungsprozesse wichtig. Sie führen zu adäquaten Änderungen (Korrekturen) oder erweisen sich als Bestätigung des eingeschlagenen Weges.

Interaktionen zwischen mindestens zwei Menschen (Dyaden) haben folgende Merkmale: sie haben ein Thema, ein Ziel und sie erfolgen in einer bestimmten Zeit. Diese Kennzeichen von Interaktionen können selbst thematisiert werden: was wollen wir besprechen oder tun; welche Absicht wollen wir gemeinsam verfolgen und schließlich: in welcher Zeit wollen wir unser Vorhaben erfüllen? All dies muß nicht verabredet werden - Interaktionen können auch sehr offen, d.h. ohne explizierte Ordnungskriterien "ablaufen". Interaktionen, bei denen professionelle Helfer beteiligt sind, weisen aller Wahrscheinlichkeit nach einige Strukturierungsprinzipien auf. Ein Besuch, ein Gespräch, eine (erzieherische) Handlungsanweisung u.v.a.m. geschehen meist mit einer reflektierten bzw. gerichteten Intention und in einem bestimmten Zeitrahmen. Aber auch Thematisierungen, Sinnzuschreibungen, die Auswahl von Medien und Materialien oder die Attribuierung von Rollen usf. werden meistens stillschweigend von professionellen Helfern vorgegeben: Ein Lehrer ist der Belehrende, der Erzieher ist der Erziehende, der Therapeut ist der Therapierende - das Kind ist das zu erziehende Kind, der Leidende ist der zu Verändernde usf.. Interaktionen in einem professionellen Kontext sind ungleich; sie sind unübersehbar und vielen ungleichen Standards unterworfen. So werden z.B. Interaktionen immer auch von sanktionierenden Bemerkungen begleitet, von internalisierten Normen und Bewertungen.

Ein anderes Beispiel betrifft das Problem der Aufrechterhaltung von Interaktionen im stationären Bereich. Eine Heimerzieherin, die ein eigenes Kind bekommt, kann sich legitim aus dem Interaktionsfeld ziehen, um sich ganz ihrem Kind widmen zu können. Heimerzieher können kündigen - Heimkinder so ohne weiteres nicht. Die Ungleichheit interaktioneller Rahmenbedingungen läßt sich sicherlich nicht aufheben; sie ist ein Konstituens von Interaktionen. Aufgrund dieser Tatsache läßt sich die ethische Verantwortung ermessen, die professionellen Helfern als "Interaktionspartnern" zukommt. Trotz Ungleichheit des Standards ist eine zwischenmenschliche Gleichwertigkeit zu praktizieren, indem z.b. verschiedene demokratische Spielregeln formalisiert und institutionalisiert werden. Darunter könnte die freie Meinungsäußerung, Toleranz, gegenseitige Respektierung als Menschen, das Recht auf Eigenheit und Eigensinn und anderes mehr gezählt werden.

Interaktionen sind ungeheuer komplex. In der Praxis hängen sie unbedingt mit den interagierenden Menschen zusammen. Daher sind wir in unseren Überlegungen auf Selektionen angewiesen, die in jedem Fall ergänzungsbedürftig sind. Notwendigerweise wird das Thema "Interaktion" auf den Bereich der Heilpädagogik reduziert, d.h. auf möglichst einfache Interaktionen, die auch sehr schwachen Menschen möglich sind.

Im Kontext der Heilpädagogischen Übungsbehandlung können Interaktionen gleichsam angereichert werden durch Wahrnehmungs- und Denkübungen, wenn dies für weitere Interaktionen notwendig erscheint. Ich beginne mit der Darstellung der Dimension "Kooperation".

2.3.1 Kooperation

Während das "Handeln" und "Sprechen" nicht unbedingt Mit-Handelnde oder Gesprächsteilnehmer erfordern, ist bei den Dimensionen "Kooperation" und "Kommunikation" grundsätzlich von mindestens zwei Interaktionspartnern auszugehen. Ein wesentliches Merkmal dieser Gruppe ist ihre Aufeinander-Bezogenheit im Interesse einer Aufgabe. Von jedem einzelnen wird also die Fähigkeit und Bereitschaft (Kompetenz und Motivation) vorausgesetzt, in einem gewissen Maße von sich selbst absehen zu können. Nicht das Ich, die Selbst-Erfahrung oder die innere Befindlichkeit stehen jetzt im Vordergrund der Aufmerksamkeit, sondern die Aus-richtung auf eine Aufgabe, ein Projekt oder ein zu lösendes Problem. Diese Transzendierungsfähigkeit ist vielen Menschen bekannt als "Selbstvergessenheit" während der Phase einer totalen Hingabe. In der Regel besteht ein Handlungsablauf aus dem Wechselspiel von Selbstvergessenheit und Selbstbewußtheit. Konzentrationsprobleme entstehen bei unangemessener Ausgewogenheit dieser Abwechslungsfolge, z.b. wenn ein Mensch häufiger über sich nachdenkt als an die zu erledigende Aufgabe. Konzentrationsprobleme können folglich als Transzendierungsprobleme verstanden werden. Kooperative Handlungen haben das pädagogische Ziel, die Fähigkeit zur Selbsttranszendenz zu üben. Über den Umweg der Selbsttranszendenz macht der Mensch Selbsterfahrungen - und zwar immer im Nachhinein, als Reflexion oder als Retrospektion.

Kooperationen haben auch eine anthropologische Dimension. Der Mensch könnte gar nicht allein existieren; er ist zur Bewältigung seiner alltäglichen Aufgaben auf andere Menschen angewiesen. Das Erleben dieser naturgegebenen Abhängigkeit kommt dem modernen Menschen nur noch schwach zu Bewußtsein. Die Kleidung, die wir kaufen, die Lebensmittel, die wir brauchen, die Möbel, die wir benutzen usw. werden nur selten vor unseren Augen hergestellt. Wir sind in der Regel mit fertigen Produkten konfrontiert und erfahren die Notwendigkeit des gesellschaftlichen Zusammenwirkens nicht mehr in der Phase der Herstellung, sondern nur noch als Produktkonsumenten. Gleichzeitig verringert sich die Notwendigkeit existentieller Kooperationen und sie werden mehr oder weniger künstlich konstruiert. So macht man einen Abenteuerurlaub, geht in Erlebnisbäder, Freizeitanlagen usw. und kompensiert das Bedürfnis nach existentiell notwendiger Kooperation.

In dem Bereich der Heilpädagogik lassen sich nach Abklärung der individuellen Fähigkeiten und Interessen zwei Kooperationsfelder unterscheiden:

a) existentiell notwendige Kooperationen
b) konstruierte Kooperationen

zu a)
Hier geht es zunächst darum, die notwendigen alltäglichen Arbeiten festzustellen, wie z.B. Mahlzeiten zubereiten, Einkäufe planen und erledigen, Wäschepflege, Putzen. Wer ist schließlich für die verschiedenen Bereiche verantwortlich? In einer stationären Einrichtung ist für jedes Aufgabenfeld ein Mitarbeiter zuständig. In der Familie sind diese Aufgaben unterschiedlich verteilt oder werden "von außen" erledigt (Autowaschanlage; Großküchenessen; Waschsalons etc.). Die heilpädagogische Überlegung geht nun in folgende Richtung: Welche Aufgaben des Alltags lassen sich gemeinsam bewältigen? Je mehr eine Familie oder eine Einrichtung solche Alltagsaufgaben nach außen delegiert

(hat), umso künstlicher oder überflüssiger mag der eigene Handlungsbedarf empfunden werden. Im Einzelfall ist zu überpüfen, inwieweit Alltagserfahrungen als Selbsterfahrungen in kooperativer Form sinnvoll erscheinen. Wer "alles" machen läßt, vergibt sich Aufgaben oder kann die so gewonnenen Freiräume für andere Projekte nutzen.
Von Helferseite ist zu fragen, inwieweit Kinder oder behinderte Menschen miteinbezogen werden können in die Bewältigung von Alltagsarbeiten. Und mehr noch: Welche Werte sind dem Helfer in seinem Leben bedeutsam? Trennt er <u>seine</u> Wertverwirklichung ab von seiner dienstlichen Arbeitszeit oder läßt er seine "Schützlinge" daran teil-haben und mit-leben? Hier ließe sich unschwer ein persönliches Alltagsraster erstellen, indem einerseits jene beabsichtigten Trennungen ersichtlich werden, aber auch Bereiche, die gemeinsam bearbeitet werden könnten.

zu b)
Tätigkeiten, die nicht zur Bewältigung notwendiger Alltagsarbeiten zu zählen sind oder die mit persönlichen Werteverwirklichungen des Helfers zu tun haben, gehören zu den zu konstruierenden Kooperationsformen. Während die Sinnhaftigkeit existentiell notwendiger Kooperationen evident ist, muß der Sinn eines konstruierten Projektes a priori mitgegeben sein. Demgegenüber sind weitgehend sinnlose Tätigkeiten mit dem Ziel bloßer Beschäftigung oder Ruhigstellung abzulehnen. In diesem Zusammenhang wäre das Fernsehen zu nennen als Beispiel einer nicht-kooperativen Beschäftigung.
Alle "schöpferischen Werte", die als Gemeinschaftsarbeit verwirklicht werden können, sind hier Gegenstand konstruierter Projekte, wie z.B. Chorsingen, Modellarbeiten (Eisenbahn; Schiff; Flugzeug etc.), Klettertouren, Tierpflege, Medienarbeit (Videofilm drehen), Arbeiten im Umweltschutz, Partnermassage, Sozialengagement (Altenbetreuung; Freizeit mit behinderten Menschen usf.).
Bei der Ermittlung individueller Fähigkeiten und Interessen kann die Existenzanalyse eine wertvolle Hilfe sein, weil sie bei allen praktischen Überlegungen die Sinnfrage impliziert.

Kooperationen werden heilpädagogisch geradezu intendiert. Sie vermitteln einem wie auch immer benachteiligten Menschen das Gefühl, gebraucht zu werden und bei der geforderten Aufgabenbewältigung nicht allein zu sein. Der professionelle Helfer ist potentieller Initiator bzw. Ideenspender und er übernimmt in der Phase der kooperativen Handlung einen komplementären und anleitenden Part. Bei größeren Gruppenaktivitäten kann der Helfer diese "Funktion" weitergeben an andere Gruppenmitglieder, sodaß eine Form gegenseitigen Helfens und Lernens geübt bzw. erprobt werden kann. Zwar erfährt der Einzelne in der Gruppe seine persönliche Grenze, aber er kann sich auch auf andere verlassen und das Gefühl haben, mitgetragen zu werden.

Kooperative Handlungen stehen in einem Gegensatz zu konkurrierenden Handlungen. Die kooperative Aufgabe ist, ein Ziel gemeinsam zu lösen durch ein möglichst optimales Zusammenwirken aller verfügbaren Fähigkeiten und Kräfte. Im Konkurrenzfall geht es darum, möglichst besser, schneller, geschickter usw. zu sein als die Mitkämpfer (z.B. im Sport).

Kooperationen sind Handlungen, die von mehreren Menschen jeweils selbständig für ein gemeinsam definiertes Ziel ausgeübt werden. In Wahrheit können Menschen gar nichts "zusammen machen/tun", es kann nur jeder seinen Beitrag leisten für das jeweils angestrebte Ziel. Wenn zwei Kinder z.B. nach einem Frühstück den Tisch abwischen sollen, so wischt jedes Kind "seine" Teilfläche des Tisches. Aufgrund der gemeinsamen Aufgabe und der gleichen bzw. ähnlichen (kategorialen) Handlung, entsteht ein "Wir-Gefühl", ein Gefühl der Gemeinsamkeit und das Gefühl des Zusammenwirkens. Im Unterschied zu separaten Handlungen erfahren die für ein Ziel kooperierenden Gruppenmitglieder eine unmittelbare, wechselseitige Orientierung durch Bestätigung, Korrektur oder Modelle.

Um eine bestimmte Aufgabe lösen zu können, müssen verschiedene Handlungsschritte erbracht werden. Die einzelnen Teilhandlungen haben in der Regel unterschiedliche Schwierigkeitsgrade (z.B. bei der Zubereitung einer Mahlzeit: das Kartoffelschälen ist anspruchsvoller als das Rühren in einem Topf). Die entsprechenden Handlungsschritte müssen also mit den Fähigkeiten der einzelnen Gruppenmitglieder korrespondieren. Im Idealfall wird jeder aufgrund seiner individuellen Höchstleistung eingesetzt. Dadurch wird die Möglichkeit zur Grenzerfahrung gegeben, eine wesentliche Voraussetzung für Grenzerweiterungen (= Lernen). Klar zugeschriebene bzw. abgesteckte Handlungsbereiche evozieren Verantwortungsgefühle: Verantwortung für das Gelingen des projektierten Zieles.

Neben den unterschiedlichen Schwierigkeitsgraden innerhalb eines Handlungskomplexes lassen sich noch weitere Merkmale eines günstigen Zusammenwirkens nennen. So stehen komplexe und kooperationsnotwendige Handlungen in einem bestimmten Kontext. Um bei dem Beispiel der Zubereitung einer Mahlzeit zu bleiben, werden hier Werkzeuge (Küchenmaschinen/-geräte) und Zutaten gebraucht; es muß eine Vorbereitungszeit eingeplant werden und es müssen verschiedene Zusatzinformationen bekannt sein (Anzahl der "Mit-Esser", Uhrzeit, allgemeine Geschmacksrichtung usf.). Die Planung und Durchführung bedarf folglich einer Ab-stimmung, einer gewissen Handlungs-Antizipation, kurz: einer Lage-Besprechung. Soweit wie möglich sollen die Kooperationspartner einbezogen sein in diese verbale Vorphase. Gerade im heilpädagogischen Bereich sind jedoch solche Absprachen nicht oder nur eingeschränkt realisierbar. Diese demokratische Einbuße soll aber kooperative Handlungen nicht verhindern. Hier sind professionelle Helfer gefordert, Handlungsanweisungen zu erteilen, um erste Erfahrungen für kooperative Projekte zu ermöglichen. Die verbale Reflexion gemeinsam erlebter Handlungskomplexe ist erst die Voraussetzung für den Versuch, zukünftige Aktivitäten zu planen, vorzubesprechen und konkrete Handlungsstrategien zu entwickeln.

Mit dem Anspruch einer sinnzentrierten Heilpädagogik verfolgen Handlungskooperationen keinen Selbstzweck, d.h. es geht weder um bloße Beschäftigung, noch um das Einüben möglichst optimaler Handlungsstrategien. Daher ist der Zusammenhang zwischen Handlungskomplex und Sinnhaftigkeit ausschlaggebend. Reflexion und Planung sinnbedeutender Handlungen sind die eigentliche Zielbestimmung heilpädagogisch intendierter Kooperationen. Durch eine distanzierte Betrachtung der erlebten oder projektierten Handlung ist der Mensch imstande, ihr einen Sinn, eine Bedeutung und eine bestimmte Ausrichtung zuzuschreiben. Aus existenzanalytischer Sicht wird dem Menschen sui generis ein tiefes Bedürfnis unterstellt, eine Beziehung zwischen seinem Handeln und einer Sinnhaftigkeit herzustellen. Der Mensch will wissen, wozu er was tut. Dieses implizite Grundbedürfnis muß allerdings evoziert, intendiert und sozusagen ständig gepflegt werden. Gerade bei anstrengenden Kooperationen, in denen sich eine Sinnbedeutung nicht spontan, unvermittelt und un-mittelbar erschließt (wie z.B. dagegen beim Spiel, Sport, Spaß) ist ein Verlangen nach Sinnerklärungen festzustellen. Meist handelt es sich hier um Handlungen, deren Ergebnisse oder Auswirkungen in einem zeitlichen Abstand zur Handlung stehen und möglicherweise noch unsicher sind. So z.B. beim Erlernen von Fremdsprachen, bei Umweltprojekten, Prüfungsvorbereitungen, Theaterproben o.ä.

Die Gewißheit, das projektierte Ziel auch in der angestrebten Qualität zu erreichen, beeinflußt die Art und Weise der Handlungen. Die "Hoffnung auf Erfolg" und die "Furcht vor Mißerfolg" (HECKHAUSEN) kann sich jeweils unterschiedlich auf die sogenannte Haltung der einzelnen Kooperationspartner auswirken. Nicht selten kommt dem professionellen Helfer die Aufgabe zu, die Attraktivität und Sinnbedeutung des Zieles während einer kooperativen Handlung ins Bewußtsein zu rufen (= Evozierung).

In der heilpädagogischen Praxis sind immer wieder Kooperations-Abbrüche zu beobachten: entweder werden Menschen während eines Handlungsvollzuges ausgegrenzt oder sie scheiden von sich aus aus der Gruppenaktivität aus. Dafür gibt es verschiedene Gründe: mangelndes Durchhaltevermögen, plötzliche Unlust (Attraktivität eines anderes Reizes), diverse Frustrationen, Streit mit Gruppenmitgliedern, Aversion gegen die Disziplin usf..

Häufig bedingen mehrere Faktoren dieses sogenannte Ausklinken oder Absetzen. Manche Menschen haben zahllose Erfahrungen mit Kooperationsabbrüchen. Aus heilpädagogischer Sicht ist hier eine differenzierte Situationsanalyse zu erstellen und nach dem "Prinzip der Variation" eine erfolgversprechendere Dimension der Heilpädagogischen Übungsbehandlung zu erwägen.

2.3.2 Gespräch/Kommunikation

Das Thema "Kommunikation" ist derart komplex, daß es im Kontext der Heilpädagogischen Übungsbehandlung nur aspekthaft bearbeitet werden kann. Dem Ziel, handlungsrelevante bzw. handlungstheoretische Grundlagen darzustellen, versuche ich durch die Beschreibung wesentlicher Merkmale des Gespräches/der Kommunikation näherzukommen.

Innerhalb der Heilpädagogischen Übungsbehandlung steht diese Dimension zwar an letzter, vielleicht auch an höchster bzw. anspruchvollster Stelle, wir sollten aber jetzt die Heilpädagogische Übungsbehandlung als System oder als Kreis verstehen, also weniger in Form einer Hierarchie. Insofern kommunizieren Menschen immer schon (vgl. WATZLAWICK 1990: "Der Mensch kann nicht nicht kommunizieren"), sobald sie sich einander zu-wenden. Kommunikation oder Interaktion besteht folglich bereits während der Phase der Kognition, allerdings noch nicht in Form eines Gespräches.

Ein wesentliches Kennzeichen professsioneller Interaktionen ist die Bewußtheit über die unterschiedlichen Rollen der Gesprächspartner. So hat ein professioneller Gesprächsteilnehmer grundsätzlich andere Funktionen als sein Gegenüber, z.B. der homo patiens: der eine sucht Hilfe, der andere will helfen; der eine sieht vorwiegend die eigene Situation oder Existenz, der andere "transzendiert" sich auf den Ratsuchenden; der eine hat ein theoretisch-methodisches Wissen internalisiert, der andere ist eher ein meta-kommunikativ Unbefangener - ein prinzipiell Re-agierender; der eine ist eher Moderator, der andere verbalisiert nur das ihm subjektiv Relevante usf..

Neben den unterscheidbaren lassen sich auch gleiche Kriterien nennen: beide Gesprächsteilnehmer sind Personen, die von bzw. über sich selbst Mitteilung machen können (Selbstdistanz) und sich auf den anderen oder auf anderes ausrichten können (Selbsttranszendenz). Beide können einen Konsens über die Bedeutung ihrer Sprachzeichen herstellen, gegenseitige Wirkungen wahrnehmen und sich helfen, Sprache zu finden für das noch Unerschlossene (z.b. Gefühle). Beide können versuchen, sich gegenseitig zu beeinflussen und beeinflussen zu lassen. Gerade diese Bereitschaft ist ein wesentliches Merkmal eines Dialoges bzw. einer dialogischen Absicht. In Gesprächen kann es somit zu Einstellungsänderungen kommen (z.B. infolge eines kognitiven Diskurses) oder es können bereits latente Einstellungen (z.b. aufgrund von Erfahrungen) evident werden.

Professionell geführten Gesprächen liegen also verschiedene ungleiche und gleiche strukturelle Bedingungen bzw. Voraussetzungen zugrunde.

Nun kann es ein professionell gerechtfertigtes Ziel sein, den Gesprächspartner anzuleiten, ein besseres Verständnis für die eigenen Gesprächsstrukturen zu gewinnen. Mit diesem Anliegen ist die Absicht verbunden, die eigentliche Gesprächskompetenz, z.B. eines Jugendlichen, zu stärken. Gerade im heilpädagogischen Bereich sind metakommunikative Rückmeldungen bzw. Ordnungshinweise häufig angezeigt, weil viele Mitteilungen heilpädagogisch bedürftiger Menschen gekennzeichnet sind von relativer Unlogik, mangelnder Plausibilität, Widersprüchlichkeit, Mehrdeutigkeit usf.

Einfache metakommunikative Strukturierungshilfen bestehen z.B.

- in der Thematisierung:
  Welches Thema ist hauptsächlich bzw. vordergründig?
  Welche Aussagen sollten eigens thematisiert werden?

- bei der Klärung der Sach-, Beziehungs- und Kontextebene:
  Unterscheidung zwischen Fakt und Vermutung, Chronologie der berichteten Inhalte, Klärung der Sach-, Beziehungs- und Kontextebene.
  Jede Information hat einen Sachinhalt bzw. einen Inhaltsaspekt und einen Beziehungsaspekt. Wie erkennen wir die bloße Mitteiung oder Nachricht - und wodurch sind die Beziehungsinformationen zwischen "Sender und Empfänger" gekennzeichnet (s. WATZLAWICK 1990 und SCHULZ VON THUN 1989, S. 26 ff)? Desweiteren ist bekannt, daß Informationen bzw. gegenseitige Mitteilungen immer in einem bestimmt definierbaren Kontext stehen (ein Lehrer z.B. lehrt in der Schule, nicht auf dem Marktplatz).

- bei der Unterscheidung zwischen Fakt und Vermutung:
Sozial schwache Menschen haben oft nicht gelernt, zwischen wirklichen Fakten und bloßen Vermutungen zu differenzieren. Berichte, Tatsachen, Hypothesen und Interpretationen werden häufig durcheinandergeworfen und jeweils als "bare Münze" ausgegeben. Anspruchsvollere Zuhörer, die zwar "die Wahrheit" nicht immer beweisen können, dennoch aber an der vermeintlichen Glaubwürdigkeit zweifeln, wenden sich u.U. von jenen "Erzählern" ab, wodurch diese wiederum mehr und mehr in ein soziales Getto geraten.

- in der Chronologie der berichteten Inhalte:
Ein weiterer Gesichtspunkt für einen einigermaßen geordneten Gesprächsablauf ist die zeitlich korrekte Einbindung der jeweiligen Mitteilungen. Welche Inhalte gehören z.b. existenzanalytisch zur biographischen Vergangenheit und welche Überlegungen werden projektiert bzw. antizipiert? Werden Erlebnisse in einer zeitlich logischen Abfolge widergegeben?[7]

In der heilpädagogischen Praxis sind immer wieder Diskrepanzen zwischen Verbalisierungswünschen und den tatsächlichen Ausdrucksfähigkeiten zu erleben. Dieser Umstand erfordert die Einrichtung von Zeiträumen, in denen gleichsam offiziell Gelegenheit zum Gespräch gegeben ist.
"Die Bedeutung von nichttrivialen Gesprächen zwischen Erwachsenen und Kindern und deren geistige und seelische Entwicklung kann gar nicht überschätzt werden" (FREESE 1992, S. 84). Gesprächsfreiräume haben also eine entwicklungsfördernde Bedeutung, und sie unterscheiden sich von den üblichen Informationen des Alltags. Diese sind meist knapp, erfordern keine besonderen Sprachbemühungen und beziehen sich oft auf den Austausch aktueller und vordergründiger Erlebnisse. Im Gegensatz zu Smalltalks bieten "Gesprächssessions" die Möglichkeit - sprachlich differenzierter als sonst -, existentielle Themen zu erörtern. Dieses Anliegen ist prinzipiell mit allen - so auch heilpädagogisch bedürftigen Menschen möglich, wenn wir ihnen als potentielle Gesprächspartner einen "Willen zum Sinn" (FRANKL) unterstellen, der sich insbesondere in Fragen verschiedenster Formulierungen mit weltanschaulichen bzw. philosophischen Inhalten dokumentiert. Ihrem Wesen entsprechend unterscheiden sich Lebensfragen von vordergründig funktionalen Alltagsfragen - sie werden oft unerwartet

---

[7] Die vorstehende Aufzählung ließe sich im Hinblick auf weitere Strukturierungshilfen sicher ergänzen.

und zwischendurch aufgeworfen. Lebensfragen sind ausnahmslos und unbedingt ernstzunehmen und sie beanspruchen bzw. verdienen Zeit! Dabei kommt es nicht darauf an, den Kindern bündige Antworten zu geben, welche nur unser eigenes Wissen zur Schau stellen. Es geht vielmehr darum, "die Nachdenklichkeit des Kindes anzuregen" und einen weiteren "Fragehorizont aufzuhellen" (FREESE 1992, S. 88). Die "Frage" ist die eigentliche Bewegkraft in einem Gespräch. Es sind dies Fragen, auf die es keine letzten Antworten gibt, deren Erörterung und Durchdenkung aber ein gründlicheres Weltverstehen ermöglichen soll. Im Gegensatz zu Fragen, deren Antworten dem Fragenden schon bekannt sind (wieviel ist 2 x 2 ?), handelt es sich bei existentiellen oder philosophischen Fragen in der Regel um Themen, die unser eigenes Leben mitbestimmen und keineswegs restlos beantwortet sind. In der Begegnung mit leidenden Menschen wäre es geradezu fatal, diesen Fragen auszuweichen oder sie in irgendeiner Weise zu tabuisieren. Um die Fragelust zu wecken und zu erhalten, kann es notwendig sein, mediale Lösungshilfen (wie z.B. Lexika; Bibliotheken; Filme) zu vermitteln und deren Umgang zu erproben. Auf diese Weise können Gespräche überbrückt und fundiert werden.

Für FREESE sind Kinder geradezu ideale Gesprächspartner: "Sie besitzen einen ausgeprägten Sinn für das Rätselhafte und Staunenerregende, für Ungereimtheiten und Perplexitäten, ihr Denken ist spielerisch, risikofreudig, offen, noch nicht festgelegt und eingeengt durch konventionelle Antworten, sie besitzen spekulative Phantasie und, was schwer zu fassen ist, bisweilen tiefere Ahnungen, metaphysische 'Wahrheitswitterungen'" (FREESE 1992, S. 90).

Gespräche mit heilpädagogisch bedürftigen Menschen müssen u.U. unter bestimmten Regieanweisungen stehen. So kann z.B. der professionelle Helfer erklären, daß er - etwa einem Jugendlichen - zuhören will, um ihn zu verstehen; er kann ankündigen, nur Erklärungsfragen zu stellen und schließlich kann er nach der Phase des Zuhörens in Aussicht stellen, das Gehörte zu kommentieren. Durch die Offenlegung einfacher metakommunikativer Rahmenbedingungen kann ein Vertrauensverhältnis in Form gegenseitiger Pietät entstehen. Besonders verunsicherten Menschen fällt es schwer, die verbal nicht mitgeteilten Gesprächsabsichten zu entlarven (Warum schweigt der Therapeut so lange?). KLENNER warnte immer schon vor dem "Deutobold Allegoriwisch Mystifizinski" - als Karikatur für den allseits deutenden, in Bildern, Gleichnissen und Geheimnissen redenden Therapeuten. Ein metakommunikatives Wissen rechtfertigt keine Verschleierungen, sondern verlangt eine

212

metakommunikative Aufklärung im Rahmen des subjektiv Nachvollziehbaren.

In einem ähnlichen Sinne ist auch der Umgang mit Appellen zu verstehen. SCHULZ VON THUN widmet diesem Aspekt der Kommunikation ein ganzes Kapitel (1989, Bd. 1). Ich vertrete die These, daß jede pädagogische oder therapeutische Intention ihren jeweiligen sprachlichen Ausdruck in Form verdeckter oder offener Appelle findet. Soweit es unmöglich ist, nicht zu kommunizieren, soweit ist es ebenfalls unvorstellbar, in nicht-appellierender Weise professionell zu reden bzw. sich zu verhalten. Eine Selbstoffenbarung (Bekenntnisse, Selbstzeugnisse), die Auswahl und Darstellung eines bestimmten Sachverhaltes oder auch philosophische Aussagen haben im Kontext professioneller Hilfe immer eine intentionale bzw. appellierende Bedeutung. Die Klarstellung, in pädagogischen und therapeutischen Interaktionen auf moralisierende oder wertende Mitteilungen verzichten zu können, ist grundsätzlich absurd. Wir können lediglich an ein selbstregulatives Ethos der Helfer appellieren, wonach die Übernahme der übermittelten Werturteile freibleibend ist und in der Regel nicht negativ sanktioniert wird. Ein echter Dialog ohne die Bereitschaft zur Offenlegung der persönlichen Überzeugungen wäre genauso fragwürdig wie die Verhinderung kritischer Argumente. Gespräche erfordern einen Konsens über einige Regeln.

Neben dem Erkenntniswert von Gesprächen auf der Einsichts- bzw. Einstellungsebene kommt ein Handlungswert hinzu, wenn wir das Gespräch als Vorbereitung des (gemeinsamen) Handelns verstehen. In diesem Sinne kann ein Gespräch eine Orientierungshilfe sein und eine handlungsrelevante Ausrichtung begründen. Handlungsentscheidungen werden auf der Gesprächsebene antizipiert und zwar in einer dialektischen und sokratischen Weise: einerseits geht es um die Herausarbeitung der jeweils anderen Möglichkeit (des Denkens und Handelns) als die gerade fixierte. Trivial formuliert: man muß die Sache nicht so sehen (... den Parolen Paroli bieten!) - der Mensch hat die Freiheit zur Antinomie. Andererseits besteht die Kunst der Gesprächsführung in der Freilassung des subjetiven Erkenntnisschlusses. Die Verunsicherung scheint also eine Voraussetzung für Orientierung und Entscheidung zu sein. Sie wird aufgefangen durch die Bestätigung und Ermutigung einer durch gründliche Abwägungen getroffenen Entscheidung einer Einstellung, Haltung oder Handlung. Gerade bei diesem Vorgang werden die erkenntnis- und handlungstheoretischen Grenzen deutlich: Wir können nicht unendlich viele Denk- und Handlungsprämissen darstellen und diskutieren - und wir können nicht mit einer letzten Sicherheit Entscheidungen treffen und rechtfertigen.

Vorläufigkeit und Ungewißheit sind also Faktoren, die die Dynamik von Gesprächs- und Handlungssequenzen mitbedingen. Gespräche haben immer irgendwelche Bedeutungen: Sie helfen über den Weg der Selbstdistanz, mehr Klarheit über sich selbst (Gedanken, Gefühle, Gesinnungen) zu gewinnen. Über den Weg der Selbsttranszendenz helfen sie, Einblicke und Verständnisse in "mesokosmische" (vgl. VOLLMER 1991) Zusammenhänge zu erhalten (andere Menschen, Situationen, philosophische Themen usf.) und sich aus-richten zu können auf Erlebniswerte und schöpferische Werte. Je nach Interpunktion bzw. Bedeutungskonsens reden die Gesprächsteilnehmer über existentiell folgewirkliche Themen. Dabei verfolgt jeder Mensch eine individuelle Intention. Wir könnten die Gesprächspartner "Intentionspartner" nennen. Gerade bei sogenannten gestörten Kommunikationen wäre eine Analyse der jeweiligen Intention angezeigt. Das Ergebnis einer solchen Analyse hat jedoch nur einen hypothetischen Wert und ist als Teil der realen Kommunikation nicht mehr zu hinterfragen: die Intention der Intention, die Analyse der Analyse oder die Kommunikation über die Kommunikation ist letztlich ebensowenig zu er-kennen wie der Geist, das Selbst oder das "Ich" zu ent-larven ist. Es handelt sich hier um operationale Begriffe, deren Klärung praktisch sehr wichtig ist, obwohl dies nur annähernd und relativ möglich sein kann. So kann sich der sogenannte Helfer z.B. fragen, warum und wozu er der Intention nachgeht, seinen Gesprächspartner zur Selbstdistanz, Vernunft, zur sprachlichen Klarheit usf. animieren zu wollen. Aber auch die weniger kognitve Seite, die im Gesprächsverlauf evoziert werden kann, wie z.B. Trauer, Lachen, diffuse Einfälle, ließe sich eigens reflektieren im Hinblick auf die Frage nach Absicht oder Sinn. Was uns bleibt, ist der Appell, nicht zu hyperreflektieren, die Distanz zwischen Theorie und Wirklichkeit in Maßen zu halten, keine einseitigen Absichten zu verfolgen (z.B. das Vernunftprimat) und dem Irrealen, Zufälligen und auch Irreversiblen eine Daseinsberechtigung zu bewahren.

Zusammenfassung

Das vorliegende Buch ist in drei Kapitel unterteilt. Im ersten Teil werden Grundzüge einer Heilpädagogischen Anthropologie erörtert, im zweiten Teil werden unter methodologischen Gesichtspunkten die FRANKLsche Existenzanalyse und Logotherapie mit der Heilpädagogik in Beziehung gebracht und im dritten Teil wird die KLENNERsche Heilpädagogische Übungsbehandlung mit einem phänomenologischen Ansatz zu einem lebensweltlich-integrativen Konzept erweitert. Anthropologie, Methodologie und Handlungstheorie gehören in der Heilpädagogik unbedingt zusammen.

Kernfrage der Heilpädagogischen Anthropologie ist die des Menschenbildes: Allgemeingültige Erkenntnisse über "den Menschen" werden spezifiziert im Hinblick auf den leidenden Menschen, den homo patiens. Wer dieser ist, ist von der jeweiligen subjektiven Einstellung oder Definition abhängig. Generalisierungen wie z.b. behindert = leidend sind unzutreffend. Von einem unverhofften Schicksal betroffene Menschen, Angehörige, aber auch professionelle Helfer können an der jeweils tragischen Situation "leiden". Die wesentliche Voraussetzung des Leidens ist die Fähigkeit zur Diakrisis, d.h. die Unterscheidungsfähigkeit. In einem präkognitiven, ursprünglichen Stadium äußerst sie sich als <u>Ahnung</u> von einer im Vergleich zum "Ist-Stand" kontrastierenden Seinsweise. Dem bewußten Erkennen stellen wir also eine Seins- oder Wert-Ahnung voran, die allen Menschen unabhängig von Bildung, Kultur oder subjektivem Leid zugänglich ist.
Die Unterscheidungsfähigkeit ist für den Menschen die wesentliche Voraussetzung, sich entscheiden zu können. Die Diakrisis ist gleichsam der Focus unserer Gesinnungen und Einstellungen: <u>weil</u> wir zu unterscheiden vermögen, können wir Leid wahrnehmen und erkennen, und <u>weil</u> wir zu unterscheiden vermögen, sind wir in der Lage, Leiden zu überwinden. Das Leiden ist ein anthropologisches Faktum, das als solches nicht eliminiert werden kann. Es ist ein Pol einer Dualität, ohne den menschliches Leben undenkbar wäre.
Leiden ist für den einzelnen Menschen die subjektive Bewertung eines in der Regel nicht - intendierten Schicksals. Dieses kann irreversibel oder reversibel sein. Beide Möglichkeiten fordern den Menschen zu einer Stellungnahme heraus. Der Mensch ist befähigt, das ihm Gegebene , Vorfindliche oder Widerfahrende in Frage zu stellen und schließlich zu verändern. Ist ihm dies konkret nicht möglich, so doch - in dem Maß seiner Unterscheidungsfähigkeit - auf der Einstellungsebene.

Auch in einem schwerstbehinderten Menschen ist eine "Person" und eine "Persönlichkeit" zu entdecken und zu konstatieren. Menschliches Sein hat sui generis einen Wert, d.h. es ist nicht gebunden an bestimmte Merkmale oder Leistungen.

Personales Sein ist Verantwortlichsein gegenüber dem schicksalhaft Gegebenen. Die individuelle Verantwortung äußert sich in der Absicht, Werte zu verwirklichen. Der Mensch verwirklicht sich selbst über den "Umweg" der Werteverwirklichung bzw. der Selbsttranszendenz.

Zentraler Gesichtspunkt in der Heilpädagogischen Anthropologie ist die Annahme des menschlichen Geistes, der unbeschadet hinter aller Symptomatik steht. Der Geist ist eine Bewertungsinstanz im Menschen, mit dessen Hilfe wir Somatisches und Psychisches wahrnehmen und beurteilen können. Die geistige Fähigkeit zur Selbstdistanz muß evoziert bzw. ge-fördert werden.

Menschliches Sein ist folglich ein fakultatives Sein: dem Menschen ist prinzipiell möglich, anders zu sein - ihm ist eine Bewertungsänderung seiner Selbst und seiner Situation möglich.

Das Sich-Selbst-Fühlen und das Bewußtsein, in der Welt zu sein, kann den menschlichen Geist veranlassen, nach dem "Soll-Wert" seiner Existenz zu fragen.

Solange das Leben mit Sinn erfüllt ist, wird die Sinnfrage kaum gestellt. Erst durch ein tragisches Schicksal ist der Mensch herausgefordert, die Sinnfrage zu beantworten. Existentielle Fragen gewinnen dann plötzlich an Aktualität. Es entsteht ein dialogisches Bedürfnis, das sich in der Thematisierung der Sinnproblematik äußert. Die Thematisierung existentieller Fragen ist ein wesentliches Anliegen der Heilpädagogischen Anthropologie. Obwohl diese Fragen letztgültig nicht zu beantworten sind, erleichtern Gespräche bzw. Auseinandersetzungen die individuelle Situation und können zu einem vertieften Erkenntnisgewinn des Lebens führen. Die Absicht einer sinnzentrierten Heilpädagogik durch die Thematisierung existentieller Fragen ist die Bewirkung von Denkprozessen, die Befähigung zur bewußten Stellungnahme und die Verfügung über persönliche Einstellungswerte.

Eine professionelle heilpädagogische Hilfe setzt eine heilpädagogische Bedürftigkeit voraus, die im Unterschied zur Erziehungsbedürftigkeit einer eigenen Begründung bzw. Indikation verlangt. Ein wesentliches Kriterium der heilpädagogischen Bedürftigkeit ist nicht der jeweilige organische Zustand (z.B. eine Behinderung), sondern die sich daraus ergebenden Probleme bei der Lebensbewältigung. Erziehungsziel ist nicht eine imaginäre Normanpassung, sondern die Förderung der jeweiligen individuellen Möglichkeiten. Ein Mensch kann heilpädagogisch bedürftig sein, wenn er sich z.B. aufgrund seiner Beeinträchtigungen nicht geliebt fühlt und aus seiner Peergroup ausgeschlossen wird.

Ein Kleinkind ist wie jedes hilflose Wesen darauf angewiesen, daß jemand auf es zugeht und es gerade nicht sein läßt, indem man es brachliegen läßt. Die Ich-Werdung ist ontogenetisch nur durch die Zu-neigung eines anderen Menschen möglich. Dieser Zugang ist im Unterschied zu vielen psychotherapeutischen Verfahren nicht selbstverständlich (vgl. die sogenannte Komm-Struktur).

Heilpädagogik ist insofern Transferarbeit als es darum geht, das anthropologisch generell Erkannte in das lebendige Leben trotz seiner jeweiligen Beeinträchtigungen zu übertragen. Dazu gehört z.B. die Bemühung, Aufgaben bzw. Werte zu verwirklichen.

Unter der Prämisse, daß jedes Leben Sinn hat, hat der Mensch die Verpflichtung, den Sinn in seinem (individuellen) Leben zu finden. Als ein vom Leben Befragter, ist er zur Ver-antwortung aufgerufen. In der Existenzanalyse hat der homo patiens die Möglichkeit, reflexiv sein Leben zu erkennen und bedeutsame Ereignisse (wie z.B. Entwicklungshindernisse) zu erklären. Ferner kann er prospektiv darlegen, wie seine Zukunft sinnvoll zu gestalten ist (Explikation der Existenz). Der Helfer/Therapeut hat dabei die Aufgabe, dem anderen zu helfen, Sprache zu finden und insofern Selbstdistanz zu ermöglichen. Logotherapeutisch werden Sprache , Selbstdistanz und Stellungnahmen evoziert (herausgelockt/-gefordert) und dadurch das Geistige im Menschen be-ansprucht. Der Geist, als Bewertungsinstanz, kann gegenüber dem Psychophysikum Stellung beziehen. Über diesen Weg werden Einstellungsänderungen möglich, die eine Voraussetzung sind für Verhaltensänderungen.

Die Frage der Indikation von Heilpädagogik und Logotherapie läßt sich am besten "negativ" erklären: Überall da, wo ein Lebensgang in normaler Dynamik verläuft, wo die Sinnfrage wegen der Sinnfülle implizit beantwortet ist usf. - sind Heilpädagogik und Logotherapie nicht nötig. Im gegenüberliegenden Bereich ist die Abgrenzung bzw. Zuständigkeit der jeweiligen Fachdisziplinen unscharf: in sogenannten negativen, unerwünschten, unerklärbaren Lebensbereichen, da wo der Mensch an seiner Person und/oder Situation leidet, kann Heilpädagogik oder Logotherapie angezeigt sein.

Heilpädagogik ist insbesondere als Postvention indiziert, d.h. wenn trotz bester Prophylaxe oder Absicht ein einmal eingetretenes Schicksal unabwendbar geworden ist. Daraus folgt die Überlegung, welche Voraussetzungen geschaffen werden müssen, damit der homo patiens Sinn in seinem Leben finden kann. Der Heilpädagoge kann in diesem Zusammenhang verantwortlich sein für eine gewisse Auswahl der Werte, die er jenen Menschen zuträgt, die sich buchstäblich nicht selber umsehen können.

Zur professionellen Vorgehensweise gehört eine diagnostische Phase, in der z.B. organische Heilungen abgeklärt oder psychologische Testverfahren durchgeführt werden. Diagnosen sollen den Erweis bringen, handlungsleitende Kriterien und Impulse zu liefern. Entsprechende Wegweisungen sollten dem sogenannten Probanden weitestgehend transparent gemacht werden.

Eine heilpädagogisch akzentuierte Diagnostik kann als multiperspektivisch bezeichnet werden, indem sie nach den jeweils noch nicht entdeckten menschlichen Fähigkeiten Ausschau hält. Insofern ist der Erkenntnis- und Verstehensprozeß im Prinzip unbegrenzt.

Während in der Logotherapie eine gewisse Sprach- und Reflexionsfähigkeit vorausgesetzt wird, ist diese in der Heilpädagogik oft erst herzustellen. In der Logotherapie werden in oft mühsamer biographischer Retrospektive sinnvolle Grunderfahrungen gesucht - in der Heilpädagogik stellen diese frühkindlichen rezeptiven Erlebnisse zunächst einen erzieherisch prospektiven Impetus dar.

Die Explikation des "Gegebenen, Aufgegebenen und Verheißenen" (MOOR) in der Heilpädagogik korrespondiert in der Existenzanalyse und Logotherapie mit dem "Willen zum Sinn", mit dem "Aufgabencharakter des Lebens" (FRANKL) sowie der Selbsterfahrung, die verheißen ist, nach dem der Mensch von sich abgesehen hat (transzendenter Umweg).

Den Begriff der Heilpädagogischen Übungsbehandlung gibt es seit etwa 20 Jahren. Obwohl er ein feststehender und originärer Begriff im Berufsbild des Heilpädagogen darstellt, gibt es kaum entsprechende Literatur. In ihrem "Lehrbuch der Heilpädagogischen Übungsbehandlung" (1975) begrenzen die Autoren von OY/SAGI die Übungen auf bestimmte festgelegte Tageszeiten. Nach dem KLENNERschen Konzept dient die Heilpädagogische Übungsbehandlung der Erweiterung des Erkenntnis- und Erlebnishorizontes (z.B. eines Kindes). Das von ihm entwickelte Modell (S. 193) entspricht der Entfaltung psychischer Funktionen. Ziel dieser Übungsbehandlung ist der Transfer in die Alltagswelt des Kindes. Das, was ein Kind gleichsam in einem Schonraum lernt, kann von ihm nun übertragen werden in sein alltägliches Leben.

Das KLENNERsche Modell der Heilpädagogischen Übungsbehandlung wird in meiner Arbeit beibehalten, aber in einen erweiterten Zusammenhang gestellt. Es wird zunächst als ein handlungstheoretisches Konzept interpretiert und es kann von Praktikern als Entscheidungshilfe genutzt werden. Die klassische "Übungsstunde" fällt zugunsten einer alltagsintegrativen

Einbettung der Heilpädagogischen Übungsbehandlung weg. Je nach Diagnose und Indikation kann der Heilpädagoge in beliebige Bereiche der Heilpädagogischen Übungsbehandlung "einsteigen". Ein wesentlicher Vorteil des Konzeptes der Heilpädagogischen Übungsbehandlung ist das sogenannte Prinzip der Variation. Der Übende kann nicht über- oder unterfordert werden, solange sein Entwicklungsstand bekannt und beachtet wird. Hat ein Kind z.b. Probleme bei der Benennung von Farben, so kann der Heilpädagoge auf sprachfreie Unterscheidungsübungen zurückgreifen.

Die jeweiligen Phasen und Dimensionen der Heilpädagogischen Übungsbehandlung können von Heilpädagogen unter phänomenologischen Gesichtspunkten "meditiert" werden: Was ist "wahrnehmen", "denken", usf.? Schließlich liegt genau zwischen der begrifflichen Wesensschau und der jeweiligen konkreten Handlung der intuitiv zu vollziehende Schritt. So überlegt der Praktiker, welche Voraussetzungen erforderlich sind, um bestimmte Fähigkeiten zu erwerben. Hier findet sich ein "Raum" des schon Erreichten und des noch nicht Verfügbaren. Die Intention des Heilpädagogen und die Internalisation z.B. eines Kindes erfolgen in einem freien Kräftespiel und in einer nicht-linearen Weise. Die einem Menschen verfügbaren Sinne stellen "die Brücke zur Welt" dar. Generelles Ziel ist ein jeweiliges Höchstmaß an Differenzierungsfähigkeit (Diakrisis) - als Voraussetzung zum Entscheiden. Existenzanalytisch geht es um den Weg von der Vorstellung bzw. Wahrnehmung zur Stellungnahme. Sind einmal basale Fähigkeiten in Analogie zur Heilpädagogischen Übungsbehandlung erreicht, so kann sich der Mensch Aufgaben stellen (z.B. in einer "Kooperation"). Menschen erfahren Sinn, wenn sie gefordert bzw. gebraucht werden. In dieser Hinsicht fordert der Heilpädagoge in dem gemeinsamen Lebensalltag z.B. einen Jugendlichen heraus und er-findet Aufgaben mit Sinnbezug. Heilpädagogik wird zu einer Lebensschule für Menschen, die mit ihrem Schicksal nicht so ohne weiteres zu Wege kommen.

Literaturverzeichnis

ABRESCH, Jürgen: Stimmstörung als Krisenvertonung. In: Integrative Therapie 1/88, S. 40 - 62 (Paderborn)

ARP, Doris: Wie human ist die Humangenetik: In: Bundesverband für spastisch Gelähmte und andere Körperbehinderte (Hg.): Das Band 1/1992, S. 12 - 14 (Düsseldorf)

ASPERGER, Hans: Die österreichische Arbeitsgemeinschaft für Heilpädagogik. In: Bericht des dritten intern. Kongresses für Heilpädagogik (Wien, 8. - 12. Juni 1954). Wien 1955

AXLINE, Virginia: Kinder-Spieltherapie im nicht-direktiven Verfahren. München 1972

BARGHEER, Friedrich W.: Befreiung - Orientierung - Helfende Beziehungen. In: W. Trautmann (Hg.): Denken und Handeln, Bd. 9. Bochum 1988

BECKER, Gerold (Hg.): Ordnung und Unordnung: Hartmut von Hentig zum 23. September 1985. Weinheim 1985

BESCHEL, Erich: Der Eigencharakter der Hilfsschule. Weinheim 1965

BHP = BERUFSVERBAND DER HEILPÄDAGOGEN E.V.: Berufsbild Heilpädagoge/Heilpädagogin. Büdelsdorf 1988

BINSWANGER, Ludwig: Melancholie und Manie. Pfullingen 1960; Wahn. Pfullingen 1965

BLEIDICK, Ulrich: Pädagogik der Behinderten. Berlin 1984

BODENHEIMER, Aron Ronald: Warum? Von der Obszönität des Fragens. Stuttgart 1985

BOLLNOW, Friedrich: Das Problem der Begegnung. In.: UNIVERSITAS, 39. Jg., Nr. 454, März 1984, Heft 3 (S. 235 - 245)

BÖSCHEMEYER, Uwe: Die Sinnfrage in Psychotherapie und Theologie. Berlin 1977

BROCKHAUS / dtv Lexikon. Mannheim 1990

BRUGGER, Walter (Hg.): Philosophisches Wörterbuch. Freiburg 1976

BUBER, Martin: Der Weg des Menschen nach der chassidischen Lehre. Heidelberg 1986

BÜCHNER, Barbara: Abenteuer Bethel. Das Recht auf Leben. Wien 1991

BUNDESVEREINIGUNG LEBENSHILFE FÜR GEISTIG BEHINDERTE (Hg.): Fachzeitschrift "Geistige Behinderung" 4/90 (Marburg)

BUSCH, Johannes: Bethel und die Tötung kranker und behinderter Menschen im Dritten Reich. Bielefeld-Bethel o.J.

CHENG, Nien: Leben und Tod in Schanghai. Frankfurt 1987

CLAESGES, U.: Intentionalanalyse. In: Ritter, J. und Gründer, K. (Hg.): Historisches Wörterbuch der Philosophie. Bd. 4 Basel/Stuttgart 1976 (S. 474)

DE VRIES: Identität. In: Brugger, Walter (Hg.): Philosophisches Wörterbuch. Freiburg 1976 (S. 177-178)

DELL, Paul F. u.a.: "Ordnung durch Fluktuation": Eine evolutionäre Epistemologie für menschliche Systeme. In: Stierlin, H. und Dust von Werdt, J. (Hg.): Familiendynamik. Bd. VI/1981 (S. 104 - 122) (Stuttgart)

DOEHLEMANN, Martin: Langeweile? Deutung eines verbreiteten Phänomens. Frankfurt/M. 1991

DÖRNER, C. u. D.: Wie Menschen eine Welt verbessern wollten. In: Bild der Wissenschaft. Febr. 1975 (Stuttgart), (S. 48 - 53)

DÖRNER, D.: Die Logik des Mißlingens. Reinbek 1989

EICHMANN, Klaus und MEYER, Inge: Kursbuch Psychotherapie. München 1985

EIGEN, Manfred und WINKLER, Ruthild: Das Spiel. Naturgesetze steuern den Zufall. München 1990

ERIKSON, Erik Homburger: Jugend und Krise. Stuttgart 1970

ERIKSON, Erik Homburger: Wachstum und Krisen der gesunden Persönlichkeit. Stuttgart 1953

FEUSER, Georg: Geistigbehindertenpädagogik. In: Verband Deutscher Sonderschulen e.V. (Hg.). Ztschr. f. Hpk. 33. Jg., Heft 3, 1982 (Nürnberg)

FICHTE, J.G.: System der Sittenlehre 1798, III, § 15 (Leipzig 1922[2])

FISCHER, Aloys: Deskriptive Pädagogik. In: Kreitmair, K. (Hg.): Aloys Fischer. Leben und Werk. Bd. 2. München 1950

FRANKL, Viktor E.: ...trotzdem Ja zum Leben sagen. Ein Psychologe erlebt das Konzentrationslager. München 1987

FRANKL, Viktor E.: Aphoristische Bemerkungen zur Sinnproblematik. In: Petrilowitsch, N.(Hg.): Die Sinnfrage in der Psychotherapie. Darmstadt 1972 (S. 412 - 430)

FRANKL, Viktor E.: Ärztliche Seelsorge. München 1982[10]

FRANKL, Viktor E.: Der leidende Mensch. Anthropologische Grundlagen der Psychotherapie. München 1990

FRANKL, Viktor E.: Der Mensch auf der Suche nach dem Sinn. Zur Rehumanisierung der Psychotherapie. Freiburg 1973

FRANKL, Viktor E.: Der Mensch vor der Frage nach dem Sinn. München 1979

FRANKL, Viktor E.: Der unbewußte Gott. München 1988

FRANKL, Viktor E.: Der Wille zum Sinn. München 1991

FRANKL, Viktor E.: Die Psychotherapie in der Praxis. München 1986

FRANKL, Viktor E.: Grundriß der Existenzanalyse und Logotherapie (1959). In: Frankl: Logotherapie und Existenzanalyse. München 1987

FRANKL, Viktor E.: Homo patiens. Wien 1950

FRANKL, Viktor E.: In: Pongratz, L.J. (Hg.): Psychotherapie in Selbstdarstellungen. Bern. 1973 (S. 177 - 204)

FRANKL, Viktor E.: Neurotisierung der Menschheit - oder Rehumanisierung der Psychotherapie? In: Frankl u.a.: Altes Ethos - Neues Tabu. Köln 1974

FRANKL, Viktor E.: Philosophie und Psychotherapie. Zur Grundlegung einer Existenzanalyse (1939). In: Frankl: Logotherapie und Existenzanalyse. München 1987

FRANKL, Viktor E.: Theorie und Therapie der Neurosen. München 1975

FREESE, Hans-Ludwig: Kinder sind Philosophen. Weinheim 1992

FREUD, Sigmund: Abriß der Psychoanalyse. Das Unbehagen in der Kultur. Frankfurt/M. 1972

FREUD, Sigmund: Briefe 1873 - 1939. Frankfurt/M. 1960

FRÖHLICH, Andreas: Basale Stimulation. Düsseldorf 1991

GEORGENS, Jan Daniel und DEINHARDT, Heinrich Marianus: Die Heilpädagogik mit besonderer Berücksichtigung der Idiotie und der Idiotenanstalten. Erster Band. Leipzig 1861. In: Bachmann, Walter (Hg.): i.d. "Giessener Dokumentationsreihe" Heil- und Sonderpädagogik. Band 3 (Giessen 1979)

Gespräch zwischen Martin BUBER und Carl ROGERS (18. April 1957). In: Hagel: Zum Selbstverständnis der Heilpädagogik als Handlungswissenschaft. Hg. von Trautmann, W.: Denken und Handeln, Bd. 11. Bochum 1990

GIBSON, J.: Die Sinne und der Prozeß der Wahrnehmung. Bern 1982

GOLLWITZER, Helmut: Forderungen der Umkehr: Beiträge zur Theologie der Gesellschaft. München 1976

GOLLWITZER, Helmut: Warum ich als Christ Sozialist bin. Thesenpapier anläßlich der Mitgliederversammlung der Arbeitsgemeinschaft "Solidarische Kirche Westfalen" am 1.11.79 im Assapheum Bethel/Bielefeld

HAGEL, Hans Jürgen: Zum Selbstverständis der Heilpädagogik als Handlungswissenschaft. In: W. Trautmann (Hg.). Denken und Handeln, Bd. 11. Bochum 1990

HANSELMANN, Heinrich: Einführung in die Heilpädagogik. Zürich 1970

HARRIS, Thomas A.: Ich bin o.k. Du bist o.k. ... Eine Einführung in die Transaktionsanalyse. Reinbek 1988

HARTMANN, Nicolai: Ethik. Berlin 1926

HASSENSTEIN, B.: Bedingungen für Lernprozesse - teleonomisch gesehen. In: Scharf, J.H. (Hg.): Informatik. Leipzig 1972

HECKHAUSEN, H.: Leistungsmotivation. In: Thomae, H. (Hg.): Handbuch der Psychologie. 2. Bd. (Motivation). Göttingen 1965 (S. 602-702)

HELLBRÜGGE, Theodor u.a.: Münchner Funktionelle Entwicklungsdiagnostik. Lübeck 1985

HERKNER, Werner: Einführung in die Sozialpsychologie. Bern 1983

HERRMANN, Ned: Kreativität und Kompetenz. Das einmalige Gehirn. Fulda 1991

HOMMES, Ulrich: Transzendenz und Personalität. Zum Begriff der Action bei Maurice Blondel. Frankfurt/M. 1972

HPS, Protokollbücher: 50 Jahre Heilpädagogisches Seminar Zürich. Zürich 1974

JASPERS, Karl: Die phänomenologische Forschungsrichtung in der Psychopathologie. In: Jaspers, K.: Gesammelte Schriften 1963

KIPHARD, Ernst und HÜNNEKENS, H.: Bewegung heilt. Gütersloh 1966

KIPHARD, E.J.: Wie weit ist ein Kind entwickelt? Eine Anleitung zur Entwicklungsüberprüfung. Dortmund 1980

KLENNER, Wolfgang: Heilpädagogik als Handlungswissenschaft - dargestellt am Beispiel der Heilpädagogischen Übungsbehandlung. In: Schneeberger, F. (Hg.): Erziehungserschwernisse. Antworten aus dem Werk Paul Moors. Luzern 1979

KLENNER, Wolfgang: Übungsbehandlung als heilpädagogische Praxis. In: Vierteljahresschrift für Heilpädagogik und ihre Nachbargebiete VHN 1972, 41. Jg., Heft 1 (Freiburg/Schweiz)

KNIEBE, Georg: Das Vakuum - eine Grenzfrage. In: Bund der Freien Walddorfschulen e.V. (Hg.): Erziehungskunst 7/8 1991 (Stuttgart)

KOBI, Emil E.: Grundfragen der Heilpädagogik. Bern 1983[4]

KOBI, Emil E.: Heilpädagogische Daseinsgestaltung. Luzern 1988

KÖNIG, Karl: Sinnesentwicklung und Leiberfahrung. Stuttgart 1986

KORGER, Mathias E. und POLAK, Paul: Der geistesgeschichtliche Ort der Existenzanalyse. In: Frankl u.a. (Hg.): Handbuch der Neurosenlehre und Psychotherapie. 3. Bd. (Spezielle Psychotherapie I). München 1959 (S. 632 - 662)

KRÄMER, Erwin.: Die Mitarbeiter in der Jugendhilfe. In: Arbeitsgemeinschaft für Erziehungshilfe (AFET) e.V. (Hg.): Ausbildung und Fortbildung der Mitarbeiter. Ein Beitrag zur Reform der Jugendhilfe. Heft 24/1975 (Hannover)

KÜHN, Rolf: Intuitive Sinnfindung. Zur praktischen Bedeutung des Gewissens nach Viktor E. Frankl. In: Längle, A. (Hg.): Entscheidung zum Sein. München 1988

KUNDLIEN, F.: Diagnose. In: Ritter, J. (Hg.): Historisches Wörterbuch der Philosophie. Bd. 2. Basel/Stuttgart 1972 (S. 162-163)

KÜPPERS, Bernd-Olaf: Wenn das Ganze mehr ist... In: GEO WISSEN Nr. 2/1990 (Hamburg)

LÄNGLE, Alfried (Hg.): Entscheidung zum Sein. Viktor E. Frankls Logotherapie in der Praxis. München 1988

LÄNGLE, Alfried: Die Bedeutung der Persönlichkeit und der Selbsterfahrung des Psychotherapeuten für den Therapieverlauf - aus Sicht der Existenzanalyse. In: Gesellschaft für Logotherapie und Existenzanalyse (Hg.): Bulletin 1/89 (Wien)

LÄNGLE, Alfried: Existenzanalyse der therapeutischen Beziehung und Logotherapie in der Begegnung. In: Tagungsberichte der Gesellschaft für Logotherapie und Existenzanalyse. Wien 1986, Nummer 2, 1. Jahrgang (S. 55-77)

LÄNGLE, Alfried: Was sucht der Mensch, wenn er Sinn sucht? In: Daseinsanalytisches Institut für Psychotherapie und Psychosomatik (Hg.): Daseinsanalyse. August 1991 (Basel) (Seite 174-183)

LAUER, H.E.: Die zwölf Sinne des Menschen. Basel 1953

LIEVEGOED, Berhard: Lebenskrisen, Lebenschancen. München 1979

LITT, Theodor: Führen oder Wachsen lassen. Stuttgart 1960

LOTZ, Dieter: Heilpädagogik - Was ist das? In: Berufsverband der Heilpädagogen e.V. (Hg.): BHP Information 3/88 (Regensburg)

LOTZ, Johannes B.: Wert. In: Brugger, W. (Hg): Philosophisches Wörterbuch. Freiburg 1976 (S. 458-460)

LOUF, André: Demut und Gehorsam. Münsterschwarzach 1979

LUHMANN, Niklas: Die Wissenschaft der Gesellschaft. Frankfurt/M. 1992

MIHAJLOV, Mihaljo: Die mystische Erfahrung der Unfreiheit. Ztschr. Kontinent (3)1975 (Ullstein, Berlin)

MITTELSTRAß, Jürgen: Der Flug der Eule. 15 Thesen über Bildung, Wissenschaft und Universität. In: UNIVERSITAS 2/1989 (Stuttgart)

MOOR, Paul: Heilpädagogik. Bern 1974

MÜRNER, Christian (Hg.): Ethik, Genetik, Behinderung. Kritische Beiträge aus der Schweiz. Luzern 1991

MÜRNER, Christian: Die Pädagogik von Heinrich Hanselmann. Luzern 1985

NIETZSCHE, Friedrich: Zur Genealogie der Moral, 2. Abhandlung 1887 Leipzig 1887

NILSSON, Lennart: Ein Kind entsteht. Bilddokumentation über die Entwicklung des Lebens im Mutterleib. München 1990
PIEPER, Josef: Die Aktualität der Kardinaltugenden: Klugheit, Gerechtigkeit, Tapferkeit, Maß. In: Frankl u.a. (Hg.): Altes Ethos - Neues Tabu. Köln 1974
PIEPER, Josef: Lesebuch München 1984
PIEPER, Josef: Philosophie Kontemplation Weisheit. Freiburg 1991
POPPER, Karl: Auf der Suche nach einer besseren Welt. München 1984
POPPER, Karl: Objektive Erkenntnis. Ein evolutionärer Entwurf. Hamburg 1973
PRIEBE, S.: Über die Subjektivität der psychiatrischen Diagnose. In: Psychiatrische Praxis 16 (1989) Stuttgart
PRIGOGINE, Ilya: "Wir sind keine Zigeuner am Rand des Universums". Ruth Renée Reif im Gespräch mit dem Nobelpreisträger Ilya Prigogine. In: UNIVERSITAS 5/91 (Stuttgart)
ROGERS, Carl: Lernen in Freiheit. München 1977
RÖHRS, Hermann: Fohrschungsmethoden in der Erziehungswissenschaft. In: Thiel, M. (Hg.): Enzyklopädie der geisteswissenschaftlichen Arbeitsmethoden. München 1969
ROTH, Heinrich: Pädagogische Anthropologie. Hannover 1984
SCHELER, Max: Der Formalismus in der Ethik und die materiale Wertethik. In: Scheler, M. (Hg.): Gesammelte Werke, Bd. II. Bern 1954
SCHELER, Max: Vom Umsturz der Werte. Bern 1955
SCHLEE, Jörg: Zum Dilemma der heilpädagogischen Diagnostik. In: Haeberlin, Urs (Hg.): Vierteljahresschrift für Heilpädagogik und ihre Nachbargebiete VHN 54 (1985) Heft 3 (Freiburg/Schweiz)
SCHRÖER, Carl Julius: Rede zur Deinhardtfeier. In: Wiener Paedagogische Gesellschaft (Hg.): Paedagogisches Jahrbuch 1880 (Wien und Leipzig)
SCHULZ VON THUN, Friedemann: Miteinander reden. Störungen und Klärungen. Bd. 1. Reinbeck 1989
SELBMANN, Frank: Jan Daniel Georgens - Leben und Werk -. Gießen 1982
SIEGENTHALER, Hermann: Anthropologische Grundlagen zur Erziehung Geistig-Schwerstbehinderter. Bern 1983
SÖLLE, Dorothee: Leiden. Stuttgart 1973
SÖLLE, Dorothee: Liebe deinen Nächsten wie dich. In: Schultz (Hg.): Was der Mensch braucht. Anregungen für eine neue Kunst zu leben. Stuttgart 1977

SOUCEK, W.: Die Existenzanalyse Frankls, die dritte Richtung der Wiener psychotherapeutischen Schule. In: Von Gebsattel, V.E. und Revers, J. (Hg.): Jahrbuch für Psychologie und Psychotherapie. 1. Jahrgang 1953, Heft 3 (Würzburg)

STANDING, E.M.: Maria Montessori. Leben und Werk. Stuttgart 1959

STEINER, Rudolf: Allgemeine Menschenkunde. Erster Teil (hier besonders der 8. Vortrag). Dornach 1986

STEINER, Rudolf: Zur Sinneslehre. In: Lindenberg, Christoph (Hg.): Rudolf Steiner. Themen aus dem Gesamtwerk 3. Bd. Stuttgart 1981

TAUSCH, Reinhard u.a.: Variablen und Zusammenhänge in der Gesprächsspychotherapie. In: Zeitschr. für Psychologie 1969, 176, S. 93 - 102 (Heidelberg, Leipzig)

TAUSCH, Reinhard: Der Zusammenhang von Emotionen mit Kognitionen. Konsequenzen für die personenzentrierte Psychotherapie. In: Gesellschaft für wissenschaftliche Gesprächspsychotherapie (Hg.): GwG Zeitschrift 18. Jg. 6/1987 (Köln)

TAUSCH, Reinhard: Gesprächspsychotherapie. Göttingen 1968

VESTER, Frederic: Denken, Lernen, Vergessen. München 1991

VOLLMER, Gerhard: Diesseits und jenseits des Mesokosmos. In: UNIVERSITAS 12/91 (Stuttgart) (S.1161-1168)

VOLLMER, Gerhard: Evolutionäre Erkenntnistheorie. Stuttgart 1990

VON OY, C.M. und SAGI, A.: Lehrbuch der heilpädagogischen Übungsbehandlung. Hilfe für das behinderte und entwicklungsgestörte Kind. Heidelberg 1988

WATZLAWICK, Paul u.a.: Menschliche Kommunikation. Bern 1980

WITTGENSTEIN, Ludwig: Tractatus Logico-Philosophicus. 1922[9]. Frankfurt/M. 1973

ZIMMERLI, Walther Ch.: Lob des ungenauen Denkens. Der lange Abschied von der Vernunft. In: UNIVERSITAS 12/91 (Stuttgart) (S. 1147-1160)

ZULLIGER, Hans: Heilende Kräfte im kindlichen Spiel. Frankfurt 1990

Personenregister

A
Adler 107, 110
Aichhorn 107
Arp 67
Asperger 115
Axline 161

B
Bateson 76
Binswanger 164
Bleidick 68
Bodenheimer 28
Bollnow 42, 59, 113
Böschemeyer 43, 55 f, 64, 140, 164
Buber 45, 54, 94
Büchner 102
Bühler 107
Busch 37

D
Deinhardt 114 f
Dell 75 f
Dörner 158

E
Eigen 180, 198
Erikson 132

F
Feuser 65
Fichte 142
Frankl 49, 55 f, 63 f, 106 ff., 133, 138 ff., 161, 197
Freese 211 f
Freud 63, 107, 109, 111, 140
Friedrich der Große 125

G
Georgens 114 f
Gollwitzer 86, 94

Sachregister

Disponibilität 163

E

Einstellung 40, 43 f, 55 f, 68, 134
Einstellungsänderung 134
Einstellungsfreiheit 67
Emotionen 113
Empirie 63
Ende heilpädagogischer Interventionen 128
Enkulturation 196
Erkennen und Handeln 124, 165
Ermutigung 157, 167
Erwartungsangst 49
Erziehung 49, 75, 84 f, 87 f, 146, 152, 169, 190
Erziehungs-Chaos 159
Erziehungsplan 152
Erziehungswirklichkeit 165
Erziehungswissenschaft 84, 115, 165
Erziehungsziele 97
Ethos 127
Existentialismus 140
existentielle Frustration 111
existentielles Vakuum 134
Existenz 110, 113
Existenzanalyse 92, 104, 109 f, 132, 206
Existenzanalytiker 130, 133
Existenzniveau 104
Existieren 101 f

F

Faktische und Fakultative 139
Faktizität 63, 99, 116
fakultatives (Sein) 63, 116
Falsifikation 128
Figur-Grund-Problem 144
Fragen 29, 31, 51, 59, 72
Freiheit 24, 40, 43 f, 64, 99, 104, 111

G

Gegebene und Aufgegebene 27
Geist 27, 36, 47, 52, 55, 61 f, 89, 91, 111 f, 119, 139, 173
Geistes-Krankheiten 64
Gemüt 146
Gentechnologie 36
Gesinnung 80, 88